我国高新技术产业竞争力研究

◎ 宋晓洪 著

人民出版社

前　言

  21世纪是知识经济时代,高新技术产业作为知识经济的支柱产业,在经济增长中的主导作用日趋明显,科技已上升成为与资本、劳动力并列的三大生产要素之一。当前,高新技术浪潮正在波及全球,科技竞争日趋激烈,世界上任何一个国家要想在综合国力上取得优势,关键在于取得科技优势,主要是高技术优势。科技发展日新月异,在国家发展战略中,主要大国都把高新技术产业发展作为21世纪保持强国优势的法宝,由此引发的企业间市场竞争、技术竞争、人才竞争、发展环境竞争等空前激烈。这种高新技术产业竞争的形式、内容、手段和方法等都较传统产业竞争赋予了更多的内涵,争夺高新技术产业发展制高点的竞争甚至超出了国际间的政治竞争和军事竞争。培育和提升本国高新技术产业国际竞争力是大国所普遍关注的战略性课题。以高新技术为基础的高新技术产业日益成为知识经济时代的主导产业,发展高新技术,促使高新技术产业持续健康快速发展,是我国实现国民经济结构调整和产业升级的重要战略。近年来,我国高新技术产业发展迅猛,取得了骄人的成绩,但其中也存在许多问题。如何正确分析我国高新技术产业的发展现状、预测其发展前景,对高新技术产业进行量化评价,分析制约高新技术产业发展的因素并提出相应的对策建议,已成为我国高新技术产业发展面临的重要课题。

  本著作以我国高新技术产业为研究对象,在对国内外相关研究成果总结分析的基础上,收集了我国高新技术产业近二十年的发展数据资料,依据高新技术产业特点和产业经济学相关理论,论述了高新技术产业同传统产业的差别,在对既有竞争力理论评述的基础之上,指出了高新技术产业发展演化规律;著作从我国高新技术产业的历史演进、产业规模、产业结构、产业布局、产业技术水平和高新技术产业进出口状况等多角度分析了我国高新技术产业的发展现状;运用定性分析与定量分析相结合的方法对我国高新技术园区的发展进行了阐述与评价,确定了不同高开区的发展政策;分析了我国高新技术产业发展的影响制约因素,包括我国经济的发展水平及国际化程度、风险投资发展水平、科技进步与技术创新能力及产业政策等;构建了高新技术产业竞争力的评价指标体系,运用模糊数学理论从单项指标和综合指标两个视角对我国高新技术产业竞争力进行评价;利用1999—2004六年间我国高新技术产业产值及国民经济发展的几个关键指标数据,运用灰色理论构建高科技产业的预测模型,并结合科技贡献率预测了我国高新技术产业的发展潜力,把预测的数据同我国高新技术产业实际发展的2005年、2006年、2007年数据相对照,验证了模型的科学适用性,通过分析,得出我国高新技术产业具有广阔的发展前景;通过与主要发达国家相关指标的比较,指出了我国在高新技术产业领域与发达国家之间的不足;研究针对我国高新技术产业发展存在的问题与制约因素,提出了促进我国高新技术产业发展的对策建议,包括高新技术产业政策的调整、科技创新体系的构建、科学布局高新技术产业园区和利用风险投资对策等措施,从而为推动我国高新技术产业发展提出重要参考依据。

目　录

第1章　导论 …………………………………………… (1)
　　1.1　写作背景、目的和意义 ……………………………… (1)
　　1.2　国内外相关研究 ……………………………………… (9)
　　1.3　著作构思及内容 ……………………………………… (26)
　　1.4　著作研究方法与成果创新 …………………………… (27)
第2章　高新技术产业竞争力相关理论 ………………… (30)
　　2.1　高新技术与高新技术产业理论 ……………………… (30)
　　2.2　产业经济学相关理论 ………………………………… (47)
　　2.3　竞争力理论 …………………………………………… (58)
第3章　我国高新技术产业的总体发展状况 …………… (68)
　　3.1　我国高新技术产业发展的历史演进 ………………… (68)
　　3.2　我国高新技术产业规模 ……………………………… (74)
　　3.3　我国高新技术产业结构 ……………………………… (81)
　　3.4　我国高新技术产业布局 ……………………………… (83)
　　3.5　我国高新技术产业技术状况 ………………………… (90)
　　3.6　我国高新技术产业进出口状况 ……………………… (93)
第4章　国内外高新区管理现状分析 …………………… (101)
　　4.1　世界高新区管理模式与启示 ………………………… (101)
　　4.2　我国国家级高新区管理模式与管理体制分析 …… (110)
第5章　我国高新技术产业开发区发展状况与评价 …… (125)

5.1 高新区在高新技术产业中的作用 …………………… (126)
5.2 国外高新技术产业开发区发展经验 ………………… (130)
5.3 我国高新技术开发区的发展 ………………………… (133)
5.4 对我国高新区的评价 ………………………………… (140)
5.5 我国高新区面临的问题 ……………………………… (152)

第6章 国内外高新技术产业对比分析 …………………… (158)
6.1 世界高新技术产业发展总体状况及趋势 …………… (158)
6.2 中国高新技术发展现状 ……………………………… (166)
6.3 国内外高新技术产业比较分析 ……………………… (181)

第7章 高新技术产业演进模式与竞争力评价体系 ……… (184)
7.1 高新技术产业演进云团模式 ………………………… (184)
7.2 高新技术产业竞争力内涵及评价指导思想 ………… (197)
7.3 高新技术产业竞争力评价指标体系的构建 ………… (201)

第8章 我国高新技术产业竞争力单项指标评价 ………… (212)
8.1 竞争实力评价 ………………………………………… (213)
8.2 竞争潜力评价 ………………………………………… (236)
8.3 竞争环境评价 ………………………………………… (248)
8.4 单项指标评价结论 …………………………………… (253)

第9章 我国高新技术产业竞争力综合评价与发展
      预测 …………………………………………………… (255)
9.1 高新技术产业竞争力熵值评价方法 ………………… (256)
9.2 我国高新技术产业竞争力综合评价分析 …………… (260)
9.3 我国高新技术产业竞争力综合评价结果 …………… (262)
9.4 高新技术产业发展的前景预测 ……………………… (264)

第10章 我国高新技术产业竞争力主要制约因素
       分析 ………………………………………………… (274)

10.1 我国高新技术产业经营环境……………………(274)
10.2 我国高新技术产业自身条件制约………………(281)
10.3 我国高新技术产业风险投资的制约……………(285)
10.4 我国高新技术产业创新体系制约………………(291)
10.5 我国高新技术产业发展人才制约………………(301)
10.6 我国高新技术产业融资制约……………………(305)
10.7 我国高新技术产业国际化制约…………………(309)

第11章 促进我国高新技术产业竞争力提升的对策…(314)
11.1 我国高新技术产业政策调整对策………………(314)
11.2 完善我国高新技术产业科技创新体系…………(317)
11.3 加快园区功能建设………………………………(320)
11.4 加强风险投资建设………………………………(325)
11.5 打造高新技术产业人才队伍……………………(332)
11.6 大力发展相关科技计划…………………………(342)
11.7 加强高新技术产业环境建设……………………(345)
11.8 加速推进高新技术产业国际化…………………(348)

后 记………………………………………………………(356)
参考文献…………………………………………………(359)

第1章 导 论

1.1 写作背景、目的和意义

1.1.1 写作的背景

1. 高新技术产业的国际竞争

当今社会,高新技术产业国际竞争异常激烈,美国早在2001年就制定了国民生产总值10万亿美元的目标,布什政府执政后,在其前任总统克林顿"创业政府"和"高科技风险投资"的基础上,大力发展军民两用高技术产业,力图保持在世界经济中心的"领导地位"。实际在两极对抗结束后,美国就试图保持绝对地位的单极世界格局,为实现这一长期战略设想,美国在所有高新技术产业领域都倾其所能。日本从20世纪70年代经济腾飞到80年代成为仅次于美国的第二个经济强国,实行的立国战略从早期的"贸易立国"到"产业立国",企图确立"世界工业商品供应基地"的地位,但20世纪90年代后,日本经济出现连续衰退现象,外汇存款压力、劳动力紧张等原因,使日本逐渐失去了产品生产的成本优势,于是科技立国、发展高新技术产业成为日本政界、企业、学界的共识,"政""产""学""研"四位一体的互动式推进高新技术产业发展模式在日本已初见成效。[18] 欧盟在推进区域经济一体化的同时,为增强在国际经济中的竞争实力,各主要成员国都在大力发展高新技术产业,尤其是德国、英国、法国的高新技术产业发展令世界刮目相看。就全球范围而言,自1990年到2004年年底,高新技术产业发展仍由少数强国所垄断,全球有70%以上的高技术出口集中在美国、日本和欧盟。在新兴工业化国家中,韩国和我国的台湾一直表现优秀。近年来,由于台湾政治的混乱,传统产业衰落,但高新技术产业呈快速发展势头。韩国的21世纪科学技术革新规划中,确立了世界第七科技强国的目标,其中制造业中高新技术产品比重要达到25%以上,年专利数要达到10万件,仅技术出口创汇额就要达到10亿美元以上[75]。韩国的高新技术产业投资额在2000年时已达到500亿美元,韩国将高新技术产业领域锁定为电子、机电一体化、新材料、精细化工、生物工程、光电子等七个高新技术产业,高新技术产业产值在全国产值比重要达到30%以上。

从高新技术产业国际竞争状况来看,主要强国都把高新技术产业发展视为21世纪的强国法宝。高新技术产业已成为衡量一国综合国力的重要指标,高新技术产业是现代国际经济科技竞争的焦点,是知识时代的支柱产业。

2. 我国高新技术产业的发展

我国是人类历史上较早涉足高科技的国家,中外学者对此都有肯定的论述。晚清后,由于政府的无能,中国科学技术大幅度落后于西方。新中国成立后,以"两弹一星"的研制成功为标志,国防工业的发展有了高科技做保障,在生物医学领域,以人工胰岛素为标志,我国已步入先进国家科研行列。应肯定,在高科技基础领域的研究,我国总体水平并不落后于西方,[16]但在产业化方面我们却起步很晚。改革开放以后,1978年王大珩等一批科学家针对文革期间我国在科技领域与发达国家的差距,为跟进国际高科技领域的发展步伐,向党中央国务院提出了具体发展高科技的意见,邓小平同志在中国当时经济十分困难的情况下决定实施"863 计划",以后又出台了"火炬计划"以及针对中小企业的"星火计划","985 计划","973 计划"等,尽管我国是科技大国,但高新技术产业在我国的起步却很晚,发展过程中喜忧各半,高新技术总体发展水平相对低、国际竞争力弱是不争的事实,加快中国高新技术产业发展已成为我国面临的重大问题。

1993 年到 1998 年,我国工业年均增长速度依次为 18.9%、14%、12.5%、11.1%、8.9%,递减趋势说明当时我国传统行业发展趋缓,同期的高技术产业却强劲增长,自 1993 年到 1998 年高新技术产业增长依次为 9.4%、27.7%、17.6%、21.7%、17.1%。1998 年全国高新技术产值总额为 6234.5 亿元,高技术总产值占制造业总产值的 10.4%,1999 年全国高新技术产业总产值为 12543 亿元,2000 年提升为 19128 亿元,比上年增长 23.5%。2003 年,中国高新技术产业总产值已近 3 万亿元,其中电子信息产业发展最为迅速,该行业的发展在世界行业排名中已居第 4 位。据海关统计,1991 年到 1999 年全国高新技术产业产品出口额由 28.8 亿美元增加到 247.04 亿美元,2000 年增加到 370.4306 亿美元,2001 年高新技术产品出口超过 460 亿美元,2001 年联合国开发计划署的《2001 年人类发展报告》公布,我国中高技术的出口额占出口额的 39%,其中技术已占 21%,在世界技术出口额排名中居第 10 位。到 2006 年 12 月,中国进出口商品总值已超过一万五千亿美元,成为世界上的三大贸易国,这一发展现实是世界上所有人在五年前中国加入 WTO 之前均没有想到的。在 2004 到 2006 年的中国进出口总额中,高新技术产业进出口占进出口总值的 27.8%,2007 年预计将超过 30%。自 1999 年开始至 2006 年中国高新技术产业年出口增长率超过50%,其发展速度在世界占居首位,有力地改变了中国商品的出口结构。五年来,我国高新技术产业以高于GDP增长近两倍的速度发展,产业规模和出口总额均跃居世界第二,高新技术产业至今已成为我国战略性支柱产业。党的十六大以来,全国高新技术产业围绕服务经济与社会发展这一中心任务,开展了自主创新、产业化、信息化和国际化等方面的工作,使高新技术产业发展迈上了新台阶。2007年全国高新技术产业总收入达到6.3万亿元,是2002年的3倍多,增加值占GDP的8%;高新技术产品出口额达到3500亿美元左右,比2002年翻了两番多,占全国外贸出口总额近30%,是我国第一大出口行业。

但是,我们应清楚地看到,在高新技术产业进出口额中,我国在很长时间内是高新技术产业的净进口国,我国高新技术产业出口快速增长的同时也面临许多问题。从总体水平看,我国高新技术产业同西方工业化国家相比,还处于幼稚阶段,[12]高新技术产业尚未完全成为国民经济的支柱产业。譬如,电子工业是我国高新技术产业中发展最好的产业,但我国的电子工业以消费类电子产品为主,投资类电子产品占全部电子产品比重不足25%。另外,我国高新技术产业发展极不均衡,珠江三角洲、长江三角洲、京津地区高新技术产业出口额占据中国高新技术产业出口额的绝大部分,而科技力量总体水平较高的陕西省、东北三省并未将其科技优势转为产业发展优势,虽然在高新技术产业发展中存在着"技术追赶跳跃"的发展模式,但事实上我国一些高新技术产业和地区却形成了"引进—落后—再引进"的恶性循环。再者,我国高新技术产业发展中,原始创新成分少,核心技术被外商控制居多。

知识经济时代,科学技术发展日新月异,科技进步日益成为社会财富增加的主要源泉,它是经济增长的根本动力。以高新技术为基础的高新技术产业是知识和技术密集度高的创新性技术产业,对经济和社会发展具有特别重要的作用。高新技术产业日益成为知识经济时代的主导产业,发展高新技术,使其产业化,是我国实现国民经济结构调整和产业升级的重要战略。高新技术及其产业的发展,是当今世界经济、科技竞争的战略制高点,也是国家和地方实现经济振兴的重要途径。[1]上世纪90年代,为了迎接新技术革命的挑战,我国作出了加速发展高新技术产业的战略决策,国家高新区应运而生,并且迅速成为我国高新技术的研发、孵化和产业化基地,当今我国又出台了2015年高科技发展战略规划,真可谓高新技术及其产业在世界方兴未艾,在我国任重道远。

3. 高新技术产业与传统产业结合日益紧密

高新技术产业由于附加值高,对自然资源的需求和依附小,对国民经济的贡献大,因而取代传统产业已经成为经济增长和社会发展的主角。在知识经济时代,知识成为真正的资本和首要的财富,高新技术产业以其高的知识和技术含量而在经济发展过程中具有重要意义,发挥着关键作用:一方面,高速发展的高新技术产业具有很高的产出水平和产出增长能力,促进了社会财富的迅速增长和经济规模的扩大;另一方面,高新技术产业的发展导致许多新的产业不断涌现,产品和服务越来越多样化和知识化,它在使消费者需求得到越来越大满足的同时,也为其他产业发展提供了更多高技术含量、低成本的资本品、技术和设备,从而有效地提高了其他产业和部门的生产率,降低了生产成本,提高了经济效益,促进了经济的发展。[7]可以说,知识经济的发展是高新技术产业发展的必然结果,高新技术产业将成为知识经济社会中最重要的产业部门,高新技术产业与传统产业的结合更加紧密,对传统产业发展的促进作用更加显著。

4. 高新技术产业对技术进步促进显著

技术进步推动了高新技术及其产业的产生和发展,同时,高新技术产业的发展又将加速技术进步。高新技术提高了人类知识生产的能力和效率,通过对高新技术的扩散和应用进而发展成为高新技术产业,可以迅速增加人类的知识积累,促使企业由以往的劳动和资金密集型向知识和技术密集型转变,生产手段和生产工具的技术含量显著提高,劳动者也由主要从事简单的体力劳动向从事要求较高的专业知识和技能的复杂劳动和智力劳动转变。同时,受高回报和高速发展的前景所吸引,许多原来投入到一般产业的资金、技术和人才也不断向高新技术产业转移,从而使得这些占有丰富技术、智力资源的产业拥有了进行更先进、更复杂的技术开发和应用能力,促使技术进步比以往更快的速度发展,这种发展势头更符合我国经济发展的实际需要。

5. 落后地区跨越式发展对高新技术产业的需求

党中央提出了促进区域经济和谐发展、全面建设小康社会的伟大设想,我国落后地区经济发展过程具有长期性、艰巨性的特点,必须充分调动一切要素,高质量、快速度地推进落后地区跨越式发展,依靠高新技术产业就是其中最重要的要素之一。首先,落后地区生态环境建设和基础设施建设不应是较低水平的建设,必须在建设过程中采用高技术或以新技术来保证建设的质量和速度,同时保护生态环境,走可持续发展道路。其次,落后地区更迫切需要依靠高新技术产业提高经济效益。再次,落后地区必须通过高新技术产业增强市场竞争力。从商务贸易看,产品的技术含量和质量是经济竞争最关键的因素,只有大幅度地增加资源产品的技术含量和附加价值,才能提高产品在国际市场上的竞争力和经济效益。[6]发展中国家密切关注高新技术产业,通过高新技术产业实现本国跨越式发展是我国尤其是欠发达地区的捷径。

综上所述,高新技术产业已成为知识经济时代的主导产业,我国高新技术产业发展正面临着前所未有的机遇和挑战,我国科技发展规划中明确提出,2020年全社会研究开发投入占国内生产总值的比重提高到2.5%以上,力争科技进步贡献率达到60%以上,对外技术依存度降低到30%以下,本国人发明专利年度授权量和国际科学论文被引用数均进入世界前5位。基于上述背景,分析我国高新技术产业的发展现状,预测其发展前景,并针对性地提出发展高新技术产业的对策建议,能够有效促进我国高新技术产业的迅猛发展,提高其产业竞争力。

1.1.2 写作的目的与意义

从上世纪80年代开始,国际分工已经有了新的变化,普雷维什在"中心外围理论"中提出的传统国际分工的贫富国差距论在今天应扩展新的内容,即在今后的国际利益分配中,居于支配领域地位的国家应是高新技术的主要创新国和实现产业化的国家。针对此,本书研究目的一是要通过对我国高新技术产业发展历程和现状的回顾与总结,指出我国高新技术产业以及高新技术开发区在近三十年的改革开放发展中所取得的成绩与不足;二是构建高新技术产业竞争力评价指标体系与评价模型,运用模型对我国高新技术产业竞争力进行评价,得出我国高新技术产业竞争力状况的量化结论;三是预测我国高新技术产业未来发展前景,找出制约我国高新技术产业发展的制约因素,从而给出提升我国高新技术产业竞争力的对策。

本书研究意义可体现在理论和实际两方面。理论方面的意义体现为两点:一是在已有的研究中,人们只是用产业经济学的一般性理论来解释高新技术产业发展。因高新技术产业具有特殊性,传统理论对高新技术产业发展演化的解释具有很大的局限性。本书通过研究高新技术产业发展演化规律,揭示其成长机理,提出"云团旋回模式",在理论上丰富了高新技术产业研究的内容;二是构建了高新技术产业竞争力的评价模型与预测模型,丰富了高新技术产业竞争力的研究方法。

研究的实际意义:高新技术产业日益成为知识经济时代的主导产业。发展高新技术,促进产业化发展,是我国实现国民经济结构调整和产业升级的重要战略。本书通过分析我国高新技术产业及高新技术开发区的发展现状和前景,科学评价我国高新技术产业竞争力状况,论述了我国高新技术产业的制约因素,通过分析影响制约我国高新技术产业发展的因素,结合灰色预测模型和科技贡献率分析方法预测我国高新技术产业发展前景,并针对问题提出发展高新技术产业的对策建议。通过研究得出的相关结论使我国各级政府、各主要高新技术开发区以及高新技术企业都能对我国高新技术产业竞争力有清晰准确的认识,高新技术开发区及高新技术企业可以根据评价的相关指标横向对照,找出自己的不足,以利于今后更好地发展。政府可以根据本书研究得出的结论作为参考进行政策抉择,研究如何更好地促进我国高新技术产业的迅猛发展,提高其竞争力。如通过对我国高新技术产业布局分析,指出我国各地区应因地制宜、突出地方特色发展高新技术产业;我国落后地区可以利用高新技术来改造传统产业,实现产业结构调整和产业升级,实现落后地区的跨越式发展;通过找出制约我国高新技术产业发展的制约瓶颈,给出提高我国高新技术产业竞争力的有效对策,从而促进我国高新技术产业持续健康快速发展,等等。

1.2 国内外相关研究

1.2.1 国外研究现状

高新技术的相关词语最早出现在美国,上世纪60年代初,美国的两位摄影记者拍摄了许多新型建筑,面对色彩斑斓的照片,他们最早为其起名为高格调建筑,而高格调建筑意味着新的建筑材料,新的建筑材料的背后包含着新的科学技术成果。1971年,美国国家科学院在《技术和国家贸易》中首先提出高技术(high technology,High-Tech)的概念,英国政府在撒切尔执政期间把高技术列为国家发展纲要,1982年8月日本新闻周刊和商业周刊相继发表了《日本的高技术》和《高技术专集》。对高新技术产业的定义,中外学者持有不同的观点,美国学者阿纳莱松(A. Nloisog)认为高新技术产业即指研究和开发高技术密集型产业,美国商务部借鉴其研究对高新技术产业的界定主要根据两项内容,一是从业的专业技术人员,二是R&D占销售额的比重。朗瑞德格(Lanr Dege)等学者认为高新技术产业是指生产高技术产品的产业而不是仅仅使用了高技术生产产品的产业。美国出版的《韦氏国际辞典增补9000词》中将高新技术产业的确定用量化指标来权衡,即专业技术人员占企业全体人数的40%~60%,销售收入用于研究开发的比例在5%~15%,这比例要高于一般企业2~5倍。国际经合组织(OECD)对高新技术产业的规定是单一指标,即R&D占产品销售额比例远高于产业平均水平,由此确定了六大产业部门为高新技术产业。英国学者RP奥基认为,高新技术产业不仅要生产高技术产品,而且生产的过程及设备也应是高技术。[1]

美国是世界上最早注重发展高新技术产业的国家之一,并在二战后一直独占世界高科技市场鳌头。二战以来,美国历届政府都非常重视技术创新活动,并制定相关政策促进高新技术产业发展。政府一方面维持对基础科学研究的传统投资,另一方面更加重视高新技术,特别是有商业前景的民用高新技术的研究开发,极力推动美国经济实行技术革新,以加强美国在全球民用市场上的竞争力。国外关于产业发展的理论主要有:美国学者海默和金德尔伯格的垄断优势论(1960);日本学者小岛清的比较优势理论(1926);美国学者雷蒙德·维农的产品周期理论(1966);英国学者巴克利和卡森的内部化理论(1976);英国学者邓宁的国际生产折中理论(1981)等。美国与日本是当今世界无可争辩的两大经济强国,在它们的富强之路上,有高科技产业化最深的烙印。在高科技产业化浪潮中,美日也是走在世界最前列的国家。因此,美日的高新技术产业化之路,值得后起国家所借鉴。美国总统克林顿上台伊始,就与副总统戈尔发表了题为《技术为美国经济增长服务:加强经济实力的新方针》的政策报告;德国联邦政府1992年通过了《关于保障德国未来经济环境的报告》;英国政府于1993年5月26日发表了题为《认识我们的潜力——科学工程和技术战略的白皮书》;日本则提出充分重视基础研究,使高新技术发展重新领先的施政纲领。1996年7月,美国国家科技委员会发表题为《利国的技术》的报告,强调科技是经济与社会协调发展的决定性因素。美国的科技政策强调,科技研究重点向民用技术、应用技术及关键技术研究转移,实施"国家基础设施计划"引导科技研究向民用技术转移,要高度重视知识与技术的创新。美国国家科技委员会认为,"美国创造新知识的速度以及利用新知识的能力,将决定21世纪美国在国际市场中的地位",表明科技政策由以产品竞争为中心转向以技术创新竞争为中心[4]。同时,美国重视全面加强国际科技交流与合作。美国国会技术评价办公室在报告中指出:美国要想继续保持在科技上的领先地位,必须解决制约因素的阻碍,增进同其他国家的合作,尤其是大型科技项目的国际合作。1995 年美国费米实验室宣布夸克的出现,就是来自世界不同国家的 800 名科学家集体智慧的结晶。1994 年,美国经济学家克鲁格曼在《外交事务》杂志上发表了一篇题为《亚洲奇迹的迷思》的文章,指出:"在过去 150 年间先进国家的国民平均所得之所以能够持续增长,其主要原因在于科技的进步。[5]"

面对美、日及其他新兴工业国家的挑战,欧洲国家积极调整技术创新政策,采取有效措施推动技术进步,促进高新技术产业的发展。欧盟于 1994 年 4 月通过了第四个科技发展和研究框架计划(1994—1998 年),要求集中力量攻克有重大经济和社会效益的关键项目,重点从事研究开发与示范、国际科技合作、研究成果推广与价值化、研究人员培训与流动等领域共 20 个计划的研究开发活动。同时,不断加强国际间的科技合作与交流。从 1983 年至 2002 年,欧共体相继实施了五个全欧的研究与技术开发框架计划,同时还将尤里卡计划扩大为包括俄罗斯等在内的有 25 个国家参与的庞大的国际科技合作项目,以增强欧洲与美国、日本在高新技术产业领域的竞争能力。[116]

1980 年,日本政府发布《80 年代通商产业政策构想》,提出"科技立国"的发展战略,其核心是发展创造性的科学技术并使之产业化提高到关系国家经济发展的战略高度,将基础科学研究作为发展创造性科学技术的关键。为此,日本技术创新政策的重点开始转向电子技术、能源技术、生命科学技术、材料科学技术、空间技术和海洋开发技术等新兴前沿技术,并制定"创造性科学技术推进制度"和"研究下一代产业基础技术制度",这些都极大地保证了日本后期在高新技术产业的领先地位。这一阶段,西方学者的研究主要侧重于高新技术产业选择研究,高新技术产业国民经济相关性研究,以及高新技术产业政策研究等。在高新技术产业区位研究方面,美国学者马立基和尼卡波(2002)概括了高科技园区的特殊区位条件为:(1)具有作为新技术活动苗床的研究开发机构;(2)具有高素质熟练的劳动力;(3)政府对新公司的研究与开发活动的支撑程度;(4)具有空间差异的风险资本;(5)具有刺激和鼓励企业家的环境;(6)对新公司具有廉价的房地产市场。他们在进一步的研究后指出,现代高科技园区区位选择应优先考虑以下因素:所依托的城市地区的智力密集程度和良好的相关产业、支持产业的网络、风险资本、接近国际水准的基础设施、支持创新的制度环境与政策,以及对工人和家庭有吸引力的城市生活环境。在高新区区位选择方面,马立基和尼卡波(1988)概括出了七个特殊区位条件,布鲁诺和狄柏基(1982)认为存在12个因子对高技术企业影响巨大。日本高技术工业积聚地域开发促进法明确规定了"技术城"的七个选址条件。美国伊利诺依大学建筑城规学院的张庭伟(1997)在分析了美国高科技工业园选址的特点后,提出了高新区选址的10条原则。瑞士的世界经济论坛(WEF,当时称为欧洲经济论坛)和洛桑国际管理发展研究院(IMD)在对各国的国际竞争力进行比较分析后,对各个国家的国际竞争力的强弱进行了排序,在排序过程中形成了一套当时被国际广泛认同和接受的评价指标体系及评价方法,他们运用层次分析法从两个层次上确定了影响国际竞争力的因素,即若干一级指标和每个一级指标下包含的一组二级指标。这些具体指标因素又随着时间的推移不断地被修改和调整。1991年前,具体分为10个一级指标和300多个二级指标,从1991年起,一级指标调整为8个要素:国内经济、国际化、金融、政府、基础设施、管理程度、科学技术和国民素质,二级指标也调整为290个。1995年他们又对指标体系做了调整,一级指标仍旧是上述8个方面,但二级指标调整为120个。虽然这两个机构所作的国际竞争力评价指标体系是基于国家或地区整体层次上的,但对产业集群竞争力的评价指标体系的设计也有很强的借鉴意义。美国于20世纪70年代末率先进行国际竞争力的研究,其背景是由于其国内一直处于国际领先水平的钢铁业、汽车制造业和电子业三大行业受到了日本及其他发达国家的强烈冲击从而导致其竞争优势的丧失、经济衰退以及失业人员的急剧增加。1980年美国劳动部国外经济研究室提交了美国历史上第一份《关于美国竞争力的总统报告》。1985年美国总统产业竞争力委员会就美国产业和国家的竞争力进行了较全面的分析研究,其研究成果包含在同年发表的研究报告《全球竞争：新现实》中。1988年和1990年,美国政府专门制定了《综合贸易与竞争力法案》并成立正式的竞争力政策咨询机构"竞争力政策理事会",英国在1983年提供大量资金和技术支持,委托其国内的"经济社会研究理事会"对其国内的20多个项目进行国际竞争力研究,并于1992年起由英国贸易与产业部每年提交不同主题的竞争力研究报告。法国计划部、德国经济部、葡萄牙"竞争力论坛"也都分别就本国的经济实力、产业竞争力、政府支持等方面进行研究并提交了相应的研究报告。日本通产省还就日本各产业、政府作用以及环境因素等方面与美国进行了国际竞争力比较,欧盟也于1993年发布了题为《增长、竞争力和就业：21世纪的挑战与出路》的欧盟竞争力总结性报告,并于1995年成立了"竞争力咨询小组"专门负责向欧盟会议提供提高其成员国竞争力的政策建议。

  波特是最早从规范的角度来分析产业集群竞争力的,他在其钻石模型理论中提出,产业集群竞争力取决于四个相互关联的因素:企业战略、结构和竞争者;需求状况;相关的支持产业;要素状况。Pietrobelli(1998)则认为以下六个因素影响集群竞争力:人力资本和技术熟练程度;企业经营的家族性程度;相关的制度机构;企业家文化;地方提供不动产和资金的能力;企业之间合作的习惯。2005年后,西方国家对高新技术产业竞争力的研究重点转向技术创新推动机制研究,创新环境建设是其重点内容。安纳里·萨克森宁就美国硅谷等世界主要高新技术开发区的创新文化进行了研究;瑞普教授提出了国家创新体系互动模型;卢卡森描述了技术跳跃发展与高新技术产业关联因子;阿瑟尔在《全球高科技产业竞争》一文中研究了发展中国家与发达国家高新技术产业的发展极差;伯瑞尔博士在《大国高新技术产业战略》的论著中阐述了原发新创新对高新技术产业的支撑作用;Lucas,R·E·Jr用实证分析法研究了美国风险投资与高新技术产业的相关一致性;Abbas J. Ali分析了高新技术产业对传统产业的渗透机理;C. Prahalad提出了高新技术产业创新环境的影响因子;D. Jorgenson and M. Kuroda论述了国家技术创新平台体系;D. Salvatore用投入产出法验证了美国高新技术产业与传统产业的经济影响波长比;Dcbson. P. and Starkey用神经元网络分析法研究了美国主要高新技术园区的竞争力;凯恩教授研究了欧共体政策对高新技术产业发展的影响力;马凯乐提出了高新技术产业的发展灰箱原理,指出技术政策对灰箱的影响作用。英国里丁大学著名专家坎特威尔教授与他的弟子托兰惕诺共同对发展中国家对外直接投资问题进行了系统的考察,提出了发展中国家技术创新和产业升级理论;威尔斯发表了著作《第三世界跨国企业》,提出了发展中国家对外直接投资的小规模技术理论,指出了发展中国家高新技术产业国际投资的可行性运作模式;波特、克鲁格曼(1991)、哈里森(1992)、斯卓坡(1992)、朗赤(1993)、梅季布姆(1995)等对区域创新集群出现的原因和地域特征进行了理论探讨,其中较新的观点指出参与竞争是高新技术企业出现集群的原因,而那些规模小、专业化程度高和灵活性强的企业倾向于聚集在高度创新型区域。[10]

Martin Bell Micheal Albu(1999)认为,有必要强调将集群作为知识积累系统,而不仅仅是生产系统,进而提出了有关集群知识化系统的概念性框架,体现在三个方面:集群中生产系统和知识系统之间的关系;知识系统内知识应用和知识更新;知识系统的开放性与封闭性。[11] Esben Sloth Andersen(1998)提出技术"知识树"的概念,并可以在各环节进行创新,形成了结构性创新和程序性创新相结合的范式。技术生产涉及比机器技术更加广泛的领域。技术是一个复杂的知识体系,体现在更加广泛的不同的技艺、程序和组织安排中,知识的体现包括:产品规格与设计、材料和部件规格与性质、机器及其运行的本质与范围、各种不同的诀窍,要将这些要素整合到具有巨大变量的不同的生产系统的运行程序和组织安排中。技术转变涉及:(1)既有生产系统的提高,而不是投资于一个完整的新的生产单元。(2)知识投入大多是既有的知识存储,而不是新近的研发。

Bart Nooteboom 对创新、学习和集群动力进行了研究,提出了集群创新发展的理论和方法论,分析了三种根植性:制度根植性,经常是地方化的;结构根植性(网络结构)和关系根植性(类型和联系的力度),认为,创新集群面临着开发新技术和利用新技术的挑战。不同的网络在这种挑战面前是具有相当大的差异的。[12] Mark Lorenzen and Volker Mahnke(2002)对高新技术知识集群和跨国公司的研发全球化进行了研究,讨论了在知识集群中布局研发部门的决定因素:网络关系、地方专业化劳动力市场、制度和机构的专业化,并讨论了不同模式的优缺点[13]。Wolfgang Becker 和 Jürgen Peters 认为,企业创新的机会依赖于企业的吸收能力,即企业外部,尤其是科学研究基地的知识资源的能力。在创新投入方面,与科学有关的技术机会与吸收能力变量在临近的时候比较多,此外,创新的产出方面,与有效适应外部知识的能力正相关。

Michael Steiner、Christian Hartmann(2002)认为,集群的知识管理及学习的构建和机制需要关注,通过实证研究,不同集群有不同的学习模式,每一个集群都显示出具有特色的学习模式和利用了不同的知识源泉。与集群的具体技术和产品导向以及对具体知识形态的需求有关。[14] Roberta Capello 认为,集体学习是知识空间转移的载体,就高新技术集群而言,得出如下结论:小企业的激进创新深深依赖于劳动力的周转率和衍生机制,产业区内集体学习的默性知识转化受到了强调。程序创新活动与劳动周转率呈负相关,程序创新活动独立于集体学习过程。产品创新活动依赖于劳动力的文化临近性,传统的产业区也表现出同样的区位优势。[15]

Brigitte Preissl(2003)对创新集群的虚拟维度作了强调,认为,创新集群与生产集群相比,遵循不同的理性,因为他们的基本要素——知识和专家不是常规程序的结果。[16]地方集群依然具有重要的优势,能够培育竞争力,创新企业都知道能够从中获得利益。但是,创新集群需要依赖于更加适合知识转化的地方或非地方的背景的有利条件。因此,虚拟联系强化了与远距离地方建立这种联系的可能性,企业越来越趋向于创新中的虚拟合作技巧。

部分学者对世界著名高新技术产业聚集地区进行了实证研究,如萨克森宁对美国硅谷和美国东北部 128 号公路地区的创新集群进行了对比研究,分析了其形成的原因和存在与发展的特征;哈森克和伍德(1998)在对德国耶拿光学工业集群和慕尼黑电子产业集群的实证研究中指出,高新技术产业的聚集并不一定必然导致区域研究与开发的合作及区域创新现象;巴斯(1998)对以政府主导为特色的日本研究园区进行了研究,指出其中的经验与教训;Khalid Nadvi(1995)对印度班加洛尔的高新技术产业网络进行了实证分析;甘希(1998)指出高新技术产业的区域创新环境具有发展过程的遗传特征,创新环境与区域内企业(包括跨国公司和地方中小企业)与地方环境的相互作用问题,是区域创新环境研究的重点内容,应主要研究跨国公司如何在实现全球经营战略的同时实现与地方经济的结合,对于地方中小企业则侧重于如何优化其实现创新的区域环境。

但是 Christine Oughton 指出,发展中国家在建立创新系统时候可能面临创新困境。区域创新困境是指,与相对发达的区域比较,落后地区相对较高的创新必要投入与相对较低的吸引公共资金启动和投资到与创新相关的活动的能力之间存在明显的矛盾。[17]困境的本质显示,商业、教育和对研发的管理之间存在强烈的互补性,技术/创新政策与产业政策之间可能正好起到相反的作用。困境的解决需要政策的作用:通过作用于系统的需求方和供给方增加私有部门和公共部门投资于创新活动而提高区域创新能力;整合技术政策与产业政策,促进在重要产业项目内创新活动的投入。

国外高新技术产业发展理论和实践研究充分体现了高新技术产业发展特征:

1. 高新技术产业发展的速度不断加快。在科技和经济竞争日趋激烈的今天,美、英、法、德、日等国纷纷制定或调整科技发展规划和科技政策,鼓励科研机构与企业结合,并投入巨资支持那些有开发实力与市场潜力的中小企业从事研究与开发活动。许多发展中国家为加速本国的产业升级与经济发展,也把科研经费的主要部分投入到能迅速转化为生产力的高新技术项目的开发上。

2. 信息高速公路建设进入实质性阶段。在世界范围内掀起了建设信息高速公路的热潮。美国前总统克林顿热心并积极鼓励和支持私营公司在该领域开展竞争,希望更多的美国人加入这一行列。日本、法国、丹麦等国也都各自制定了具体的发展本国信息高速公路的计划。

3. 政府的支持力度进一步加大。面对高新技术飞速发展的局面,各国政府纷纷加强宏观调控力度,竞相采取成立专门组织、制定新的政策、修改和完善法规、大幅度增加费用、确立重大项目、选择关键技术等方式扶持本国高新技术及其产业的发展。

4. 国际科技合作与交流更加活跃。由于发展阶段不同和科研经费的相对紧张,发达国家之间、发达国家与发展中国家之间的高新技术合作日趋多样化。国际科技流动与合作已成为当今世界发展的一大潮流。

从主要产业类别看,未来一段时间内,高新技术及其产业的发展存在三大趋势:一是计算机技术、通信技术网络技术结合,使信息技术产业在新世纪初的十年或更长的时间内继续保持龙头地位。同时,信息技术与传统技术交叉、融合,催生出新的高新技术产业门类,大幅度提高了高新技术产业在经济增长中的比重,加速农业、制造业和服务业的高新技术化进程。二是生物技术日趋成熟,基因工程加速新型生物药品和基因治疗引发医学防治上的革新,标志着21世纪生物技术将在解决人类面临食物、健康和生存环境等方面发挥重要作用,显示出巨大的经济效益和社会效益,其相关产业具有巨大的发展前景。三是纳米技术未来的 10~20 年中将取得重大突破,引发新的技术革命乃至产业革命,可望成为新世纪新的主导技术之一。纳米技术将大大提高人类对微观物质世界的控制,从而有可能生产出更轻、更强的新型材料和智能化材料,制造出高效能源装置和微观智能化设备,推动信息技术生物技术的发展,对农业、制造业、环境、能源、医疗保健以及国家安全产生深远的影响。

1.2.2 国内研究现状

目前,我国对高新技术产业并未有明确规定划分,但科技部出台的《高新技术产业开发区高技术企业认定条件和办法》中明确规定了识别高技术企业的四项标准。我国现阶段主要采取概括法对高新技术产业进行定义,即按技术类型定义高新技术产业。它们是微电子和电子信息技术、空间技术和航天技术、光电子和光电一体化技术、生命科学和生物工程技术、材料科学和新材料技术、能源科学和新能源高效节能技术、生态科学和环境保护技术、地球科学和海洋工程技术、医药科学和生物科学工程技术、精细化工等传统产业新工艺新技术、基本物质科学与辐射技术。通过 863 计划,高新技术研究已经在生物与医药、电子和信息、空间技术与卫星应用、能源与新材料等领域显示出国际比较优势。我国高新技术产业开发区的产业结构尤其偏重于电子信息、光电一体化和新材料技术领域。

新中国成立以来的 50 年间,经济落后的现实使我国客观上面临着赶超世界先进国家的战略任务,加快发展高新技术,并在此基础上实现产业化,是达到这一战略目标的基本方针。在半个世纪的发展进程中,我国高新技术产业大体上经历了初创发展、成长和快速发展三个阶段。[7]国内学者对此做了大量的研究,现将具有代表性的观点陈述如下。

由于经济社会的发展,人们意识到高新技术产业发展的重要性,越来越多的学者对高新技术产业的发展问题展开了研究。上世纪80年代,许多学者认为高新技术产业化是当时研究的重要课题,高新技术产业作为幼稚产业,其发展进程必然受到政府保护。如陈柳钦认为,高新技术产业发展需要政府的支持,政府在制定高新技术产业发展政策时要在遵循基本原则的基础上,扩大其服务管理职能,并建立和完善包括财政、税收、金融、知识产权、人才开发和激励、国际贸易等政策的支持体系,以利于更好地促进我国高新技术产业的良性发展。[6]彭京华(2001)认为,高科技产业发展的关键就是要有一个能够满足高新技术企业发展特点的多层次资本市场,投融资体系的构建反映了这类学者的系统观。[7]王集超(1999)认为,建立我国高新技术产业开发投资基金是高新技术产业发展的需要,是适应我国资本市场国际化的需要,尤其是随着我国新兴产业的开发,特别要注意吸收境外股权投资资本金,从而保证我国的新兴产业融资渠道顺畅,使我国的资本市场更加成熟。[8]林敏(2003)认为,风险资本是知识经济的支柱产业——高新技术产业融资的一个重要渠道。在风险投资成为高新技术产业发展的"助推器"之时,风险投资组织的培育和健康发展无疑成为一个十分重要的问题。基于风险投资自身的特点,有限合伙是风险投资组织最优良的组织形式和制度设计模式。[9]西安交通大学张明柱、姜黎辉运用Wernerfelt的企业资源观理论和Goldratt的约束理论,扩展了Dunning的OLI模型,并以此对中国企业并购国外研发型公司的动因与风险进行了分析。[10]学者方晓霞(2006)在文章《中国企业国际化经营的现状及发展趋势》中指出:要增加对外投资的总体规模;鼓励中小企业、民营企业开展国际化经营;以科学发展观为指导,加大科技投入和研发力度,提高企业科技创新能力等,为企业国际化发展创造良好的宏观环境。

孙久文2001年在《济南市社会主义学院学报》中发表《新经济时代高新技术产业布局研究》一文,指出在新经济时代,高新技术在经济中处于主导地位,是经济增长的主要动力。高新技术产业的智力密集、高投入、低消耗、产品时效性强等特点决定了高新技术产业布局主要集中在新型智力富集、基础设施条件、生活环境和制度环境较好的地区,目前世界上成功的高新技术产业布局也主要是经济型、技术型、科学型,因此我国高新技术产业的发展,也应该因地制宜,突出特色。

刘荣增2002年在《科技进步与对策》上发表《我国高新技术产业开发区发展态势评价》一文,针对近年来高新区提出的"二次创业"口号,应用因子分析法对我国高新区发展的近况进行了定量分析,并把评价结果与1994年的情况进行了对比,反映出各地区高新区发展演变的最新动态。

张保胜2003年在《安阳大学学报》中发表《高新技术产业市场结构特征及其启示》一文,指出高新技术产业具有和其他产业相同的特征,但由于在持续的技术创新环境下,成本结构、产品定价、捆绑销售和网络效应等产业组织特征表现出与传统产业不同的特点,使高新技术产业市场结构表现出自身的特殊性,即市场结构高度集中趋势和日益激烈的竞争趋势并存的现象,中国的高技术企业应在这种趋势中寻求出路。[30]唐根年、徐维祥2004年在《经济地理》上发表《中国高新技术产业成长的时空演变特征及其空间布局研究》一文,对中国高新技术产业成长的时空演变特征进行分析和研究,结果表明:从时间序列上看,中国高新技术产业呈现高增长率的成长和发展,各项指标的年平均增长率均达到10%以上,[31]但从地理空间上分析,各地区高新技术产业成长、发展水平存在明显的差异性,广东在电子通信设备制造业、电子计算机及办公设备制造业方面占有极显著的优势;医药制造业、医疗设备及仪器仪表制造业两个行业具有明显地区性优势的分别是浙江、广东、上海、河北和江苏;而航空航天器制造业的地区性优势分布在前期国家投资重点地区陕西、黑龙江、江西、辽宁。论文最后提出了菱形状态的中国高新技术产业发展空间战略布局。吴灼亮、赵兰香2005年在中国科技论坛上发表《中国高技术产业竞争实力及其演进态势分析》一文,运用统计数据,采用横向比较和纵向比较相结合的方法,分析了中国高新技术产业在资源转化和市场化两个维度上的竞争实力及其演进态势。通过分析发现中国高新技术产业资源转化能力仍然较弱,劳动生产率持续快速增长,增加值率和利税率呈振荡下滑态势;市场化能力优势明显,产业规模持续快速扩张,国际市场占有率稳步增长,贸易竞争力和显示性比较优势不断提高;新产品竞争力振荡上升,部分产品质量与档次有所提升,绝大部分产品低价格竞争力仍得到维持。最后得出中国未来应推动高新技术产业结构升级,提高资源转化能力。2005年,我国科技部长徐冠华论述了我国高科技产业发展的方针目标与对策。2006年,江小娟研究了我国高新技术产业外贸特点与发展策略。张会元2005年在《中国职业技术教育》上发表文章,对高新技术产业政策的国际比较及对我国的启示进行了研究。常亮、李纪宁2006年在"科技成果纵横"中就国际化对地方高新技术产业政策的影响进行了研究。李建科、周云波对我国高新技术产业发展的现状与政策措施进行了归纳总结。孙有杰、范柏乃等就中国发展高新技术产业的障碍因素进行了研究。朱燕君对高新技术产业发展的约束因素进行了分析。戴魁早对我国高新技术产业增长影响因素做了实证分析。吴晓波、曹体杰关于高技术产业与传统产业协同发展机理及其影响因素进行了探讨。吴敬琏在《发展中国高新技术产业——制度重于技术》一文中重点论述了我国高新技术产业制度建设存在的问题。中国科技战略研究小组公布了"中国科技发展研究报告",国家体改委在《中国国际竞争力发展报告》中论述了我国高新技术产业竞争实力。彭宜新、邹珊刚在武汉理工大学学报中对我国高技术产业发展的国际化战略进行了研究。许统生在《求是》杂志上对美日发展高新技术产业的政策及其对中国的启示进行了阐述。安士伟、贾学锋对我国高新技术开发区空间布局做了研究。段忠东对高新技术产业发展中的风险投资制度创新进行了研究。魏守华在《论产业集群的竞争优势》中研究了高新技术产业的集群式发展模式。彭京华发表了《构建我国高新技术产业多层次融资创新体系的研究》。李奇明、尹治梅、刘志高对国外高新技术产业政策的新趋向作了系统阐述。卢俊义在《市场周刊》上发表了《风险投资与民营中小高科技企业的融资》的研究成果。韩伯棠就高新区"二次创业"发展途径做了研究。周勇等对科技人力资本与高技术产业发展关系进行了实证研究。王春梅对高新技术产业集群创新体系框架模型进行了实证分析。吕春生对高新技术产业发展与政府职能定位问题进行了研究。马金海分析了我国风险投资的退出方式问题。郭汉嵩探讨了我国高新技术企业国际化经营的影响因素及对策。张敏在《高新技术产业化》杂志上发表了《论高新技术产业与资本市场的对接》。巴曙松在《中国高新技术产业发展中的金融支持》中研究了高新技术产业的金融支持作用。与此相关的还有胡志强的《高新技术经济发展与金融支持》、田霖的《金融业的产业结构优化效应》、孟宪昌的《风险投资与高技术企业成长》、杨爱杰的《高新技术产业发展的风险分析及防范策略》、卢焱群的《高新技术产业增长极机理研究》。

我国学者有关高新技术产业与技术创新的研究从20世纪70年代末开始,随着研究的不断深入,很快由单纯评介西方技术创新理论和研究方法转向对我国企业技术创新活动的实证研究上来。"中国技术创新研究"被国家自然科学基金委员会列为"八五"重大项目,自1989年以来,基于经济学、管理学、政策学、科学学、技术学、社会学、哲学、法学、文化学、行为生态学、未来学等学科视角的技术创新研究逐步地展开和深化。傅家骥是我国技术经济及管理学科早期的开拓者和持续推动者之一,他创造性地提出了"基于中国国情的技术创新理论"、"中国特色的设备更新理论"、"中国特色的技术改造理论与方法"。陈昌书教授从上世纪80年代初起倡导技术哲学研究,《科学技术论》、《技术哲学引论》、《技术选择论》、《哲学视野中的可持续发展》等多部著作都探讨了创新对高科技产业的促进作用。许庆瑞教授结合国外现代管理的理论与方法,对我国传统的管理科学领域进行更新、发展和开拓,出版了《技术创新与劳动生产率》、《技术创新与持续发展:我国中小企业的发展》、《技术创新的组合理论与方法研究》、《技术扩散的模式与速度》、《技术创新模式》、《自主技术创新能力研究》、《技术能力增长机理与途径研究》等著作。有关竞争力的研究我国虽起步晚,但成果丰厚,以中国社会科学院、中国人民大学、上海交大、复旦大学、西安交大等为代表的研究机构近年来均有大量的研究成果。

1.2.3 国内外研究评述

国内外关于高新技术产业竞争力的研究课题及成果很多。定性研究主要侧重于高新技术产业发展模式研究,高新技术产业集群研究,高新技术开发区演化机理研究,高新技术产业政策研究,高新技术产业发展环境研究,以及高新技术产业发展的风险投资研究和创新研究,等等。理论研究成果以麦克尔·波特的研究最为显著,在高新技术开发区方面弗朗索瓦·佩鲁(F·Perroux)于20世纪50年代提出的增长极理论揭示了高新技术产业集群与扩散的机理。在量化研究方面,主要体现在高新技术产业的聚类分析、层次分析、类比分析,以及运用产业经济学研究方法中的罗仑兹曲线研究高新技术产业与国民经济发展水平的伴随关系问题等。由于我国高新技术产业发展较晚,在理论方面的研究成果同国际存在较大差距,国内研究主要集中在高新技术开发区的发展研究,资本保障研究,资本市场研究,风险投资研究等,除基础理论研究外,近年来为指导高新技术产业投资,作为有偿使用资料,发布了我国高新技术产业发展报告,报告主要侧重高新技术产业环境研究和投资选择研究。综合国内外研究成果,我们不难看出:高新技术产业特征、高新技术产业对国民经济的推动作用已被国际社会所普遍认可;国家政策等要素是高新技术产业发展的坚强后盾,高新技术开发区在整个高新技术产业中占有极其重要的作用;高新技术产业发展演化具有自身规律,但至今尚未产生公认的理论揭示高新技术产业发展的特有规律;关于竞争力评价的权威研究机构应属洛桑国际学院和国际经济合作组织,但是,它们对传统产业的评价方法并不能够充分体现高新技术产业竞争力,高新技术产业竞争力评价理论与评价方法仍处于探索阶段。如何全面客观评价高新技术产业竞争力,如何运用更科学的方法预测一国高新技术产业发展趋势,尤其是探索发展中国家的高新技术产业发展机理、产业制约因素和促进高新技术产业发展及竞争力提升的对策是当前和今后相当长时间的重要探索课题。

1.3 著作构思及内容

近年来,我国高新技术产业发展迅速,发展高新技术,使其产业化,是我国实现国民经济结构调整和产业升级的重要战略。著作首先从历史演进阶段、产业规模、产业结构、布局、技术竞争力和进出口状况等方面分析我国高新技术产业的发展现状;然后通过分析影响我国高新技术产业发展的因素,并结合灰色预测模型和科技贡献率分析方法预测其发展前景,最后针对性地提出发展高新技术产业的对策建议。第1章,阐述了研究背景意义、研究方法、研究思路、相关国内外研究成果及创新;第2章,阐述研究的相关理论,包括高新技术产业理论,产业经济学理论和竞争力理论,而后对已有理论进行评述,为整体研究提供基础;第3章,在对我国高新技术产业发展历程回顾的基础上,运用统计数据对我国高新技术产业发展现状进行分析,包括产业规模、产业结构、产业布局、产业技术水平,以及高新技术产品进出口状况,通过现状研究为高新技术产业竞争力评价做准备;第4章,在阐述国外高新技术产业发展的基础上,总结了国外高新技术开发区的管理经验,对国内外高新技术开发区进行了比较研究;第5章,重点论述了我国高新技术开发区,并对我国高新技术开发区进行了模糊综合评价,指出我国高新技术开发区面临的主要问题;第6章,研究世界主要国家高新技术发展状况,对主要指标进行了比较;第7章,阐述了高新技术产业竞争力的内涵、机理,提出了高新技术产业发展的云团旋回模式,构建了高新技术产业评价指标体系,包括体系构建原则,体系内容和体系各指标的经济学含义;第8章,运用单项指标评价我国高新技术产业竞争力,通过竞争实力比较,竞争潜力比较,竞争环境比较,得出我国高新技术产业竞争力的总体表现;第9章,阐述了熵值法评价高新技术产业竞争力的科学性,熵值法评价高新技术产业竞争力的计算过程,并用此法对我国高新技术产业竞争力进行实证分析,运用灰色系统理论对我国高新技术产业发展前景进行了预测;第10章,论述了我国高新技术产业今后发展的制约因素问题,包括环境问题、政策问题、资金问题、人才问题、体制问题、机制问题、国际化问题;第11章,提出提升我国高新技术产业竞争力的系列相关对策。

1.4 著作研究方法与成果创新

研究方法的科学性直接关系到研究目的的实现程度,关系到研究结果的正确性,本研究的主要方法如下:

1. 逻辑论证与客观实践相结合。主观逻辑分析是人文社会科学论证过程中不可缺少的重要手段,但主观推论必须与客观实际相符合,这样才能做到理论与实践、客观与主观的统一。著作中的理论选择、分析与评价方法的确定力求客观,进而保证分析过程严谨,分析结果客观、准确,该方法主要体现在著作的第4章、第5章。

2. 比较分析法。本著作研究主要采用横向比较和纵向比较相结合的分析方法。既找出不同区域同一事物的异同现象,又分析某一指标不同年份的情况,从而找出隐藏在现象背后的问题根源,该研究方法体现在著作的多个章节,尤其是第7章高新技术产业发展国内外主要经济学指标比较上。

3. 实证分析法与规范分析法相结合。本研究通过收集与我国高新技术产业发展相关的统计数据,采用科学的方法对我国高新技术产业发展的规模、结构、布局、技术竞争力和进出口情况进行分析,阐述我国高新技术产业发展的现状,并结合灰色模型和科技贡献率预测方法预测我国高新技术产业的发展前景,该研究方法主要体现在第8章。

4. 宏观分析与微观分析相结合。研究从全球经济一体化大背景着手,分析国际上一些发达国家高新技术产业的发展情况,总结高新技术产业发展演化规律,以宏观和微观相结合的方法,结合我国高新技术产业的产业结构情况,从国家、产业、企业、相关行业以及国家创新体系等不同视角分析和构筑了我国高新技术产业的发展对策,主要体现在第9、10章。

5. 定性与定量相结合方法。定性研究体现在著作的理论研究,现状研究,制约因素研究等内容,定量研究主要体现在著作的第4、第5、第6、第7章中,著作以量化指标为基础,通过构筑评价模型,用真实数据研究我国高新技术产业竞争力。

著作研究的创新成果主要体现在五个方面。

1. 本书根据高新技术产业特点和发展演化之规律,在分析前人既有理论不足的前提下,提出了高新技术产业发展演化的"云团旋回模式",丰富了高新技术产业理论体系。

2. 运用层次分析与模糊数学评价相结合的方法,对我国高新技术开发区进行了评价研究,总结出我国高新技术开发区发展中存在的主要问题。

3. 构建了我国高新技术产业竞争力单项和综合评价指标体

系，运用熵值法对我国高新技术产业竞争力进行了研究，得出了我国高新技术产业竞争力的定量评价结论。

4. 运用灰色理论建立我国高新技术产业发展预测模型，结合科技贡献率指标，以实际统计数据为依据对我国高新技术产业发展进行了预测，并以所预测出的2005年到2006年我国高新技术产业的指标值同当期我国实际值相比较，从而验证预测模型的科学实用性。

5. 从产业经营环境、产业规模、风险投资、创新体系、人才、支持体系等多视角对我国高新技术产业竞争力发展的制约因素进行了深入的探讨，指出了制约我国高新技术产业发展的系列相关因素，并提出促进我国高新技术产业竞争力提升的关键对策。

第 2 章 高新技术产业竞争力相关理论

本章是本著作的理论部分,首先是介绍了高新技术的涵义、特征及高新技术产业的界定,接着介绍了高新技术产业园区的基本理论,包括产业集聚理论,孵化器理论,三元参与理论,增长极理论,扩散理论等,而后介绍了产业结构演变规律等产业经济学相关理论,最后对竞争力理论进行了阐述。通过理论阐述为后文的写作奠定基础。

2.1 高新技术与高新技术产业理论

2.1.1 高新技术产业及竞争力界定

高新技术的概念最早出现在上世纪 70 年代初。1971 年,美国国家科学院在《技术和国家贸易》一书中首次明确提出了高新技术概念。[1]1981 年美国出版了用"高新技术"命名的杂志。[109]1982 年 8 月,日本新闻周刊和商业周刊相继发表了《日本的高新技术》和《高新技术》专集。随着时代的蓬勃发展,高新技术已成为世界各国报刊出现频率较高的术语之一。然而,至今对高新技术这一概念尚无公认的确切的定义。

从经济学的角度理解,认为高新技术是研究或开发(R&D)经费占产品销售额的比例、科技人员占雇员的比重、产品的技术复杂程度这三项指标超过标准时,这类产品就被称为高新技术产品,生产和经营这类产品的企业就被称为高科技企业。

从技术角度理解,认为高新技术是以当代尖端技术为基础建立起来的技术群。我国"863"计划和"火炬计划"提出重点发展的高新技术有:新材料技术、信息技术、航空航天技术、生物技术、新能源及高效节能技术、激光技术、自动化技术(即光机电一体化技术)。[30]

从产品或产业的技术密集程度角度理解,认为高新技术是对知识密集、技术密集的一类产品或产业的统称。

无论从哪个角度理解,高新技术的概念实际上都包含以下四层含义:

第一,高新技术是个动态概念,因而其具有时空性,被确认的高新技术不是一劳永逸的永久的高技术。

第二,高新技术意味着以尖端科学理论为基础,往往带有前沿性,在日本,高新技术往往被表达成"高级尖端技术"。因为前沿带动效应,故高新技术常常导致高知识密度、高新技术密度和智力密度。

第三,高新技术应具有商业价值,高新技术不但是技术领域的概念,更是经济学的概念,高新技术应该能够带来高额经济利润。

第四,高新技术是个集合,高新技术活动是技术创新、经济贸易、生产管理以及社会变革和人们思维观念的群集。[8]

高新技术的特征可以概括为"七高一低"[3]。

(1)高战略地位。高新技术是一国战略资源,已成为世界各国竞争的制高点;

(2)高新技术密集。高新技术产业本质上是高度知识密集,这主要表现在脑力和体力劳动者之间的比例,在手工作坊时期,体、脑劳动者之比为9∶1,在半机械化时期为6∶4,在自动化阶段为

1:9,在知识经济阶段,有些高新技术产业的这一比例已达到 30%以上。

(3) 高资金密集。高新技术产业是资金密集型产业,对其产品及市场的开发往往需要巨额资金。

(4) 高附加值。高新技术产品的附加值远高于传统产品,在美国,高新技术产业工人平均增加值比传统产业高 1/3,工人的平均工资也高于传统产业 20%。[100] 利润也颇丰富,1995 年英特尔的利润为 23%,相当于全球 500 强平均利润的 4 倍。

(5) 高增长率。高新技术产业发展速度远高于传统产业,微软在 20 年时间内资本总额超过 2000 亿美元,由 7 人创办的台湾"宏基"经过二十多年发展,年营业收入近 2000 亿新台币,成为全球七大微机生产商。

(6) 高渗透性。高新技术产业具有广泛的渗透性,不但在本产业内扩展,而且广泛向其他产业甚至全社会扩展,当今社会人们都在享受着高新技术发展带来的利益。

(7) 高风险性。高新技术是前沿科学领域,有很大的探索性,成败往往难以预测,高新技术企业在硅谷的失败率约为 20% ~ 30%,60% ~ 70% 的企业生命力为 3 ~ 5 年,只有 5% 的企业才能进入成熟行业。

(8) 低产品寿命周期。因为技术革新速度快,高新技术产品更新换代十分迅速。例如,英特尔过去每 4 年着手一代微处理器的开发,到奔腾系列周期缩短为 3 年。莫尔定律告诉我们,微机的功能扩充与价格下降成反比趋势。

对于高新技术产业的概念,国内外均有不同的意见。美国学者 R. Nalson 在《高新技术政策的五国比较》一书中指出,"所谓高新技术产业是指那些以大量投入研发资金,以及迅速的新技术为标志的产业"。台湾《国际贸易金融大辞典》中"高科技产业"一款的解释为:"系指必须利用电脑、超大集成电路等最尖端科技产业为基础,并投入较高的研发经费,从事生产的智力密集型企业。"

国内一般描述为:高新技术产业就是高新技术的研究、开发、生产、推广和应用等形成的企业群或企业集团的总称。对于高新技术企业的定义,在我国1991年3月由国家科委颁布的《国家高新技术开发区高新技术企业的定义办法》中明确规定:高新技术企业是利用高新技术生产高新技术产品、提供高新技术劳务的企业,是知识密集、技术密集的经济实体。

关于高新技术产业的界定问题,迄今为止,国际上尚没有一个统一的定量界定高新技术产业的标准。目前应用最广泛的界定标准有两个:一个是美国商务部制定的标准。[102]它包括四项主要指标:R&D支出占销售额的比重;科学家、工程师和技术工人占全部职工的比重;产品的主导技术必须属于所确定的高新技术领域;产品的主导技术必须包括高新技术领域中处于前沿的工艺和技术突破。二是国际经济合作与发展组织(OECD)制定的标准。它是基于国际标准产业分类统计基础上的,R&D强度(即R&D经费占产值的比重)作为界定高新技术产业的标准,比重在3%以上的为高新技术产业;在1%~2%之间的是中技术产业;小于1%的则称为低技术产业。[117]

高新技术产业是应用高新技术生产的技术含量高的产品或服务的产业,国际上大都把下列产业列为高新技术产业:

(1)生物技术及相关产业,包括转基因技术产业,人类基因计划实施,克隆技术,生物医药技术。

(2)新型材料产业,包括高分子材料,新型合成材料以及纳米技术材料等。

(3)信息技术及产业,包括信息获取技术,信息传输技术,信息处理技术,信息技术产业包括软件和硬件两部分。

(4)航空航天技术产业,包括航天运载技术产业,超大运输工具,航空飞机、气象技术、卫星传输等。

(5)能源技术产业,包括新型能源开发,节能产品生产,替代能源,核技术的和平利用等。

(6)海洋开发产业,包括深海矿产的开采技术,海洋新能源的利用,人类海洋生存,海洋生物开发等。

本书借鉴了我国高新技术产业统计年鉴的分类,从制造业的角度把高新技术产业划分为医药制造业、航空航天器制造业、电子计算机及办公设备制造业、医疗设备及仪器仪表制造业、电子及通信设备制造业五大产业。高新技术产业的特征是由高新技术的特征衍发出来的,具体有以下八条:

(1)高新技术产业是技术和知识高度密集的产业。高新技术产业是最新科技发展的结晶,其生产过程对技术和智力的要求非常高。

(2)高新技术产业是资本高度密集的产业。没有强大的资金支持,高新技术产业是发展不起来的。例如发达国家对高新技术产业的投资结构为1:10:100(即 R&D—中试—批量生产的资金投入比例),即随着产业化进程的深化,资金投入强度也相应加大。

(3)高新技术产品具有高附加值。在传统的产品进入微利时代之时,高新技术产品因其蕴含的技术成本、智力成本和资金成本而获得很高的附加值。

(4)高新技术产品需求收入弹性高。高新技术只为由创新意识和创新能力的主体掌握,导致高新技术产品的市场竞争程度降低,其价格弹性系数小,而需求收入弹性系数大。因此高新技术产业市场需求量和产值的世界增长率一直大大高于传统产业。

(5)高新技术产品生命周期短暂。因为高新技术具有短周期的特点,因此使它的产品更新换代十分迅速。鉴于此,高新技术企业要占居领先地位,拥有竞争优势,就必须加快技术开发、产品开发,才能获得可观的经济效益,这客观上又缩短了产品周期。

(6)高新技术产业对风险资本的依赖性强。高新技术产业的发展有赖于风险资本的日益壮大,而风险资本的生存也依赖于高新技术产业的不断成长。

(7)高新技术产业对高智力人才的需求迫切。高新技术产业是智力密集产业,对专门人才的需求比例是传统产业的5倍,[105]产业内企业间的竞争主要是对高级人才的竞争;人才作为高新技术的载体,是高新技术产业发展的灵魂。

(8)高新技术产业的联系效应和带动效应大。高新技术产业具有"种子"功能,加快传统产业的整体进步,催生新兴产业,使主导产业、关联产业和基础产业的体系日趋成熟,并将其增长效果扩散至国民经济各个部分,带动经济社会与世界共同进步。

高新技术产业竞争力指一国高新技术产业在既定时间内,同其他国家同类产业相比较所提供产品或服务的能力。对高新技术产业竞争力的理解应把握以下几点。其一,一国高新技术产业竞争力的高低应有时间的规定,衡量一国高新技术产业竞争力是在既定时间内本产业同传统产业的贡献相比或本产业同国外高新技术产业相比;其二,高新技术产业竞争力的发展状况及趋势应以历史数据作为判定标准,通过历史数据分析才能对产业竞争力有清晰的认识;其三,必须用系列指标进行国际比较才能体现高新技术产业自身的特点和全球化趋势要求;其四,高新技术产业竞争力表现为现实竞争力和潜在竞争力以及发展环境竞争力,因而评价高新技术产业竞争力的指标应是多维的系统性指标。

2.1.2 高新技术园区

高新技术开发区是人们有目的地通过系统规划而建设形成的科技-工业综合体。其任务是研究、开发和生产高新技术产品,促进科技成果商品化。国际上科技开发区分为三种模式,即科学园、技术城、高新技术加工区。[120]

科学园以研究开发为主,包括产品试生产或研究开发型生产,有的也进行产品生产,这类园区一般在大都市或附近,依托著名大学或科研机构,实质是大学与工业合作的产物,"硅谷"便是斯坦福大学与工业的结晶。

技术城是以自然风光或传统之美与现代文明融为一体的地区,形成技术与文化的交融城镇,集产、学、居住于一体,通过高新技术产业,提高地方实业的技术水平,鼓励研发活动,吸引优秀人才,培育产研结合,像日本的筑波城,广岛科学园,德国的索非亚昂蒂波利科学城等。[119]

高新技术加工区是以高新技术产品加工装配为主的高科技加工区,这类加工区需要有高素质的充足的劳动力条件做保障,同时要求政府有相应的鼓励措施条件。如台湾新竹科学工业园,菲律宾的巴丹加工区等。

高新技术开发区有四个功能:

(1)集聚功能。高新技术开发区凭借区域优势,产业政策优势,科研基础条件优势等条件集聚了人才资源、物力资源、财力资源等,资源的集聚形成了良性循环效应。硅谷吸收了8000多家有实力的企业,500多家风险投资公司,每年出口近400亿美元。

(2)孵化功能。高新科技园区对高新技术成果,科技小企业及科技创新的孵化、培育,使其发展为成熟企业,通过政策倾斜,税收优惠,基金扶植等来造就企业群体及名牌。

(3)扩散功能。高新技术开发区的影响扩散不局限于本区内,其辐射面向社会的各个领域,高新技术开发区的辐射靠的是势差,即人才技术、财力、信息和组织等优势形成的基础为高新技术产业的扩散和渗透提供了可能。高新技术开发区的扩散模式如图2.1所示。

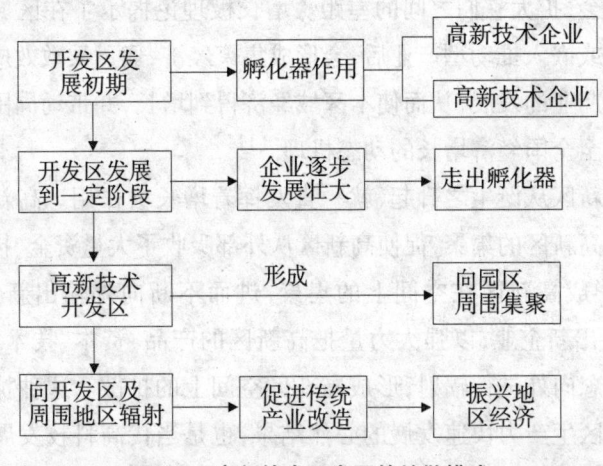

图 2.1　高新技术开发区的扩散模式

(4)示范功能。高新技术开发区的高新技术成果,先进的运行模式不断带动其他地区,被其他地区所效仿。

2.1.3　增长极理论

该理论是法国学者弗朗索瓦·佩鲁于20世纪50年代提出的,系指在一个地区中围绕推动性的主导产业部门而组织的有活力的高度联合的一组工业体系,其不仅本身能够迅速增长,而且可通过乘数效应推动其他经济部门的增长。其中推动性部门指某些主导部门和创新企业,这种集中了主导部门和创新企业的商业中心,就是区域发展的增长极。[34]增长极对周围区域经济的发展会产生正负两种效果:正效果是扩散效应的结果,即增长极核心部分的快速发展,会对周围地区产生带动和促进作用,增加就业机会、提高消费水平、引进技术进步;负效果是回波效应的结果,即增长极吸引了周边地区大量的资金、技术和人才,抑制周围地区经济发展的机会,扩大它们之间的差距。增长极理论揭示了在区域内投资建立或嵌入推动型产业后,会形成集聚经济,通过乘数效应而带动其他产业的发展,从而使本区域经济得到增长,并带动周围其他区域甚至全国经济增长的动态机理。[114]

高新区从诞生之日起,就一直发挥着增长极作用。高新技术产业在高新区的集聚,促使高新区从外部吸收了大量资金、技术和人才,形成高新区在空间上的集聚,进而不断向外输出新产品、"衍生"出新企业,以强大力量把高新区的产品、资本、技术、信息甚至观念向外进行辐射,形成高新区空间上的扩散。这种扩散既是高新区生产力快速发展的必然结果,也是当代高科技发展的必然要求。因而在高新区规划建设中,要创造各种有利条件,尤其是营建优越的创业环境,以加速高新技术产业集聚和扩散,进一步发挥高新区增长极作用。

2.1.4 扩散理论

高新区在形成高新技术产业、促进高新技术向传统产业扩散和渗透过程中起着举足轻重的作用,与此相对应形成了"高新技术扩散理论"。高新技术扩散是指高新技术系统各要素在已有产业中的迁移运动,它以高新技术系统为扩散源,通过扩散促使高新技术逐渐取代原有产业中的产业核心技术,从而形成以高新技术为产业核心技术的新产业,而原有产业则出现改造或重构,并与高新技术互相作用最终形成一种新的高新技术产业。不同产业吸收外来技术的能力和情况不同,但均形成产业技术、劳动分工、组织与管理的复合创新过程,而作为高新技术相对集聚并成为中心的高新区,在高新技术向传统产业扩散,改造原有生产模式和管理方式并形成具有影响力的、新的技术产业过程中,发挥着积极作用。

2.1.5 孵化器理论

孵化器又称创业中心,是一种孵化高新技术企业和企业家的新型社会经济组织,通过为创业企业和企业家提供场地、设施等良好的创业环境、资金、管理、信息等诸多优质服务以及塑造创新的文化氛围,以降低创业成本和创业风险,帮助新兴中小企业"出壳"并迅速成长。[27]

孵化器理论是一种关于在新生产部门、新建企业发展的最初阶段所需要的地理、人文条件的假说。该理论认为,鉴于新创办的中小企业往往存在企业发展计划脱离实际、资金短缺、创业者缺乏经营管理知识和经验、市场开拓能力有限等问题,其存活率普遍不高。其中3年存活率一般为50%,5年存活率一般为20%,而新创办的中小型高新技术企业3年后存活率仅为30%。因而高新技术产业就必须大力扶持新创办的中小型高新技术企业,通过孵化器有组织地、适时地提供"孵化"期所需要的"营养"条件,提高其存活率。

2.1.6 五元参与理论

三元参与理论是在1993年6月的国际科学上业园协会第九

届世界大会上提出来的。该理论认为,高新区是科技、高等教育、经济和社会发展的必然产物,是在大学科技界、工商企业界和政府三方相互结合下产生的,并且在三方的共同参与和积极推动下得到发展。

在三元参与理论的引导下,高新区中大学、科技界、企业界和政府都出现了新的运行模式:大学在相当程度上改变过去按部就班培养人才的模式,采取在创业和开发中培养人才的新模式;科技界根据大众的需求导向进行科学研究,使不同类型的科学研究相互交叉,与市场接轨,为企业解困;企业界在大学和科学界中寻找新型的合作伙伴,共同开发,共同创业,并加强自身的研究能力。这样,大学科技界、工商企业界和政府的行动就得以统一和协调,高新区就得以蓬勃发展。三元参与理论成为高新区在大学发展的理论基础,全面分析成功科技工业园的发展历史及模式,这一理论显得过于简单,不能准确描述科技工业园的发展。科技工业园(不包括出口加工区和经济开发区)发展的关键在于政府部门、工商企业界、大学科技界、企业孵化器及投融资机构的共同驱动,产生了有利于园区发展的创业文化,构筑了创新企业发展的栖息地——即官、产、学、孵、金五元驱动理论,这一理论的灵魂是形成创业文化,核心是构筑创新企业的栖息地。[65]

(1)政府部门的作用——构建科技工业园的环境创新体系

不同类型的科技工业园,政府作用不同。总体来讲,对于成功的科技工业园,一般政府都建立了新型管理体制和运行机制,为科技工业园的发展创造了宽松的创业环境、法律环境和政策环境,提供了先进的基础设施,并且为其他驱动元素在科技工业园的聚集起到了引导或推动作用,甚至为尖端主科技产品的应用创造了市场需求。

回顾硅谷发展的历程,硅谷发展的萌芽阶段(即四五十年代)主要是斯坦福大学及特曼教授推动的结果,同时美国政府对硅谷地区军事电子装备的采购;推动了硅谷地区电子工业的兴起和发展。90年代克林顿政府推行"信息高速公路"建设,推动了信息产业的极大发展,硅谷地区是最大的受益者。至今硅谷的风险投资总量仍占全美的1/3。硅谷地区当地政府建设的先进基础设施、舒适的生活环境、高明的移民政策和宽松的法律环境吸引了世界上一流的人才聚集硅谷,成为硅谷发展取之不竭的源泉。台湾当局为新竹科技工业园的发展提供了启动资金、优惠政策、配套环境及留学人员创业支持。我国53个高新技术产业开发区的发展,也是得益于政府提供的优惠政策、配套环境和新型体制。[75]

(2)大学科技界的作用——科技工业园企业技术创新的源泉

大学科技界是知识创新的主体,它能为建立在其附近的科技工业园源源不断地提供知识创新的成果、高新技术人才以及创业家,它是科技工业园企业技术创新的源泉。一个科技工业园内或附近的大学和研究机构,特别是研究型大学越强或者越多,这个园区的科技创业活动就越活跃,技术创新能力就越强。

硅谷的成功得益于斯坦福大学输送了一大批创业人才和创新成果,硅谷成功企业中60%以上是斯坦福大学的师生或校友创办的。西安高新区的发展也得益于西安交通大学、西北工业大学、西安电子科技大学、西北大学等著名高校及原邮电部十所、四所的师生和校友在高新区创办了许多科技开发企业,这类企业约占企业总数的70%以上,一般都具有非常强的技术创新能力和较高的成长速度。[76]

(3)工商企业界的作用——构建科技工业园的技术创新体系

企业是技术创新的主体,是科技工业园发展的核心,企业对市场需求和技术价值有敏锐的判断力,科技企业的生存和发展更是取决于面向市场的技术创新能力。为了增强技术创新能力,新创企业一般办在大学校园或附近,大型企业则在大学里合作建立研究实验室或共建研究所及研究院。实践表明,与大学联系越密切,企业的创新信息越多,创新能力越强。企业在研究市场需求的同时,研究大学科技界的科研动态,选择能面向市场需求提供技术支撑的研究群体作为阶段性合作伙伴,这种合作关系促进了技术创新与市场需求的有效结合,推动了高新技术的商品化和产业化,缩短了产品开发的周期。企业也吸纳大学输送的人才,包括吸引研究生参与企业新产品开发,加强自身的研发能力,有的还吸引海外留学人员充实研发队伍,有的聘请行业知名专家担当技术顾问。

(4)企业孵化器的作用——构建科技工业园的创业孵化体系

企业孵化器是聚集新创企业,为中小企业的生存与成长配置所需资源和共享服务的系统空间。在硅谷的诞生与发展过程中,特曼教授起了企业孵化器的作用,他对人才的培养不仅限于传授知识、指导技术和启发兴趣,而且引导、鼓励和帮助学生创立自己的事业。1939年,他出资500美元支持大卫·普卡德和比尔·惠利特创办了世界著名的惠普公司。[77]研究表明,未经企业孵化器孵化的企业五年存活率为20%,而经过孵化的企业五年存活率则达到80%,中国企业孵化器孵化的成功率高达90%以上。企业孵化器已成为科技工业园的特色和区别于经济区的标志,其创业孵化理念的渗透,增强了科技工业园培育企业和配置资源的意识。

(5)投融资机构的作用——构建科技工业园投融资体系

无论是科技工业园的建设还是创新企业的发展都离不开金融支持和投融资体系的高效运转。科技工业园要不断引进商业银行,为创新企业提供流动资金贷款;大力发展以民间资本为主体的风险投资事业,扶持创新企业实现高速增长;大力引进投资银行,推动企业走向资本市场;不断引进中介机构,活跃科技工业园的投融资行为。一个成功的科技工业园总是存在大、中、小型企业及新创企业,因此,建立多层次的投融资体系对于科技工业园的综合协调快速发展至关重要。[79] 美国硅谷的成功得益于 50 年代风险投资行业的形成,80 年代风险投资再次崛起和 90 年代风险投资的快速发展和繁荣,更得益于一批批企业走向资本市场上市融资,推动了企业之间的购并与合作。

五元驱动的直接结果是形成了园区内颇具特色的创业文化,先进的创业文化是科技工业园持续发展的灵魂和动力,创业文化的作用和演变的结果则创造了适宜于创业和科技企业生存的栖息地。

2.1.7 集成创新理论

高技术产业是一个地区乃至整个国家经济发展的战略性和先导性产业。对创新的研究,尤其是对集成创新的研究,对集成创新中知识集成的研究,对推动高技术产业的发展有重要意义。

1. 集成创新的内涵

集成创新是把已获得的新知识、新技术创造性地集成起来,以系统集成的方式创造出新产品、新工艺、新的生产方式或新的服务方式,以满足不断发展的新需求。它同样是一种创新,而且由于成本低、周期短、风险小,具有重大的经济价值。它同样可以成为实现技术跨越的突破口。现在科技知识迅速膨胀,创新的进一步发展绝不仅仅是各门知识的简单堆砌,而是系统的集成,是更深入的开发、更高难度的创造。

2. 产业创新模式划分

从技术创新的演变历史来看,国外把产业创新模式划分为五代。第一代:技术推动模式。技术研究开发导向,市场被动接受技术成果,是线性的转化过程;第二代:需求拉动模式。市场需求为产品创新创造机会;第三代:相互作用模式。技术与市场相结合,是连续而有反馈的闭环过程。创新的全部过程可看做是一个复杂的网络。技术与市场从对立到统一;第四代:整合模式。创新是研究开发、设计、生产等要素同时展开的并行过程,强调研究开发和市场交界面的整合,把创新看做是企业内部制造、营销等职能并行运作的过程;第五代:系统集成与网络模型模式。在第四代基础上引入新技术,特别是信息技术,强化内部集成和外部的网络,各部门同时参加知识与信息的生产。强调灵活性和研发速度。其中第四代和第五代创新模式是一个飞跃,从离散线性过程转变为集体网络过程,强调群体性与集成性。集成创新在发展中国家以跟踪模仿为主的发展模式向自主创新发展模式演进的过程中,在消化吸收、二次创新、再开发的过程中显得尤其重要。非但如此,即使在先进国家一些复杂产品或系统的创新过程中,它同样起着不可替代的作用。[60]

3. 集成创新的形式

集成创新的形式主要有六类:(1)单元技术与单元技术的集成。数码照相机就是传统照相机技术与光电技术和计算机技术的集成;(2)设计技术与加工技术的集成。典型例子是 CAD 与 CAM 的集成;(3)单元技术与系统技术的集成。典型例子是缓存技术集成到计算机处理器芯片中,虚存技术集成到微型计算机系统中,串行与并行接口、声卡、显示卡集成到主板上,计算机技术集成到机床系统形成数控机床,单片计算机技术集成到各类设备形成嵌入式系统;(4)技术与管理的集成。集成管理是管理单元有机的、有效的整合。这里所说的管理单元,是指某种管理功能,或者某种管理思想、管理组织、管理人员、管理方法、管理工具。同类单元可以集成,不同类的也可以集成,例如准时生产制就是集成管理的例子,计算机集成制造系统(CIMS)更是技术与各种管理单元的集成;(5)生产与供销的集成。典型例子是供应链管理系统(SCM);(6)组织结构与工作流程的集成等。[61]

4. 集成创新中的知识集成

创新的实质是新知识的生成和应用。集成创新中,知识的集成占有重要地位。在有关知识管理的理论和实践中,人们已经认识到:从认识论的角度来看,知识有显性(言传性)知识与隐性(意会性)知识之分;从本体论的角度来看,知识有个人知识与组织(集体)知识之分。在创新活动中,几类知识相互作用,推动知识的集成和新知识的生成。

知识的范围划分具体说来,就是能写出来的知识只是能说出来的知识的一部分,能说出来的只是意会到的一部分。同时,他所能察觉的知识也有一部分是他说不出来的,但是总的来说这些知识都是他掌握的。

每个人的知识也就是一个个的知识单元通过网络连接起来。个人的知识再通过社会网络连接起来就形成了集体的知识,这就是知识的网络集成。知识的网络集成呈现动态性和择优连接性的特点。其中动态性体现为知识不断生成和发展,择优连接性则体现在连接越多,越容易被连接,形成自组织系统。相当一部分知识网络的结构和随机网络的结构不太一样,是一类无尺度网络。其中和别的节点连接越多的节点,它的个数越少。网络结构有很多种类型,但是它们的共同之处就是一旦那些个数较少的关键节点去掉之后,这个网络就将解体。

在集成创新过程中,意会性知识(经验、直觉、洞察力等)的应用是较关键的。组织的知识,特别是其中的意会性知识,是企业的核心竞争力。由于言传性知识可以在市场上购买,某一企业依仗它取得竞争优势,其他企业就会很快地在市场上买来而取得同样的优势。但是意会性知识就无法买到。所以,企业要关注组织知识,特别要关注意会性知识(诀窍、经验、企业的工作范式、工作习惯等)。组织知识的生产,涉及言传性知识与意会性知识的转化和丰富,个人知识和组织知识的相互转化与生成。现有的螺旋模型提出四种知识转化过程,即:(1)由意会性知识到意会性知识;(2)由意会性知识到言传性知识;(3)由言传性知识到言传性知识;(4)由言传性知识到意会性知识。通过螺旋形的转化,个人知识逐步聚集并转化为组织知识,同时又扩大和深化了个人知识,推动了知识的产生和创新活动。组织知识就是在上述两种知识的四种交互作用过程中产生的。这类模型是日本学者提出的。[62]

知识系统是一个复杂的系统,这其中有有序状态部分也有混沌状态部分,这两个部分之间是相互作用的。知识当中存在言传性知识和意会性知识,言传性知识是要转化的,而这种转化就是集成。按照日本的模型,两类知识要转化,不光是言传性知识要转化,意会性知识也要转化。言传性知识和意会性知识在运用时就是相依存在的,各类知识之间的集成又不是各个部分按顺序的集成,而是一种交织性的集成。[63]其实两种知识之间的集成本身就是一种创新,单纯的两种知识之间的互补很难,但是如果我们能将两种知识融合起来,形成一种新的知识,那么这种创新又会使原先的两种知识相得益彰。

集成创新中存在着一类非正式组织,这类组织是由一些知识工作者按照共同的兴趣或者共同的观点、见解而形成的。由于这是在实践过程中形成的群体,所以叫做实践社群或者实践共同体。实践社群的成员不但可以是组织内部成员,也可能有外部人员主动参与,这样也会扩大组织和外单位的联系。常常是由承担研究开发任务的知识工作者提出要求或问题,经社群中的专家思考提出意见,再在社群的集体中讨论或者个别交换意见,加以丰富充实。这样有利于多专业知识的集成。[64]如组织中出现问题,我们应该根据知识需求获取知识并加以集成,然后加以应用。绩效评测如不能满足要求,就要针对问题交换意见、商量对策、调整战略,这就是我们通常所提到的知识集成过程中的双回路模型。但是当我们反复调整战略仍不能达到理想的效果时,就要回去检查一下我们的决策思维是否正确,也就是对决策进行反思,并作出相应的调整。

2.2 产业经济学相关理论

2.2.1 产业集聚理论

产业空间集聚,又称产业地理集中或产业簇群,是当今世界经济发展中一种颇具特色的产业空间组织形式。最早出现在19世纪初期,在手工业时代就出现了一些基于地理环境、资源禀赋和历史文化原因所形成的产业集聚,如法国波尔多的葡萄业、瑞士的钟表业、中国景德镇的瓷器业等。到了工业化中期的大机器时代,则涌现出了以大企业为核心的产业集群,如意大利北部的纺织业、美国底特律的汽车制造业、匹兹堡的钢铁工业、克罗地亚(原南斯拉夫)亚德里亚海的造船业等等。在今天经济全球化以及竞争成为时代的主旋律形势下,产业集聚更是成为世界产业成长的一种普遍现象,它不仅仅限于制造业,也存在于服务业之中。如美国得克萨斯的达拉斯集中了全国主要的房地产开发商,而芝加哥的期货交易、洛杉矶的电影业、华尔街的金融业更是产业地理集中的典型。进入知识经济时代,高技术产业领域的空间集聚现象更为引人注目。如美国的硅谷、英国的剑桥、以色列的特拉维夫、印度的班加罗尔以及中国台北的新竹科技工业园区等,都是高技术产业空间集聚的成功典范。

产业集聚是现代产业经济活动在空间结构上表现出来的一种基本趋势,但针对产业集聚的内涵,著名经济学家马歇尔早在19世纪末就提出了类似的概念,他认为同一产业的企业会因为各种原因而集中于特定的地方,从而有利于技能、信息、技术、技术诀窍和新思想在群集的企业之间传播与应用。后来随着新产业区的成功发展使产业集聚成为经济学家们所关注的一个重要经济现象,许多学者对此进行了大量的相关研究,由于对产业集聚现象考察的角度各有不同,不同的学者对产业集聚的定义是不同的。关于这一点匡致远在《发展产业聚群,促进产学研联合》一文中进行了这样的描述:Bergsman(1972)和Czamanski(1979)等主要从相关性产业来定义产业集群,即在所有经济产业中,一组在商品和服务联系上比国民经济其他部门联系更强,并在空间上相互接近的产业。显然这个定义没有涉及对创新起着主要意义的知识结构的作用。随着硅谷、班加罗尔等高技术园区的崛起与成功,知识与创新在产业集聚的形成、升级及其竞争优势的来源中所起的重要作用逐渐为学者们所认识,因而在产业集聚的定义中开始引入了知识生产结构等参量。Theo j. A. 和 Roelandt 等这样定义产业集群:为了获得新的互补的技术,从互补资产和知识利用的结合中获得收益,加快学习过程,降低交易成本,克服市场中的进入壁垒,取得协同经济效果,分散创新所带来的风险。关联性很强的企业、知识生产机构、中介机构和顾客通过一个附加值生产链相互联系形成了网络,这种网络就是产业集聚。[91]美国学者迈克尔·波特是近年来对产业集聚现象有着深入研究的学者之一,他对产业集聚的定义更为全面:位于某个地方、在特定领域内相互联系、在地理位置上集中的公司和机构的集合。[47]波特又称之为产业集群,它包括一群对竞争起重要作用的、相互联系的产业和实体,如零部件、机器及服务等专业化投入的供应商和专业化基础设施的提供者。通常集群还向下延伸到销售渠道和客户,并从侧面扩展到辅助性产品的制造商,以及与技能技术投入相关的产业公司。此外许多集群还包括提供专业化培训、教育、信息研究和技术支持的政府和其他机构,如大学、标准制定机构、智囊团、职业培训提供者和贸易联盟等。英国科学大臣塞恩斯伯里认为,集聚就是"相关产业的相互有联系的公司、专门供应商、服务提供者以及有关机构的地理集中"[101]。

上述定义尽管各不相同,但都认为企业与相关实体在空间上的临近与聚集以及它们之间的互动是产业集聚最根本和最本质的特征。正是这种空间上的临近与聚集以及互动使得资源配置机制发生了变化。在集聚现象中,企业的资源配置不仅与其内部机制相关,更强调其外部直接的商业环境如专业化基础设施、供应商及邻近的大学和研究机构等在资源配置中的作用,正是这种空间上的临近与互动使得产业集聚导致产业竞争优势。

产业集聚有两个特征:一是空间区位形态,即各构成部分在地理上高度集中;二是各利益主体之间形成相互关联、互相竞争与合作的关系。每个主体拿出自己的优势资源,与其他企业的优势资源相结合,并作为产业整体来参与竞争。乍看起来,企业似乎是以独立的个体形式在世界市场中竞争,但这些企业并不仅仅靠自己的竞争力,它们的背后有产业集聚的竞争优势作为支撑。

1. 产业集群理论的科学内涵及特征

美国商学院波特教授1990年在《国家竞争优势》一书中正式提出产业集群概念,并把它提高到增强国家竞争力的高度,使得持续了一百年的对产业集聚的关注从纯学术讨论走进了商界和政界的讲坛。集群已经发展成为具有多种内涵的新型产业政策框架的理论基础。产业集群理论研究主要有三大流派:外部经济理论、集群经济理论和新竞争优势理论。[49]

外部经济理论是马歇尔首先提出的,其《经济学原理》中提出两个重要的概念:"内部经济规模"和"外部经济规模"。他认为,内部经济规模是由单个企业内部的资源、组织和经营效率形成的规模经济;外部经济规模是由众多相互联系的企业集中在特定的地方所产生的规模经济。他用外部经济规模说明产业集群为什么存在,认为生产和销售同类产品的企业或存在产业关联的上中下游企业集中于特定的地方,会使专门人才、专门机构、原材料产生很高的使用效率,而这种使用效率是处于分散状态下的企业所不能达到的,它形成外部规模经济,从而促进企业集中在一起,形成了产业集群。他把专业化产业集群的特定地区称作"产业区"(industry district)。[50]

集群经济理论是由工业区位经济学家韦伯首先提出的。韦伯从工业区位的角度对集群进行了深入研究,并提出了集群经济概念。他把区位因素分为区域因素和集群因素,认为集群因素可分为两个阶段:第一阶段仅通过企业自身的扩大而产生集群优势,这是初级阶段;第二阶段是各个企业通过相互联系的组织而形成的地方工业化,这是最重要的高级集群阶段。这种高级阶段的集群就是我们说的产业集群。韦伯从集群因素造成的经济性——"一般经济开支成本"降低来研究集群产生的动因。[51]

迈克尔·波特把产业集群理论推向了新的高峰,他从组织变革、价值链、经济效率和柔性方面所创造的竞争优势角度重新审视产业集群的形成机理和价值。1990年他在《论国家的竞争优势》一文中开创性地提出了一些重要命题和判断,如集群对规模经济的作用、对要素改变的影响,政府的作用与聚集经济的关系等。1998年发表《集群与新竞争经济学》一文,系统地提出了新竞争经济学的产业集群理论。[52]

迈克尔·波特认为产业集群是指在特定领域中,一群在地理上邻近、有交互关联性的企业和相关法人机构,并以彼此的共通性和互补性相联结。产业集群具有许多不同的形式,其复杂性也不尽相同。但每一个集群都是由有产业关联的企业集群在一起组成的。这些企业包括:最终产品或服务的厂商,专业元件、零部件、机器设备以及服务供应商,金融机构以及相关产业的厂商。产业集群还包括下游产业的成员(如销售渠道、顾客),互补性产品制造商,专业化基础设施供应商,政府和其他提供专业化训练、教育、信息、研究和技术支援的机构(如大学、思想库、职业训练机构),以及制定标准的机构。对产业集群有重要影响力的政府机关,也是集群的组成部分。[53]最后,产业集群还包括同业公会和其他支持产业集群成员的民间团体。

概括产业集群的主要特征有:(1)专业化特征。其成员企业包括上游的原材料、机械设备、零部件和生产服务等投入供应商;下游的销售商及其网络、客户;侧面延伸到互补产品的制造商、技能与技术培训和行业中介等相关企业、基础设施供应商等。(2)地理集群特征。产业关联及其支撑企业、相应支撑机构,如地方政府、行业协会、金融部门与教育培训机构在空间上集群,是一种柔性生产综合体,往往代表着区域的核心竞争力。[54]

2. 高新区产业群的理论与科学内涵

(1)高新区产业群理论

高新区产业群是把产业群理论引申到高新区的发展中,即高技术产业内某一部门的企业以及该部门的相关产业和支持产业在高新区内的相对集中。高新区产业群是在一般产业群理论的基础上发展起来的,因此具有产业群的共性和自身发展的特性。

①拥有数量众多的高技术企业。高新区产业群首先是一个"群"的概念,其发展是以数量众多的高技术企业集聚为前提的。除此之外,高新区产业群还包括大量高技能的劳动者和研发活动的集聚。另外,产业群中企业数量在公共物品的供给上也起着重要的作用。公共物品的消费具有非排他性,在企业数量有限的情况下由于规模不经济很难形成公共物品的有效供给。

②地域性。高新区产业群的地域性具有两种内涵。其一是企业在地理空间的集中。由于地理接近性和近邻效应,企业的集中增加了彼此沟通和交流的机会,为企业创新提供了活力和物质基础;其二是产业群的地方化,即产业群的根植化。经济全球化发展的一个重要结果就是地方产业群战略的确立。产业群的发展取决于地方资源的综合利用,强调将产业群中的企业经济行为嵌入到地方社会、文化和政治关系中,增强产业群内产品和服务的特色。

③弹性精专。高新区产业群是根据高度专业化而形成的一组相互联系的企业在空间上的集聚,因此一般都有一个主导或核心产业,由这个产业引发一系列相关产业企业的集聚,每个企业的生产集中于有限的产品或过程,因此产业群呈现专业化的特性。在组成要素上,产业群大多是由高度专业化的中小企业构成,具有灵活通用的使用设备和适应性强的熟练劳动力,可以根据市场的变

动不断调整生产产品或服务。

④关联性。高新区产业群是由一组相关产业的企业和服务机构在空间集聚而形成的,彼此相互联系相互依赖,企业间具有很强的关联性。产业群内企业间的信息、产品和服务流向要比它们与产业群外企业的流向更密切、更牢固。产业群中的企业通过优势互补、增强合作、扩大信息和技术交流,逐渐形成"产学研"、"产供销"一体化的合作机制,减少企业生产中的不确定因素,实现区域资源整合的协同发展。产业群内企业间的合作与竞争的完美结合有助于提升产业群的整体竞争优势。

⑤个体企业的相对独立性与产业群的发展整体性。产业群与企业集团的最大区别在于:企业集团的组建强调企业集团内部企业的从属关系,规模大的企业支配着其他企业的生产发展;而产业群则是由一相关产业集聚而成的,强调群内企业的关联性。同时,产业群内各企业之间是相互依存的发展关系,产业群的发展不是围绕个别企业的发展,而是围绕整个产业群的发展。

(2)高新区产业群的形成机制

导致高新区产业集群化的因素主要表现在:

①知识技术的溢出效应。高新区内企业集聚在一起,"空气中弥漫着产业的气味"(马歇尔语),企业之间正式和非正式信息技术交流的机会增加,从而促进产业群企业的创新能力。而企业的研发和创新能力对企业的生存和发展起着决定性的作用,尤其是高新技术产业更是如此,因此,高新技术产业比一般的传统产业企业更倾向于集聚。[55]

②集聚经济。传统产业是以共用基础设施,特别是共用一些行业特征较强的基础设施集聚的,而高新技术产业集聚的基础是信息的共享。高新区内的信息更为集中丰富,信息的产生和传播

速度很快,发挥集聚效应,进一步促进群集化。而同种产业或相关产业的企业在一定空间上集聚,由于地理接近性,企业间信任和社会规范增强,从而降低了企业间交易的成本;同时集聚可以加强企业的专业化和劳动分工,提高产业群劳动生产率,降低企业的生产成本,实现企业发展的外部规模经济。

③产业发展的路径依赖。根据瑞典社会学家缪尔达尔的循环累积理论,企业在空间布局遵循路径依赖的特点,即一旦一种新的产业布置于一个地区,就会发生连锁效应,从而吸引新的产业企业集聚。因此,高新区产业群集不仅促进了高技术产业发展,同时还带动高新区内其他产业的发展,如促进传统产业的改造和第三产业的发展。[56]

2.2.2 产业结构演变规律

产业结构的变化是有规律可循的,对此已有许多经济学家做了大量的研究:

1. 霍夫曼定律

德国经济学家霍夫曼将产业划分为消费资料产业、资本资料产业和其他产业。根据近 20 个国家的时间序列数据,霍夫曼计算了消费资料产业和资本资料产业的比例(即霍夫曼比例),并以此将工业化过程划分为三个阶段。第一阶段:消费品工业在制造业中占主导地位,霍夫曼比例在 6:1 和 4:1 之间;第二阶段:资本品工业的增长快于消费品工业的增长,但消费品工业的规模仍然较大,霍夫曼比例在 3.2:1 和 1.6:1 之间;第三阶段:资本品工业的增长速度和规模都超过消费品工业,霍夫曼比例在 1.5:1 和 0.6:1 之间。霍夫曼比例在 1:1 以下是实现重工业化的重要标志。在知识经济时代,霍夫曼趋势将更加明显,由正金字塔变成倒金字塔是高新技术产业的必然结果。

2. 生产要素密集型产业地位变动规律

生产要素集约分类法将产业划分为劳动密集型产业、资源密集型、资本密集型产业和知识技术密集型产业四种类型。由于经济发展水平、技术水平、生产要素的禀赋、丰度、供求、价格和比较优势等因素的变化,这三种类型的产业在国民经济中的地位会发生变化。因此,产业结构也会由以劳动密集型产业为主向以资本密集型产业为主,再向知识技术密集型产业为主演进,这也是产业结构高度化的过程。

3. 三次产业比重变动规律

按照三次产业分类形成的产业结构状态,反映了社会经济发展的水平。在经济发展水平较低时,第一产业所占比重最大,第三产业比重最小;随着经济不断发展,人均收入水平的提高,第二产业比重逐步上升,并超过第一产业成为最大产业;当经济水平再进一步发展时,第三产业的比重上升,超过第一和第二产业成为最大的部门。因此,按照三次产业分类法形成的三种产业结构类型,也会由以第一产业为主的金字塔形结构,向以第二产业为主的鼓形结构,再向以第三产业为主的倒金字塔形产业结构演进。

4. 产业结构由低级向高级演进

按照产业发展层次的不同,产业结构分为初级、中级和高级三种类型。产业结构演进的各种规律决定了产业结构由初级结构向中级结构、继而向高级结构演进的过程。

2.2.3 产业区位相关理论

1. 区域产业选择

(1) 经济发展目标

区域经济发展目标：①总体发展目标：区域发展战略方案的高度概括，目的在于明确区域发展方向，是概括追求的区域理想模式的总体面貌。②具体目标：是一系列的指标体系，以总体目标为依据，又是总体目标的具体反映。包括经济目标（总量、效益、结构）、建设目标（空间结构、空间规模、环境质量）。经济发展目标的确立对区域经济发展的影响是非常显著的。对未来区域整体经济的框架、发展速度、结构构成都有十分重要的引导作用。

(2) 主导产业选择

所谓主导产业，是指经济发展过程中，或在工业化的不同阶段上出现的一些影响全局的、在国民经济中居于主导地位的产业部门。主导产业是经济发展的驱动轮，整个经济和其他各产业部门只有在它的带动下才能高速增长。同时，主导产业也是形成合理和有效的产业结构的契机，产业结构必须以它为核心才能快速向高级化推进。正因为如此，正确选择主导产业成为各国促进产业结构发展的重要课题。选择主导产业首先涉及的就是选择标准问题。人们已经提出过很多基准，较常提到的有赫希曼基准、罗斯托基准和筱原基准。此外还有环境标准和劳动内容基准、产业协调状态最佳基准、增长后劲最大化基准等。

(3) 产业规模

人们根据生产力因素、数量组合方式变化规律的要求，自觉地选择和控制生产规模，求得生产量的增加和成本的降低，而取得的最佳经济效益。规模经济或生产力规模的经济性，就是确定最佳生产规模的问题。规模经济包括部门规模经济、城市规模经济、公司规模经济和企业规模经济。在西方经济学里，规模经济主要用来研究企业经济。但作为生产力经济学的重要范畴，规模经济的含义则更为广泛，它包括从宏观到微观的能获得经济利益的各个层次的经济规模。主要有3种类型:①规模内部经济。指一经济实体在规模变化时由自己内部所引起的收益增加。②规模外部经济。指整个行业(生产部门)规模变化而使个别经济实体的收益增加。③规模结构经济。各种不同规模经济实体之间的联系和配比,形成一定的规模结构经济。

2. 产业布局机制

(1)区域分工

区域分工亦是地域分工,它是社会分工的空间形式。从个别区域的角度来看,它表现为全社会的生产专门化体系。区域分工的必要前提是生产产品的区际交换和贸易,是产品的生产地和消费地的分离。区域分工的这一性质,决定了它的规模随着产品交换和贸易的扩大而不断扩张。从国内局部性的区域分工到全国统一市场下的各个区域之间的全国性分工,从国内区域分工到国际分工,区域分工将经历由低级形态到高级形态转变的过程。

(2)空间动态非均衡发展

人类经济活动的空间表现向来就是不平衡的。一方面,就单个产业部门和企业而言,在特定生产力水平下,总是选择最有利的区位进行布点,以求获得最大的经济效益。在农业社会,产业主要分布在适于农业发展的大河流域。人类社会进入18世纪下半叶以后,产业布局采取了集中分布的方式,如工业集中分布在矿产地和交通方便的城市和沿江沿海地区,农业则集中在农业自然资源优越的地方。另一方面,就某一地区产业布局而言,该地区的自然、社会、经济条件等不可能适合所有的产业发展,有的地区甚至只适合一种产业或一组产业的发展等。因此,产业分布不平衡是一个绝对的规律。随着生产力的发展,人类也只能使这种不平衡接近相对平衡,使产业布局由低级的分散走向集中,再由集中走向适当分散,使产业布局逐渐扩展。但是,由于产业布局受诸多因素的制约,绝对的平衡是不可能达到的,只能是非均衡。

(3)制度促进

所谓制度促进主要是分析生产关系对产业布局的影响,是研究不同的生产资料所有制形式对产业布局的影响。在所有制方面,部门所有制与地区所有制的矛盾,即经济管理体制上的问题,对产业布局的影响颇大。所以,在产业布局诸条件研究中所涉及的生产关系,主要就是研究、分析经济管理体制对产业布局的影响。政策反映着生产关系的性质。正确的政策可以促进产业布局的优化,而错误的政策则往往给产业布局带来灾难性后果。当政府认为应鼓励产业或区域发展时,常采取一系列刺激政策,对应限制发展的产业或区域则施行控制政策。例如,为了调整产业结构和区域布局,近年来西欧各国对下列三类地区常施行刺激发展政策:①欠发达区,主要目标是促进经济增长;②传统工业区,主要目标是调整产业结构;③新兴经济区,主要目标是促进新兴工业。提供刺激的方式有资金援助、技术援助和政策优惠三种。资金援助主要包括由政府提供赠款、无息或低息贷款;技术援助主要包括基础设施建设、劳动力培训、技术信息开发等;政策优惠主要包括纳税优惠、产品销售优惠、经营优惠等。

2.3 竞争力理论

2.3.1 传统竞争力理论

产业竞争力是一国的某一产业能够比其他国家的同类产业更有效地向市场提供产品或服务的能力。古典经济学家大卫·李嘉图的比较优势原理指出:商品的相对价格差异即比较优势是国际贸易的基础;特定国家应专注于生产率相对较高的领域的生产,以交换低生产率领域的商品。后来,赫克歇尔-俄林理论对传统比较优势理论进行了补充,指出国家之间要素禀赋的差异决定着贸易的流动方向。日本经济学家小岛清认为,传统经济理论如比较优势理论、规模经济理论都不能说明产业竞争力的来源,因为"在产业竞争中生产要素非但不再扮演决定性的角色,其价值也在快速消退中"。克鲁格曼用"规模经济理论解释国际竞争的重要性,强调生产规模与成本之间的关系,但该理论并没有回答我们关心的竞争优势问题"。刘易斯等指出,必须采用竞争优势理论来解释产业竞争力问题。竞争优势有别于比较优势,它是指各国或各地区相同产业在同一国际竞争环境下所表现出来的不同的市场竞争能力。

有国外学者将国际竞争力的形成机理描述为:国际竞争力是竞争力资产与竞争力过程的统一。用公式表示就是:国际竞争力=竞争力资产×竞争力过程。所谓资产是指固有的(如自然资源)或创造的(如基础设施);所谓过程是指将资产转化为经济结果(如通过制造),然后通过国际化(在国际市场衡量的结果)产生国际竞争力。我国学者将这一竞争力理论加以改造,提出相应的产业竞争力分析模型,即产业竞争力=竞争力资产×竞争力环境×竞争力过程。

2.3.2 国家竞争优势理论

国家竞争优势理论是迈克尔·波特于20世纪90年代初提出的,他从产业层面出发形成了一套独特的国际竞争力的分析方法。波特把企业、产业和国家结合起来进行分析,从而为全面、正确地分析产业国际竞争力提供了分析框架。一方面,企业通过对所在行业的产业结构分析,来确定企业在其中的相对竞争优势,以及可采取的竞争战略;另一方面,国家可以选取某一产业,以该产业为中心来分析国内各方面的环境因素,分析这些因素是如何影响企业在该产业的竞争优势,并制定相应的政策,使企业尽可能充分地利用本国资源去获取竞争优势,保持和增强该产业的国际竞争力。

在《国家竞争优势》一书中,波特教授阐述了他的基本观点:一个国家可以在某些行业遥遥领先,但同时在某些行业远远落后,所以国家竞争优势问题应该从行业的角度考察。国家竞争优势实际是若干行业的竞争优势问题。如果一个国家能够在那些劳动生产率提高最快、新发明技术发展最快的行业领先,国家的整体劳动生产率的发展和提高的速度就会以高于其他国家的速度发展,这样的国家就是有竞争优势的国家。[17]波特为此进一步指出国家竞争优势的来源,即在日益开放的全球经济体系里,一个国家或地区产业创新与升级的能力,来源于这一国家或地区所提供的环境品质。为度量一个国家或地区的环境品质,波特提出了"钻石"模型。该模型给出了四种提高环境品质的关键因素。他认为:影响一国开发某一产业竞争优势的最直接的因素是四项:生产要素状况,需求状况,支持性产业及相关产业状况,企业战略、结构与竞争。还有两项虽然也很重要,但是要通过这四项直接因素发生作用,因此称为辅助因素:机遇和政府。在一国众多的行业中,最有可能在国际竞争中取胜的是于国内"六因素环境"特别有利的那些行业。也就是说,一个国家的产业是否能在国际上具有竞争能力,取决于该国所能给产业提供的发展条件。这个发展条件由四个基本条件和两个辅助条件构成。四个直接影响因素和两个辅助因素的相互关系构成了一个国家在国际市场竞争方面所特有的"钻石(diamond)"结构(见图2.2)。因此,人们也把波特的国家竞争优势理论形象地称为"钻石理论"。这些条件的每一组都可单独发生作用,但同时又对其他条件产生影响。六个条件组合成一个体系,它们的共同作用结果决定了一国能为其产业发展提供的条件状况。

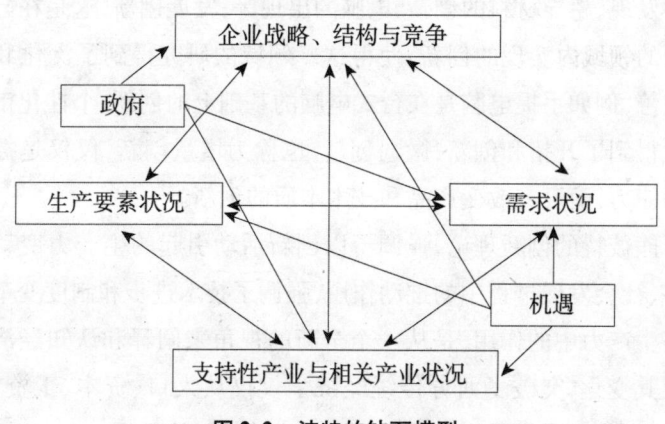

图 2.2 波特的钻石模型

2.3.3 技术创新理论

1. 熊彼特的创新理论

熊彼特(1912)提出了创新理论,认为静态的循环流转并不产生经济增长,只有通过建立一种新的生产函数的创新才能实现经济发展,所谓经济发展也就是整个社会不断实现这种新组合而言的。熊彼特创新主要是针对企业生产系统而言,创新从要素、产品、技术、市场到组织五个方面体现。Valenta、Perlaki、Pietrasinski(1999)等对熊彼特的创新理论进行了重新阐释,不仅基础性变化被认为是创新,在已存在的产品或已有技术的水平基础上的提高也被认为是创新,将创新分为绝对创新(absolutely innovation)和相对创新(relatively innovation),并根据相对创新程度分为发展创新(development innovation)和微弱创新(weak innovation)。因此,创新可以区分为:基础创新(foundamental innovation),这是一种激进的创新(radical innovation),其标志是一个新的领域出现,如原子能的发现、超导材料的创新、电脑的出现等;发展创新,这是在已经发现的领域内实现的创新,使得这一领域的研究得到了深化和更加完善,例如手提电脑是在台式电脑的基础上的创新,个性化市场因此得到了开拓和创新;微弱创新,也称为增量创新,仅仅是提高市场能力,而没有改变产品和技术本质的创新。

熊彼特的创新理论,强调了以创新活动引起的生产力变动在经济、社会发展过程中的推动作用,强调了技术进步和制度变革在提高生产力中的作用,是从一个全新的视角来阐释和认知经济活动及其变化,突破了西方传统经济学仅仅从人口、资本、工资、利润、地租等经济变量在数量上的增长来认知经济发展。

B. T. Asheim(2000)认为,创新体现为具有社会和地域根植性的互动过程,离开了制度和文化背景就无法理解创新。集聚、网络和企业间合作都能够提高地方化的学习过程,进而创造持续的地方竞争力。全球化经济中的地方持续竞争力来自于远距离不能模仿的、不断增长的地方知识、关系和动机。基于广泛参与原理的学习型企业是塑造地方竞争力的主体,从生产系统到学习系统的企业间网络创造了战略优势,强调工人积极参与的社会资本的存量是该优势的基础。Alice Lam认为知识具有社会根植性,社会制度对于企业内部的组织结构和知识结构以及知识的转化都具有重要的约束。知识的可编程性与知识扩散是系统关联的,知识的应用形式和默性程度关联,知识组织在结构方面是具有差异的,不同区域的知识组织是非常不一样的,合作的方式和知识转化方式也影响知识的转换和交流。他并对日本和英国的高科技产业的知识交流进行了比较研究,揭示了不同的制度和文化背景下的企业合作在知识交流方面存在的障碍和解决途径。

D. Doloreux (2002)认为,创新和技术发展仅仅在这种条件下才有效,即创新作为解决问题的过程而组织、以非线性和相互依赖的过程吸收消化、以有利于互动的系统扩散。技术变化和创新不仅仅依赖于具体的背景,他们的创造、扩散是许多主体互动的结果,也能够扩散到许多不同的机构和区位。[28]

2. 创新系统理论

创新和知识创造的新框架需要正确的科学分析工具,需要区域和城市发展及组织学习理论、熊彼特行为的进化理论和基于信任、学习行为、社会合作和社会空间联盟的社会-法制理论结合。在这种多学科综合研究背景下,创新环境和区域创新系统的概念出现,企业被看做是根植于具体背景中的,分析的重点在于环境对新企业的产生和既有的企业对创新的采用[29]。

弗里曼、郎德沃尔、尼尔森等人在上世纪90年代相继提出了创新系统的概念。郎德沃尔(1992)认为,创新实质上是一个系统工程,由创新主体、创新客体、创新产品、创新环境组成,企业、大学、科研机构、教育部门和政府部门被认为是创新系统的主要构成部分,OECD认为还应包括中介机构。创新系统的创新能力是子系统协同作用的结果,主要包括企业之间(包括大小企业之间、跨国公司与地方企业之间)、大学与企业、独立R&D机构与企业、地方政府与其他创新机构之间在创新方面结合的结果,包括各种创新要素和创新产品的机构间流动。郎德沃尔认为"学习"是各单元间的主要关联形式,帕威特认为是"激励",OECD则认为是"知识流动"。90年代更多的学者对国家创新系统的理论和实践进行了深入研究。麦特卡尔夫(1995)的定义可以表述为:①国家创新系统是由不同机构通过各自和共同为新技术的发展和扩散做出贡献而形成的集合;②该集合使政府能够形成和实施促进创新过程的政策;③这样一个由相互联系的组织机构组成的系统可以创造、存贮和传播知识技能及包含新技术的物质产品。在国家创新系统实践方面,经济合作与发展组织国家(OECD)形成了国家创新系统行动计划,并已开始实施。Sven Hemlin(2001)认为,知识工人是创新系统中的关键角色,而知识工人如何工作并没有研究深入,如何建立环境和机制诱导创新是重要问题,而如何组织创新环境是相关的问题,首先,研发和知识是创新的必要,其次是商业环境、创业精神和公司是知识转化的途径,有利于创新。[30]目前,我们所面临的是知识的生产和利用的增加,但有关领导、组织和管理、工作程序等方面的知识非常欠缺。Walter Thomi、Thorsten Böhn(2003)认为,因为在知识生产者与用户之间具有桥梁功能,知识密集型产业被认为是在区域创新系统的知识生产与扩散中扮演了决定意义的角色,并对知识密集型产业在落后地区与外围地区的作用进行了实证研究。[31]

继弗里曼、郎德沃尔对国家创新系统研究做出开创性工作之后,很快风靡全球,而且部门创新系统和区域创新系统的研究也迅速展开,成为研究区域经济复兴的主题之一。库克、布拉茨克和海登里希(1996)在《区域创新系统:全球化背景下区域政府管理的作用》中提出区域创新系统,对区域创新系统的概念进行了较为详细的阐述,认为区域创新系统主要是由在地理上相互分工与关联的生产企业、研究机构和高等教育机构等构成的区域性组织体系,而这种体系支持并产生创新。魏格(1995)在探讨区域创新系统的概念时,认为广义的区域创新系统应包括:①进行创新产品生产供应的生产企业群;②进行创新人才培养的教育机构;③进行创新知识与技术生产的研究机构;④对创新活动进行金融、政策法规约束与支持的政府机构;⑤金融、商业等创新服务机构。其他一些学者,对于区域创新过程的研究主要包括以下几个方面:①区域创新运行机制。其一为组织学习机制,艾姆伯吉、凯利和巴耐特(1993)、阿吉里斯(1990)、基尔瑟(1992)和沃尔施(1995)等对此进行了深入探讨;其二为集体学习机制,吉伯勒和威尔金森(1999)、朗吉(1999)、卡佩罗(1999)、劳森和莫尔等对集体学习进行了全面的理论总结和实证研究。②区域创新模式研究。自主创新、模仿创新和合作创新是三种基本技术创新模式(傅家骥,1998),而在区域创新模式研究中,文献涉及较多的是通过区域内企业、R&D机构等与其他区域进行合作而实现的区域合作创新模式。③区域创新演化过程研究。主流观点认为区域创新系统的发展演化与自身的已有发展基础密切联系,具有过程相关性。

不少学者对发展中国家的创新系统建设进行了研究。如卡西奥拉托(1999)对拉丁美洲国家创新系统的研究,Shulin Gu(1996)建立了一套适应发展中国家创新系统的分析框架,认为学习和制度设置是创新系统的核心,发展中国家高新技术产业有通过程序构建现代化和重构制度的绝对必要性,政府政策是弥补市场机制不足的明显和复杂的重要角色。Shulin Gu(2000)认为,对于工业化后来者而言,学习模式是多样的,大体有三种:基于单个企业的学习模式,韩国企业是典型;网络化的学习模式,中国台湾企业是典型;经济体制转型的再整合模式,中国企业为典型。吴强、严鸿和(2002)从不同角度论述了以企业为主体的技术创新体系的内涵:从空间结构上看,技术创新体系是由企业、政府部门、科研单位、高等院校和技术中介机构五个子系统构成;从时间过程上看,应当包括融资投资体系、科学研究体系、技术开发体系、技术扩散体系、生产制造体系、市场营销体系六个部分,最后提出了由八种因素组合作用而形成的企业技术创新的综合动力机制模型。Lynn Mytelka &Fulvia(2000)认为,在赶超战略中,三个与高新技术产业集群相关的因素扮演着重要角色。

(1)高新技术产业集群深化地方产业知识基地的深度以及拓展设计、质量控制以及有关市场与营销的广度。

(2)高新技术产业集群利用既有的联系,从外部输入大量的知识,特别是那些材料与机器的提供者。

(3)高新技术产业集群中的企业集体将低技术产业转化为默性知识密集型产业以及将竞争优势集群内部化。在这些转变中需要通过联系实现持续的学习过程和集群之间默性知识的创新转换,政府刺激和支持,以及创新导向的金融投资的获得。[32]

Lundvall 和 B. Johnson(1994)强调创新、学习是一个互动过程,信息和知识的相互关联,其核心观点是:知识是经济最基础的资源,而适应环境变化的学习是最重要的过程,并对学习型经济进行了持续研究。B. Gregersen、B. Johnson(2001)认为创新是学习型经济的特殊形式,创新得益于经济结构和制度之间的共同进化,而这种进化又影响智力资本的生产和利用,并认为学习和遗忘都是有成本的。F. Belussi and L. Pilotti(2000)对意大利产业区的学习与创新进行研究后认为,不同的学习特征对企业的创新活动和产业区内部知识生产与扩散有不同的影响,并区分了三种学习类型:指导性学习(专家和技术工匠之间的知识生产与交流)、吸收性学习(利用外部资源与融合内部企业的能力)和生产性学习(生产新知识或者新创意)。Mark Lorenzen(1998)认为,学习是一个进化过程,由个人、企业和有组织的市场过程来执行。学习是一个知识生产和再生产的互动过程,学习的模式在不同的背景下有不同的表现形式,企业间的学习模式是可以逐渐进化和制度化的,由于地方化的空间优势——邻近和一致性在此交织。[13]

OECD(2001)从知识与经济增长的关系出发,认为创新是推动经济发展的基本动力,而学习是知识资本有效积累的根本途径,认为由企业创新所形成的专利是区域增长的基石,企业层次的组织间相互学习对经济增长至关重要。

第3章 我国高新技术产业的总体发展状况

本章主要是从历史演进阶段、产业规模、产业结构、布局、产业技术水平和进出口状况等多角度,利用翔实的数据及图表,直观明了地分析了我国高新技术产业的发展现状,通过研究不难发现:我国高新技术产业发展取得了长足发展,但在成绩的背后也隐含着许多问题。通过本章研究为全面评价我国高新技术产业竞争力奠定了基础。

3.1 我国高新技术产业发展的历史演进

新中国成立以来的50多年,经济落后的现实使我国客观上面临着赶超世界先进国家的战略任务,加快发展高技术,并在此基础上实现产业化,是实现国家强盛战略目标的基本方针。在半个世纪的发展进程中,我国高技术产业大体上经历了起步、成长和快速发展三个阶段。

3.1.1 我国高新技术产业的起步阶段

这一阶段始自1958年我国成功研制第一台数控机床,止于1978年党的十一届三中全会确定改革开放方针。[4] 早在1951年,在迫切需要巩固国防的历史背景下,国家决定发展航空工业和原子能工业,陆续发展了以"两弹一星"为标志的高端技术成果。伴随着社会主义经济建设高潮的到来,1956年,党中央号召全国人民"向科学进军",并成立了科学规划委员会,制定了我国第一个科学技术发展长远规划,即《1956年至1967年全国科学技术发展规划》。《规划》对高科技提出"重点发展,迎头赶上"的方针,[30]在对基础理论进行综述的基础上,重点发展核技术、喷气技术(后来发展成为宇航技术)、计算机技术、半导体技术、自动化技术、无线电技术,围绕上述重点领域开展了600多项中心课题的研究。通过50年代中期到60年代初期的高科技发展实践,我国成功地实现了航空、核能、火箭、电子、自动化等现代科技的启动,促进了一系列新兴工业部门诞生和发展,为其后的高技术产业发展奠定了基础。

20世纪60年代,由于政治形势和军事的需要,我国的高技术发展进入了以军用高科技为主的时期(20世纪60—70年代中后期)。1962年,鉴于《1956年至1967年全国科学技术发展规划》已经提前完成,考虑到国家经济建设的需要、国际科学技术的重大发展和苏联专家撤走等新问题,中共中央制定了《1963—1972年科学技术发展规划》(简称十年规划),在高技术领域,重点发展新材料技术、激光技术、分子生物学等重点项目和前沿项目,进一步推进了我国高技术产业向前发展。继1958年研制成功第一台电子计算机、1959年建成第一座实验研究反应堆和回旋加速器后,60年代伊始,我国在高技术的某些前沿领域取得了举世瞩目的成就:1960年,仿制的第一枚地对地导弹发射成功;1964年第一颗原子弹爆炸成功;1965年在世界上首次用人工合成结晶牛胰导素,研制成功第二代晶体管计算机;1966年导弹核武器发射成功;1967年首次爆炸氢弹成功。

在我国经济社会取得全面发展时,从1966年开始的"十年动乱"对我国的科学技术包括高技术事业的发展造成巨大的破坏,科研机构难履其职,科研人员遭受迫害,高技术研究和产业化发展的势头大为削弱。尽管如此(只是由于前一段的积累)我国在少数领域仍取得了成果:1970年第一颗人造卫星发射上天;1975年超大规模集成电路研制成功,返回型遥感卫星发射并安全回收;1979年光纤通信系统建成试用。

作为高技术产业化的初创阶段,这一时期主要以高技术的研究、开发和储备为主。在先是西方继而东方(苏联和东欧国家)都对我国进行技术封锁、国内又缺少资料的条件下,我国高技术的R&D采取了"独立自主,自力更生"的方针,充分发挥社会主义计划经济集中力量办大事的优势,集中资源,重点突破,依靠本国的科技力量,艰苦奋斗,自行研究开发高技术。这一期间,我国对世界上已经出现的高技术门类都不同程度地进行了自主研究和开发,并将开发成功的项目储备起来。正是经过这一阶段的发展,我国在航天、核能等领域取得了一定优势,并形成了新兴产业,在国际上拥有了更多的战略防御能力。然而,整体上看,由于外部严密封锁和国内科技、经济发展水平不高,除航天、核能部门具备产业化的发展规模外,这一时期,其他领域基本上没有进行推进高科技产业化的工作。[81]特别需要指出的是,上世纪60—70年代是世界高技术飞跃发展的"黄金时期",美国、日本、西欧各国等发达国家高技术的产业化迅猛发展,亚洲部分新兴发展中国家也借助科技进步实现了本国或本地区的经济起飞,而我国却陷于封闭,处于"十年动乱"的灾难之中,丧失了一次大力发展高技术产业的历史性机遇。

3.1.2 我国高新技术产业的成长阶段

这一阶段从 1979 年开始止于 1988 年。"十年动乱"使我国的高新技术及产业发展受到严重破坏。粉碎"四人帮"后,党中央于 1978 年 3 月召开了全国科学大会。邓小平同志在此期间提出了科学技术是生产力、科学技术现代化是实现四个现代化的关键、知识分子是工人阶级的一部分等重要论述。这对我国科学技术事业的恢复和发展产生了深远影响,并使之进入了一个历史新阶段。在对外开放的总体背景下,以经济建设为中心的基本方针和市场化改革的推进,对高技术产业的发展产生了强大的推动作用。

根据国际局势缓和、经济建设的需要,这一时期,我国发展高新技术及其产业化的战略目标是提高包括经济实力和军事实力的综合国力,总体方针是"军民结合、以民为主"。在自主发展的基础上,利用国际上的资金、技术、人才,实行全方位的互惠合作,因而加快了我国高新技术产业化的步伐。

这 10 年间,我国把微电子技术、电子计算机、激光技术、光纤通信、机器人、生物工程和新材料等列为研究开发的重点,并投入了相当数量的资金。作出这种战略重点的选择,在很大程度上来自于对我国新时期高技术产业化具有深远影响的《高技术研究开发计划纲要》(简称 863 计划)。[26] 863 计划的基本目标是:在十几年内,把生物技术、航天技术、信息技术、激光技术、自动化技术、能源技术、新材料技术等领域,作为发展高科技的重点。863 计划要求集中精干的科技力量,在 15 年内,在几个最关键的高技术领域保持一定的发展势头,跟踪国际水平,缩小同国外的差距,为在 21 世纪中国科技、经济和社会发展与腾飞抢占战略制高点,并力争在几个领域有所突破,不失时机地将科研成果转化为商品,把我国的高技术产业发展带动起来。863 计划的制定,揭开了我国有组织、有计划、大规模地开发高新技术研究的序幕,第一次系统地从总体上将高新技术作为规划的对象,不仅规划高科技项目,而且规划高新技术领域、产业、企业的发展,从而使我国高新技术产业化的发展进入了一个新阶段。[5]

3.1.3 我国高新技术产业的快速发展阶段

这一阶段从 1988 年开始至今。同世界发达国家相比,我国高新技术产业起步较晚,商品化、产业化、国际化程度相对较低。但是,自上世纪 80 年代中期以来,经过改革开放前 10 年的开拓,我国高技术产业逐步走过幼稚期,开始进入全面发展的新阶段。在此期间,国内高新技术产业迅速发展,规模不断扩大,产业门类逐步健全,基本形成了微电子、信息、自动化控制、光机电一体化、生物工程、航空航天、激光技术、新材料、医药和海洋工程综合发展的格局。

1988 年 8 月,我国开始实施命名为"火炬"的高技术发展计划。这是一项推进高技术研究成果商品化,推动高技术产业形成和发展的计划。其宗旨是:发挥我国的科技优势,促进高科技研究成果商品化、产业化、国际化。同 863 计划相衔接,它在 863 计划的七个重点发展领域中,优先选择有出口创汇、能替代进口、技术先进成熟、具备批量生产前景、经济效益高、投入产出比在 1:5 左右、投资利润率大于 25% 和投产周期不超过 3 年的项目。主要以微电子技术、计算机技术、信息技术、激光技术、新型材料技术、生物工程、新能源和高效节能技术、机电一体技术等的开发研究及其产业化发展为主要内容。"火炬计划"设想,到 20 世纪末 21 世纪初,我国高新技术产业及其产值在整个产业结构及国民生产总值中的比重,已有大幅度提高;高技术产品在出口总额中的比重,提高到中等发达国家80年代中期的水平。"火炬计划"为我国高新技术的研究与发展指出了明确的方向,即高新技术成果商品化,形成高新技术产业,并促使高新技术产业向国际化发展。它使我国高新技术的产业化和国际化向前迈出了一大步。

大力发展高新技术开发区是这一时期高新技术产业化发展的重要战略举措。1988年5月10日,国务院确定以"中关村电子一条街"为中心,建立北京新技术产业开发试验区,我国第一个高新技术产业开发区应运而生,并拉开了我国高新技术产业开发区建设的序幕。全国上下在1988年下半年兴起了建设高技术产业开发区的热潮。[33] 1990年2月20日,国务院办公会议作出重要决定:在全国的高新技术开发区中,选择一批作为国家高新技术产业开发区。1991年3月,国务院批准国家科委制定的《国家高技术产业开发区若干政策的暂行规定》、《国家高技术产业开发区税收政策的规定》等政策条例,确保了高新技术产业开发区的健康发展和火炬计划的顺利实施,并由此促进我国的高新区建设进入迅速发展时期。目前国家级高技术产业开发区达到53个,加上各地建立的开发区,全国共建立了220个高技术产业开发区。科技力量密集、经济实力雄厚的大城市、部分开放城市和少数中等城市,都设有高新技术产业开发区,高新区对高新技术产业化起到了巨大的推动作用。

高技术产业的发展依赖于企业群体的形成和支撑。市场化改革的深化和产业结构优化升级的拉动促进了高技术企业的发展和壮大。在此期间,我国发展了一批实力雄厚的高技术企业集团,如北京的四通、联想、北大方正,上海的贝岭,山东的海尔集团,广东的中山威力、TCL等。这些企业在引进、消化和吸收国际先进技术的基础上,研制开发出具有自主知识产权的系列产品,在国内外逐级打开了市场,最终成为在某个高技术领域颇具影响的大企业集团。同时,非公有经济成分在高技术领域逐步发展壮大,对我国高技术产业化的推进起到积极作用。

我国高新技术产业在上世纪50年代至70年代科研积累的基础上,经过改革开放三十年两个不同阶段的开拓发展,产业化进程明显加快。各项高新技术发展规划和计划取得了巨大的成果。由于各个领域发展时间的先后、难易程度的差异、技术储备市场容量和物质条件的不同,各个领域产业化的程度有所不同。从目前情况来看,大体可分为三种类型:第一类已经形成成熟产业,如微电子、电子计算机、程控交换机、光纤通信等;第二类正在形成优势产业,如生物工程、激光、新材料等;第三类是以开发研究为主,还未能形成产业的,如柔性制造技术、工业机器人等。总体上看,我国部分高技术领域还处于初步发展时期,部分则已经逐步进入产业化迅速发展的阶段,毋庸置疑,高新技术产业已成为我国经济和社会的主宰力量,其发展繁荣之势锐不可当。

3.2 我国高新技术产业规模

3.2.1 高新技术产业总量

一般而言,产业规模的评价通常用产业产值、产业增加值、销售收入、利税等指标来衡量。自上世纪90年代末至本世纪初,我国高新技术产业发展迅速,产值和增加值不断增长,具体可以从图3.1看出。

按照1990年不变价计算,1997年至2004年,我国高新技术产业总产值由9054.55亿元增加到2.8万亿元,平均每年增长

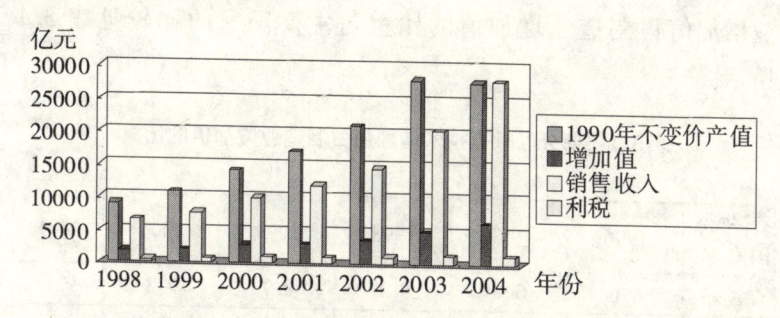

图3.1 近年来我国高新技术产业规模变化图

29.5%;高新技术产业增加值由1785.3亿元增加到6341亿元,每年平均增长36.45%;销售收入由6579.9亿元增加到27846亿元,平均每年增长46.2%;利税由554.9亿元增加到1294亿元,平均每年增长19.03%。近5年来,我国高新技术产业持续快速发展,高新技术产业规模年平均增长速度高达27%,高技术产业总产值占制造业比重已经达到16%。2006年规模以上的高技术产业企业实现工业总产值41322亿元,是2002年的2.7倍。2006年高技术产业增加值占GDP比重达8%,比2000年提高了3个百分点。其中,2006年高技术制造业销售收入年均增长达到27%,达4.2万亿元,高技术产品出口翻了两番多,占全国外贸出口的29%。2007年高技术产业总收入将超过6.3万亿元,高技术产品出口达到约3500亿美元左右。

尽管我国高新技术产业发展迅速,但同发达国家规模相比尚有距离,据2004年中国高技术产业统计年鉴中数据显示,2002年我国高技术产业的增加值率为25%,而美国2000年就高达42.6%,日本在2001年增加值率为36.4%,德国35.8%,意大利为40.5%。直至2006年我国高新技术产业的增加值率与国外相比仍然还较低。上世纪90年代中期至本世纪初我国高新技术产业增加值占制造业增加值的比重与主要国家的比较见表 3.1 所示。

表 3.1 部分国家高技术增加值占制造业增加值的比重

(%)

年份 国家	1996	1997	1998	1999	2000	2001
中国	6.6	6.9	8.1	8.7	9.3	9.5
美国	21.1	21.6	21.8	22.1	23.0	—
日本	16.5	16.7	16.8	17.8	18.7	16.7
德国	9.2	9.6	9.5	17.8	18.7	16.7
英国	14.3	15.0	15.5	16.3	17.1	—
韩国	17.2	17.2	17.5	19.3	20.9	17.2

资料来源:国家统计局编,《2004 中国高技术产业统计年鉴》。

3.2.2 高新技术产业规模增量

1. 高新技术产业规模增长

从 1999 年至 2004 年,我国高新技术企业规模逐年增长,企业个数由 9492 个增加至 17898 个。2004 年,我国高新技术产业工业总产值为 27769 亿元,比上年增长 35%,是 1995 年以来增速最快的一年,对制造业整体增长的贡献达到 18.8%。

1995—2004 年间,我国高新技术产业产值的年均增速达 22.3%,是非高新技术产业年均增速的 2 倍。2004 年,高新技术产业实现增加值 6341 亿元,比上年增长 26%。随着高新技术产业的快速发展,高新技术产业规模不断扩大,高新技术产业增加值占制造业增加值的比重也逐年上升,已从 1995 年的 6.2% 增加到 10.5%。高新技术产业增加值 2000 年为 2759 亿元,2006 年约 7748.56 亿元,比重保持在 9%~12%。2006 年 1—10 月,我国高

企业个数

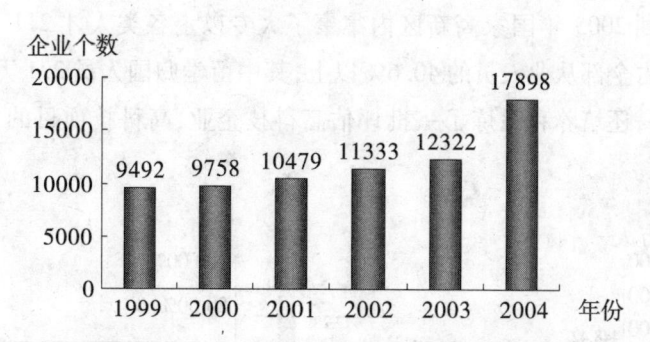

图3.2 1999年至2004年我国高新技术企业个数

新技术产业共完成投资2207.34亿元,占计划总投资的41.9%,其中中央新增施工项目61个,新开工项目34个,投产项目7个。高技术制造业投资和上年全年相比,共增加了35.3亿元;高技术制造业占整个制造业完成投资总额的比例由上年的10.99%上升到11.19%,行业增加值和从业人员比上年同期分别增长了20.34%和10.48%。

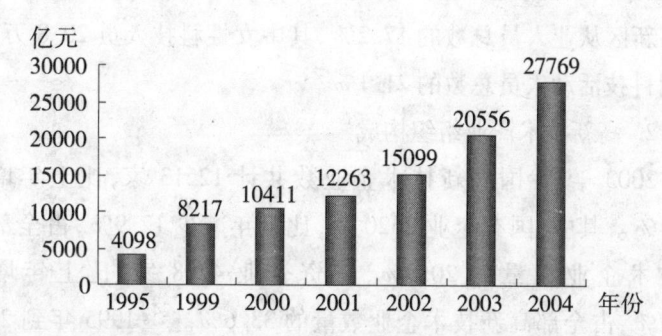

图3.3 1995年至2004年我国高新技术产业产值变化趋势

2004年,我国高新技术产业从业人员达到587万人,实现历史新高,在全部制造业从业人员中的比重达到9.8%。高新技术产业已经成为推动我国制造业增长的重要组成部分。据不完全统计,到 2005 年国家高新区内集聚了大专以上各类人才 211.7 万人,占全部从业人员的 40.6% 以上,其中留学归国人员 2.1 万人。此外,还培养和锻炼了一批评估高科技企业、高科技项目的专家队伍。

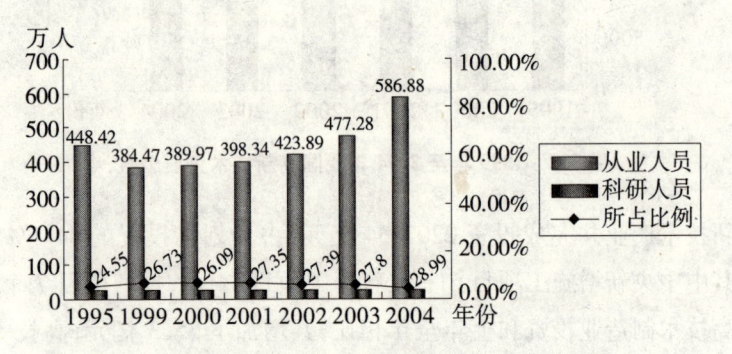

图 3.4　1995 年至 2004 年我国高新技术产业人员变化

2006 年,高新区吸纳了 22.5 万名应届高校毕业生,2006 年末,国家高新区从业人员 573.7 万人,其中,科技人员 98.6 万人,占高新区从业人员总数的 17.2%,其中女性科技人员 20.8 万人,占到科技活动人员总数的 21.1%。

2. 高新技术产业组织构成

2003 年,我国高新技术企业数共计 12513 家,比上年增加 10.4%。其中,国有企业 2620 家,比上年减少 12.9%,占全部高新技术企业数量的 20.9%,三资企业 4208 家,比上年增加 14.7%,占全部高新技术企业数量的 33.6%。[24] 1995 年到 2003 年,高新技术产业中三资企业增加值以年均 25.2% 的速度增长。2003 年,高新技术产业中三资企业的增加值为 2895 亿元,占全部高新技术产业增加值的比重达到 57%。三资企业已成为我国高技术产业中规模最大、增长速度较快的主导企业。从 2003 年各产业增加值企业类型的分布看,电子及通信设备制造业、电子计算机及办公设备制造业和医疗设备及仪器仪表制造业的三资企业增加值高于国有企业,而医药制造业和航空航天制造业的增加值以国有企业为主体。到2006年底,我国共完成高技术产业投资占计划总投资的22.32%,和2005年全年相比份额有所减少;地方共完成高技术产业投资占计划总投资的31.99%。按投资类型来看,内资仍然是主要投资者,占高技术产业总投资额的53.57%,2006年全年内资的投资额较2005年仍保持上升态势。值得注意的是,从增速看,外商是2006年对我国高新技术产业投资增长幅度最大的群体,而港澳台商对我国高新技术产业的投资无论是绝对数量还是相对份额都有所下降(见图3.5)。

外商投资 29.78%
个体经营 0.05%
内资 48.68%
港澳台商 12.36%
其中:私营 9.14%

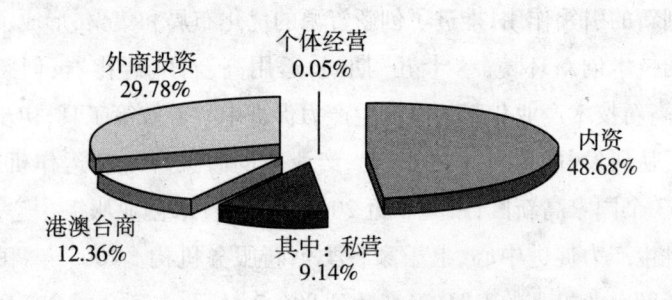

图3.5　2006年1—10月高新技术产业投资类型组成

3. 信息技术类产业经济规模增长强劲

从行业领域的角度来看,六种高新技术产业类型的经济规模和增长速度差别较大。2003年,电子及通信设备制造业的工业总产值实现10217亿元,居于首位。1995年至2003年该产业在全部高技术产业总产值中的比重始终保持在50%以上,年均增速达到21.3%,但随着近年来其他产业的迅速发展,其产值的绝对优势有所下降。1995年,计算机及办公设备制造业总产值占全部高新技术产业总产值的 8.6%，之后以年均 42.4% 的速度增长。2003 年，总产值跃居五类高新技术产业第二位，占全部高技术产业总产值的比重达到 29%。相比信息技术类产业的高速增长，其他高新技术产业的增长相对缓慢。1995 年以来，医药制造业和医疗设备及仪器仪表制造业总产值年均增速都在 14% 左右，而航空航天制造业年均增长速度仅为 9.4%。"十五"期间，国家高新区主要经济指标年均增长率超过 30%；人均营业总收入从 2000 年的 41.1 万元上升到 2005 年的 67.5 万元。国家高新区、高新技术产业基地（特色产业基地、软件产业基地）开始形成一批快速发展的产业群，如北京、上海、深圳等地的软件、集成电路、通信设备等产业，已经成为区域产业结构调整的中坚力量，较好地体现出了科技创新的引领作用，推进了创新资源的优化布局和集聚，形成了较好的技术创新环境。"十五"期间，运用高新区、孵化器、创新基金、高新技术产业化基地以及生产力促进中心等政策工具，初步形成了从研发、成果转化、到孵化、产业化的政策环境和运作机制。在 53 个国家高新区，聚集了近 200 家高新技术创业服务中心、一大批生产力促进中心、上千家各类创新服务机构。2005 年，国家高新区企业投入的 R&D 经费达到 806.2 亿元，占到全国全部研发投入的近 1/3，涌现出一批具有国际前沿水平的自主创新成果。在创新社会建设和高新技术产业发展的推动下，我国的技术市场形成了一整套管理、服务和经营运行体系，已建立国家、省、市（地）、县四级 1500 多个技术市场管理机构和 1200 多个技术合同认定登记机构，形成了较完整的技术市场管理监督体系。培育了一大批创新能力强、高成长的科技企业。"十一五"期间，进一步突出了科技型中小企业技术创新基金、科技企业孵化器的作用，国家加大了对科技型中小企业，特别是民营科技企业的支持力度。

截至 2005 年年末,全国高新技术创业服务中心累计扶持毕业企业 17135 家,创新基金共择优支持了近 5000 家企业的具有较高创新水平的产业化项目。2006 年高新区企业在各高新技术产业领域中,电子信息领域继续领先,产品销售收入大大高于其他领域达 10060.7 亿元,比上年多出 1125.1 亿元,占全部产品销售收入的 37.1%;新材料领域比去年增加了 791.3 亿元,达到 3975.2 亿元,占到 14.7%;光机电一体化达 3281.8 亿元,比上年增加了 617.8 亿元,占到 12.1%;生物技术领域为 1944.2 亿元,占到 7.2%;新能源及高效节能技术 1435.4 亿元,占到 5.3%;环境保护技术 256.5 亿元,占 0.9%;航空航天技术 121.1 亿元,占 0.4%;地球、空间、海洋工程 20.8 亿元,占 0.1%;核应用技术 21.7 亿元,占 0.01%。由上可知我国高新技术产业内部行业增量差异明显。

3.3 我国高新技术产业结构

高新技术产业结构关系到产业发展质量,本书按照国家统计局编制的《中国高技术产业统计年鉴》中的分类,把高新技术产业分为医药制造业、航空航天器制造业、电子及通信设备制造业、计算机及办公设备制造业和医疗设备及仪器仪表制造业五大类,分析我国高新技术产业的产业结构分布情况,以 2004 年为例,2004 年各指标数值如表 3.2 所示。另外,从高新技术产业全员劳动生产率即高新技术产业员工每人每年创造的产值能够反映产业结构,高新技术产业内部结构中的不同领域的全员劳动生产率差别可体现产业结构的人均效益,自 1998 年到 2004 年我国高新技术产业全员劳动生产率分布同制造行业的比较见表 3.3。

表3.2 2004年我国高新技术产业分行业各指标比较一览表

行业\指标	企业数（个）	当年价产值（亿元）	增加值（亿元）	销售收入（亿元）	新产品产值（亿元）	专利申请数（项）	研发内部支出（亿元）
制造业合计	259374	135287	45778	171837	20392.0	40925	892.5
高新技术产业合计	17898	27768.6	6341.3	27846	6092.5	11026	292.1
医药制造业	4765	3241.3	1173.0	3033.0	419.2	1696	28.2
航空航天器制造业	177	501.6	149.2	498.4	220.1	155	25.3
电子及通信设备制造业	8044	14006.7	3366.0	13819	4054.7	6986	188.5
计算机及办公设备制造业	1374	8691.5	1226.3	9192.7	1260.8	1334	39.6
医疗设备及仪器仪表制造业	3538	1327.4	426.8	1303.0	137.7	855	10.6

资料来源：《2005中国高技术产业统计年鉴》。

表3.3 高技术产业全员劳动生产率*（1998—2004）

万元/人 RMB 10000

行业\年份	1998	1999	2000	2001	2002	2003	2004
全部制造业	3.0	3.5	4.3	4.9	5.7	7.0	8.1
高技术产业	4.5	5.5	7.1	7.8	8.9	10.5	10.8
医药制造业	4.2	5.2	6.4	7.0	7.9	8.9	10.3
航空航天器制造业	1.7	2.0	2.3	3.0	3.8	4.1	5.5
电子及通信设备制造业	5.3	6.7	8.5	9.2	10.1	11.5	11.1
电子计算机及办公设备制造业	12.4	11.5	15.6	14.6	15.6	17.2	14.8
医疗设备及仪器仪表制造业	2.5	2.9	3.7	4.1	5.1	6.1	7.3

*指人均增加值。

资料来源：《2005中国高技术产业统计年鉴》。

从表中我们可以看出,各项指标排名第一的都是电子及通信设备制造业,排名最后的都是航空航天器制造业,特别是专利申请数,电子及通信设备制造业占到整个高新技术产业专利申请的63.3%,而航空航天器制造业仅占到了1.4%。各指标大体排名依次是计算机及办公设备制造业、医药制造业和医疗设备及仪器仪表制造业。从1998年到2004年人均全员劳动生产率(表3.3)、高技术产业增加值按企业规模分布(图3.6)、高技术产业增加值按企业类型分布(图3.7)均说明我国高新技术产业总体结构并不乐观,涉及国家战略安全的航空航天器产业在高新技术产业中的比重不高,高新技术产业自身升级将是我国高新技术产业发展面临的重要问题。

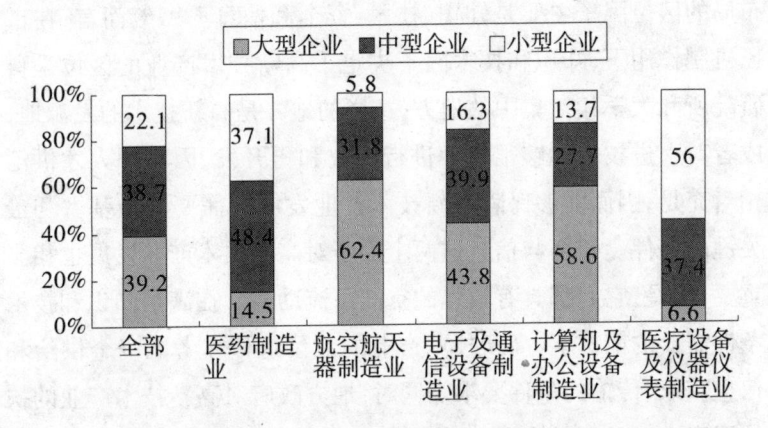

图3.6 高技术产业增加值按企业规模分布图(2004)

3.4 我国高新技术产业布局

高新技术产业是知识、技术、资金、信息密集的产业,其发展的

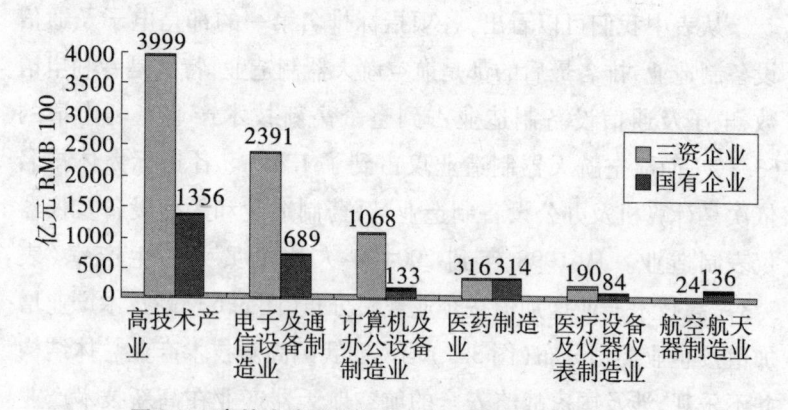

图 3.7 高技术产业增加值按企业类型分布图(2004)

关键在于这些要素的供给及有效配置。因此,影响高新技术产业布局的区位因子主要是知识、技术、资金和信息。一般而言,在市场机制作用下,知识和技术因子决定了高新技术产业的区位是科研院所和大学相对集中的地方,这样的地方是高新技术的发源地,或者对引进技术能够很好地进行吸收和再开发,因科技人才供给相对充足,因而能够保障高新技术产业发展所需要的最基本和最关键的条件。资金与信息这两个因子对高新技术产业发展也相当重要,但是,它们都具有较强的空间可流动性。在满足知识和技术条件需要的前提下,高新技术产业的区位选择才考虑资金供给和信息获取、传输的条件要求。同时,地方政府对高新技术产业的扶持因素和对外开放条件对高新技术产业区位选择的影响越来越大,政府可以采取直接投资,给予优惠政策,促进产、学、研的结合等手段,创造出适宜高新技术产业发展的条件,改善局部地区知识、技术、资金、信息等要素的供给状况,从而形成新的高新技术产业区位。[46]

就目前我国已建立的开发区来看,大致可分为三种类型:一是分布在直辖市、省会城市。这些城市是区域的科技、经济文化中心,高等院校、研究院所比较多,科技力量比较强,工业基础比较好,有大量科研成果能够满足市场需要使其尽快商品化。这一类城市有北京、上海、武汉、西安、沈阳、南京等地。二是分布在工业城市。这些城市有较强的工业实力,但大学和科研机构较少,需要用高新技术改造现有的传统产业,需要进行产业结构的调整。这类城市如大庆、株洲、洛阳、宝鸡、绵阳、襄樊等地。三是分布在沿海、沿边、沿长江等对外开放条件比较好,近几年地方经济发展较快的中等城市。这些城市可能通过有效地吸引国内外的技术、资金和人才,迅速建立起新的高新技术产业。这类城市如中山、威海、佛山、苏州、无锡、常州、大连等地。具体如表 3.4 所示。[58]

表 3.4 国家级高新技术产业开发区地区分布一览表

地区	省区	国家高新技术产业开发区
东部沿海地区(共29个)	广西	桂林、南宁
	海南	海口
	广东	深圳、广州、中山、佛山、惠州、珠海
	福建	福州、厦门
	浙江	杭州
	上海	漕河泾
	江苏	南京、苏州、无锡、常州
	山东	济南、青岛、淄博、潍坊、威海
	河北	石家庄、保定
	北京	中关村
	天津	南开
	辽宁	沈阳、大连、鞍山

续表

地区	省区	国家高新技术产业开发区
中部地区（共14个）	湖南	长沙、株洲
	湖北	武汉、襄樊
	江西	南昌
	安徽	合肥
	河南	郑州、洛阳
	山西	太原
	内蒙	包头
	吉林	长春、吉林
	黑龙江	哈尔滨、大庆
西部地区（共10个）	云南	昆明
	贵州	贵阳
	四川	成都、绵阳
	重庆	重庆
	陕西	西安、宝鸡、杨凌
	甘肃	兰州
	新疆	乌鲁木齐
	宁夏	

从表3.4中我们可以看出,我国高新技术产业开发区的布局呈现以下几个特点:(1)空间分布高度集中,大部分分布于东部沿海的12个省市区,尤其是集中在广东、山东和江苏三省,全国53个高新技术开发区,这三个省就占15个。(2)南北分布不平衡,南多北少。(3)东西分布极不平衡,从沿海——中部——西部,高

新技术开发区数量比是29∶14∶10。(4)空间布局过于分散,不能充分发挥高新区的群聚性。

目前国家共有5个高新技术产业开发带,它们分别是:(1)辽中南高新技术产业带,即由沈阳、大连、鞍山等贯穿而成。这个高新技术产业带与重工业结构相匹配,重点发展的高新技术产业是光、机、电一体化等。(2)京津石高新技术产业带,包括北京、天津、石家庄、保定4个国家级开发区。它们之间相距均不过百余公里,且有便捷的交通相联系;此外,这里还是全国智力资源最密集的地区。(3)沪宁杭高新技术产业带,包括上海、南京、杭州、常州、无锡、苏州6个国家级开发区,这一产业带处于我国自然条件优越、经济科技发达的地区。(4)珠江三角洲高新技术产业带,珠江三角洲邻港澳,处改革开放的前沿,有利于吸引外资、外技、扩大外贸。(5)长春哈大齐高新技术产业带,包括长春哈尔滨和大庆3个国家级高新技术产业开发区、4个国家级特色产业园区、6个国家级对俄产业化中心、1个省级高新区、4个民营科技示范区、2个医药科技园区、4个农业科技园,紧紧依托长春、哈尔滨及大庆三个国家级高新技术开发区,突出哈尔滨电子信息技术、新能源与新材料、电站设备、航空航天科技、生物医药优势,发挥长春汽车制造技术和生化优势,依托大庆石油化工、油气化工、资源替代产业,齐齐哈尔装备制造及重型机械,以及绥化的农副产品加工和现代化农业等各自的优势及特色,规划和建设相应领域科技研发平台,并逐渐形成具有一定特色、规模及优势的高新技术产业带。[54]

我国的高新技术产业布局地区分布很不平衡,高新技术产业的发展也具有明显的区域差异,以东部沿海地区为主。整体上东部优于中部,中部优于西部。表3.5显示的就是2004年我国三大地带高新技术产业的基本数据比较。

表 3.5 我国东、中、西部高新技术产业数据比较

地区	企业个数（个）	产值（亿元）	增加值（亿元）	利润（亿元）	利税（亿元）	从业人员（千人）
东部	14227	25038.7	5433.7	1165.1	1591.3	4654.1
中部	2259	1478.1	492.6	84.5	148.3	636.7
西部	1412	1251.7	415.1	-5.0	44.2	578
合计	17898	27768.6	6341.3	1244.6	1783.8	5868.8

资料来源：《2005 中国高技术产业统计年鉴》。

从表 3.5 中我们可以看出，我国高新技术产业具有明显的区域集中性特征。从总量看，东部地区集中了我国绝大部分的高新技术产业。从各地区高新技术产业主要经济指标中，2004 年东部地区高新技术产业完成总产值 24191.0 亿元，占全国的 88.98%；利润总额 1138.73 亿元，占全国的 90.85%。同期，中部地区和西部地区高新技术产业分别完成总产值 1604.5 亿元和 1390.04 亿元，分别占全国的 5.90% 和 5.11%；利润总额 82.01 亿元和 32.71 亿元，分别占全国的 6.54% 和 2.61%。2004 年与 2003 年相比，东部地区在总产值、新产品产值、产品销售收入、出口交货值、利润总额的增长率方面分别达到 31.15%、19%、33.19%、41.87%、41.27%。2005 年到 2006 年东西部高新技术产业开发区发展的差异性格局不但没有消除，反而具有拉大迹象。

由相关数据不难发现，东部地区不仅在总量上处于绝对优势地位，且其增长率也明显高于中部地区和西部地区。到目前为止，我国高新技术产业已经初步形成了长江三角洲、环珠江三角洲、环渤海地区和沿沈大高速公路等各具特色的高新技术产业带。其中，长江三角洲以微电子、光纤通信、生物工程等为代表的高新技术产业居全国领先地位，近年来，电子信息制造业增幅始终保持在

30%以上,形成了全国重要的电子信息产业带;珠三角的电子及通信设备制造业产值占全国的比重超过三成,是中国乃至亚洲地区最大的信息产品制造业基地之一,生物工程药物上市批准数和产值占全国五成,智能化、节能环保型家电占全国产量的六成,电子医疗器械产量占全国68%;而环渤海湾地区,京津唐雄厚的科技力量使得高新技术产业主要体现和集中在研发上,集中了国内1/3的科研机构,技术人员密度居全国之最。2006年,全国各省市中排在前五位的省市是江苏、广东、山东、上海和四川。这五个省份的完成投资额占到了全国总完成投资额的57.41%。北京2006年高技术产业的完成投资额下降最大,较2005年下降45.11%。就利润总额来看,东部地区到2006年10月为止共完成利润1178.59亿元,比去年同期增长了975.16%,占全国高技术产业利润总额的87.48%(见图3.8)。

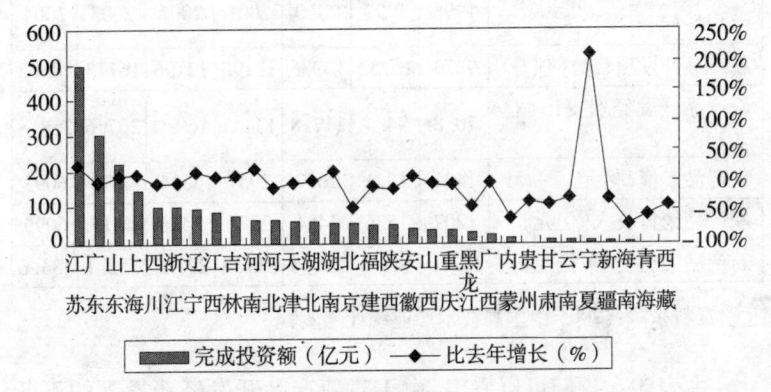

图3.8 2006年各地区高技术产业完成投资额

我国高新区明显出现了"马太效应",东西部发展差距较大,逐渐出现两极分化趋势。到2006年10月,环京津、长三角、珠三角地区的高技术产业实现的利润总额占到全国高技术产业利润总额的 67.5%。而且,近年来长三角、珠三角、环渤海地区在吸引投资及人才等方面的优势已愈加凸显,因此,未来的一段时间内高技术产业仍将进一步向上述地区集聚。

3.5 我国高新技术产业技术状况

产业技术水平对产业发展的影响至关重要,新产品开发是高新技术产业发展和竞争力评价的重要指标。高新技术产业技术状况可以从高新技术产业新产品的开发情况进行分析,具体可以从新产品开发数目、新产品开发经费支出、新产品产值、新产品销售收入、新产品实现利润五方面体现,具体见表 3.6 所示。

表 3.6 1998—2004 年我国高新技术产业新产品开发情况

年 份 指 标	1998	1999	2000	2001	2002	2003	2004
新产品开发项目数(项)	9873	10752	10986	12196	12196	16713	18562
新产品开发经费支出(亿元)	70.8	94.4	117.8	134.5	169.0	207.6	258.8
新产品产值(亿元)	1401	1721	2667	2957	3514	4692	6093
新产品销售收入(亿元)	1207	1526	2484	2876	3416	4515	6099
新产品实现利润(亿元)	123.6	145.6	226.6	217.6	291.3	352.1	434.6

资料来源:《2005 中国高技术产业统计年鉴》。

由表 3.6 我们可以看出,由于对新产品开发经费投入的不断增加,我国高新技术产业新产品近年来的产值、销售收入和实现利税都在不断攀升,2004 年新产品总产值为 6093 亿元,占高新技术产业总产值的 21.9%,实现销售利润 434.6 亿元,占高新技术产业实现利润总额的 36.3%。

如果按行业划分,电子及通信设备制造业2004年总产值最高,高达4054.7亿元,占整个新产品产值的66.55%,其次是计算机及办公室设备制造业,占20.69%,排名最后的为医疗设备及仪器制造业,仅占2.26%。同时还可发现,各产业销售收入以及实现的利税排名和总产值排名是一致的。高新技术产业技术状况还包括产业技术装备水平和关键技术。从产业装备及关键技术角度来分析,因篇幅所限,这里以高新技术产业发展最好的电子及通信设备制造业为例介绍。(1)在程控交换机方面:经过近20年的引进、消化、吸收和创新,从90年代初巨龙04机的诞生,到华为08机、中兴10机和金鹏601机等拥有自主知识产权的程控交换机的相继问世,标志着中国在程控交换机方面已经拥有了参与国际竞争的实力。(2)移动通信方面:以大唐、华为和中兴等企业开发出第二代GSM数字交换机已经开始入网使用并逐渐成熟。同时,窄带CDMA的研究和市场投入也已经取得相当进展。但由于国内集成电路研究开发和产业发展水平总体上与发达国家相比有较大差距,伴随生产线引进或合资而引入的技术尚不能支撑自主开发,国内自主开发的手机产品还无力与国外品牌产品相竞争。此外,第三代移动通信系统技术的研究开发在中国原来还是空白,预计2008年我国将开发使用3G技术通信装备。(3)卫星通信方面:中国目前的国际通信和国内地面通信网不能够覆盖的边远地区的通信主要依靠租用国际卫星组织的卫星来实现。但是大型卫星地面站和VSAT通信站的设备主要依靠进口,国内在系统集成、监控技术方面具有一定能力。中高速数据通信和互联网等设备主要依靠进口,国内虽有少量自行研制的替代进口的产品,但是规模效益和质量与进口产品相比尚存在较大差距。(4)传输设备方面:中国在电缆和光缆数字传输系统方面密切跟踪国外先进技术水平,通过引进消化吸收国外先进技术和自主开发,研制成功了"4×2.5千兆比特每秒双向154公里无中继波分复用光纤传输系统",达国际先进水平。目前PH系列从2—565千兆比特每秒,SDH系列从2.5—4×2.5千兆比特每秒等都有自主产品。数字微波传输设备和通信卫星主要依赖于进口。(5)新技术装备方面:异步传输模式(ATM)系统国内已经有样品,在接入网产品方面也有一些初步进展,但是尚未形成与发达国家相关产品竞争的能力。在近年来增长最快的网络产品如路由器、服务器和第三代交换产品方面,国内基本上处于空白阶段,需要在技术开发、产业规模等方面不断开拓创新。[12]2006年,高新区科技经费支出总额为1584.5亿元,比上年同期增长18.3%,超出上年245.6亿元。科技经费支出前五位的高新区有:中关村科技园区、上海张江高新区、深圳高新区、西安高新区、成都高新区。高新区企业的R&D经费投入达到了1054亿元,高出上年247.8亿元,比上年同期增长30.7%。R&D经费占高新区营业总收入的2.4%,占高新区GDP的比重为8.7%,占全国R&D总支出的35.1%。

  由于技术装备的发展,2006年,我国高新区的新产品产值达8456.5亿元,新产品销售收入为8119.8亿元,新产品销售收入占产品销售收入的比重为22.5%,新产品的出口达到195.2亿美元,占高新区出口创汇的14.3%。高新区企业已拥有发明专利数为32600件,比上年增加了16188件,同比增长101.4%。其中外商投资企业10169件,有限责任公司7255件,股份有限公司4918件。按当年申请专利的总数来看,高新区2006年申请专利数量为37872件,占全国申请专利数量的1.1%,其中申请的发明专利数有20707件,占全国申请发明专利数量的1.9%。总体来看,我国高新技术产业技术水平不高,但技术及装备发展速度较快。

3.6 我国高新技术产业进出口状况

3.6.1 进出口总量及贸易逆差

衡量高新技术产业成熟度以及产业国际竞争能力大小的指标之一是产业进出口状况,进出口贸易量以及贸易差额是评价的最直接指标。1997年到2003年我国高新技术产品贸易额见表3.7。

表3.7 1997—2003年我国高新技术产品贸易额

(亿元)

指标	1997	1998	1999	2000	2001	2002	2003
出口额	1352.05	1676.58	2045.07	3066.57	3845.25	5606.00	9134.28
进口额	1980.66	2417.55	3112.48	4346.74	5306.88	6859.81	9877.80
贸易总额	3332.71	4094.13	5157.55	7413.31	9152.13	12478.49	19012.08
净出口额	-628.61	-740.97	-1067.41	-1280.17	-1461.63	-1253.81	-743.53
TSC	-0.19	-0.18	-0.21	-0.17	-0.16	-0.10	-0.04

资料来源:《2004中国统计摘要》。

由表3.7可见,我国高新技术产品的出口和进口额都得到了持续高速增长,2003年我国高新技术产品出口高达9134.28亿元,比上年增长了62.6%;进口额高达9877.8亿元,同比增长44%。2006年我国53个国家级高新区高新技术产品实现的出口创汇产品品种达48372种,出口创汇产品品种比2005年增加4560种,实现出口创汇849.6亿美元,比2005年增长11.7%,占高新区全部出口创汇总额的62.4%。高新区企业的出口创汇规模增长快速,出口额超亿美元的企业已有172家,比2005年多了34家。出口额达1024亿美元,比上年多184.4亿美元,增长了22.0%。2006年高技术产品出口达到2815亿美元,是2002年的4倍多,占全国外贸出口总额的29%。2007年高技术产业总收入超过6.3万亿元,高技术产品出口达到约3500亿美元左右。

虽然我国高技术产品在进出口量上有了很大的增长,但国际竞争力并不高。国际竞争力的高低可以用贸易竞争指数(TSC)来衡量,该指数是国际上广泛采用的分析产品国际竞争力的指标,它的值等于出口与进口的差额除以进出口总额。TSC的值在-1和1之间,当TSC等于1时,表示完全出口特化,国际竞争力高;反之,若等于-1,则表示完全进口特化,产品全部依赖进口,国际竞争力低。从1997到2003年间,高技术产业的贸易竞争指数呈现上升的趋势,但一直为负,说明逆差在减少。2006年,我国高技术产品进出口总额突破5千亿美元,达到5287.5亿美元,比上年增长27.1%,其中出口额2814.5亿美元,进口额2473.0亿美元,分别比上年增长29.0%和25.1%。高技术产品良好的增长势头带动了我国商品贸易整体结构的进一步优化,2006年高技术产品的出口额和进口额占全部商品出口额和进口额的比重分别达到29.0%和31.2%。从贸易竞争指数看,我国高新技术产品的国际竞争力处于不断提升的阶段,但我国高新技术产品出口创汇能力还是比较弱,仍需进一步加强。

3.6.2　高新技术产品的贸易地位

我们把1997年到2003年我国高新技术产品进出口在对外贸易中的比重画成曲线,来分析我国高新技术产品的贸易地位。根据图3.9可知,我国在该阶段的进出口贸易地位都在增加,但高新技术产业竞争力高低仅根据图形很难判断。图中显示该阶段我国高新技术产品在我国对外贸易中的地位不断提高,我国对外贸易结构已经得到了较大的改善。2003年高新技术产品进口占外贸总进口的28.9%,出口所占比例也在不断上升,达到25.2%,进出口占外贸进出口总额的27%。高新技术产业进口快速增长可以导致对国外市场的严重依赖,也可以促使本国高新技术产业的成熟发展。

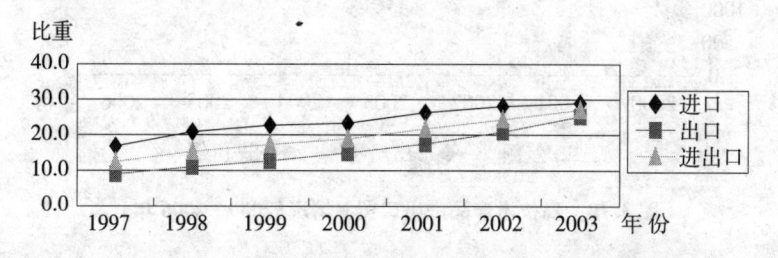

图3.9　1997—2003年我国高新技术产品进出口在对外贸易中的比重

自2004年开始,我国高技术产品首次出现贸易顺差,2005年高新技术产品进出口占外贸总额比重已经超过28%。2005年国家高新区出口创汇总额占全国外贸出口总额的11.6%。以推动软件产业国际化为目的的"中国软件欧美出口工程"在业界和社会上产生了广泛的积极影响。在科技、商务、外交等部委的共同支持下,我国在美国、英国、俄罗斯、新加坡、奥地利等试行建立了海外科技园。联想、海尔、华为、大唐等一批拥有自主知识产权的龙头企业开始参与国际市场竞争。在发达国家长期把持的全球高新技术产业格局中,我国正在成为一支不可忽视的新生力量。产品的出口继续以年均30.5%的速度增长,高于同期进口额的年均增速近7个百分点。2006年,贸易顺差达到341.5亿美元,比上年增加了66.3%,是2004年的8.5倍。贸易顺差的不断扩大在一定程度上反映了我国高技术产品出口竞争力不断增强(图3.10)。

虽然我国高新技术产业竞争力得到了较快发展,高新技术产业已逐渐成为拉动我国经济增长的三驾马车之一,但从国际比较

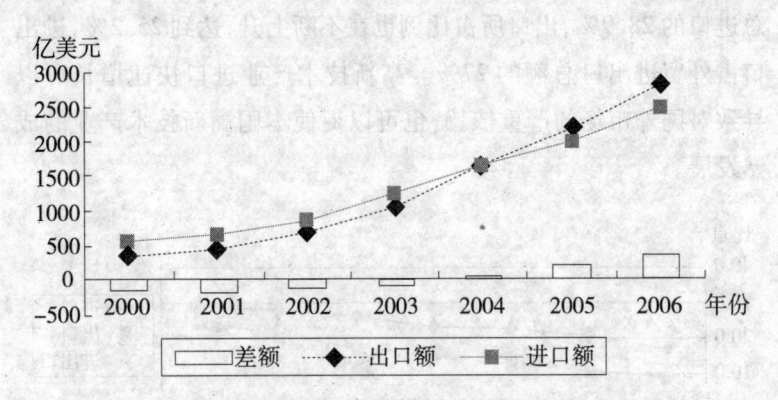

图3.10 高技术产品进出口贸易情况(2000—2006年)

来看仍有一定差距。上世纪90年代初至2002年我国与美德日韩各国的高新技术产品出口额占制成品出口额的比重比较见表3.8。

表3.8 部分国家高新技术产品出口额占制成品出口额的比重

(%)

年份 国别	1990	1999	2000	2001	2002
中国	—	16.8	18.6	20.6	23.3
美国	33.0	34.2	33.5	32.5	31.8
德国	11.1	15.9	17.7	17.8	16.6
日本	23.8	26.3	28.4	26.3	24.5
韩国	17.8	31.9	34.8	29.6	31.5

资料来源:《2004国际统计年鉴》。

从国际角度上看,我国高新技术产品的出口额占制成品出口额的比重明显低于高新技术产业发达国家,韩国和美国的比值都在30%以上,而我国2002年刚超出20%多一点,截止到2007年我国这一比重尚不足30%,这说明我国高新技术产业仍然有很大的发展空间。

3.6.3 高新技术产业进出口领域分布

高新技术产业进出口领域是反映高新技术产业内部各行业相对发展状况的标示,通过各领域进出口分布,可以判断高新技术产业内部各具体领域的国际竞争现状。以1999年为例,我国高新技术产业各领域进出口分布见表3.9。

表3.9 1999年我国高新技术产品进出口按技术领域分布

进出口 技术领域	出口 金额	比重%	增长%	进口 金额	比重%	增长%	差额
合计	247.04	100	22	375.95	100	28.8	-128.94
计算机与通信技术	172.51	69.8	26.2	149.14	39.7	30.7	23.38
电子技术	42.06	17	43.1	117.99	31.4	51.7	-75.93
计算机集成技术	3.95	1.6	8.3	42.24	11.2	-5.0	-38.29
材料技术	1.33	0.5	48.9	6.2	1.6	120.7	-4.88
航空航天技术	6.63	2.7	52.0	36.8	9.8	6.4	-30.17
光电技术	6.99	2.8	-31.4	6.15	1.6	14.0	0.84
生命科学技术	10.67	4.3	-8.1	12.3	3.3	13.7	-1.64
生物技术	1.04	0.4	-8	0.42	0.1	41.5	0.61
其他技术	1.86	0.8	-59.5	4.73	1.3	179.8	-2.87

数据来源:国家高新技术产业开发区十年发展数据。

由表3.9可以看出,电子信息技术领域(包括计算机与通信技术、电子技术)是我国高新技术产品进出口的主要领域,1999年,这一领域的进口额占全部高新技术产品进出口总额的71%以上,出口额占86%以上,其中计算机与通信技术领域的顺差最大,达到 23.38 亿美元,而电子技术则是逆差最大的技术领域,达 75.93 亿美元。虽然各技术领域的进出口绝对数多少不一,但从各技术领域进出口差额与总额之比的数据可以得知我国各技术领域的国际竞争力差异很大,其中生物技术的顺差虽然只有 6100 万美元,但占该领域进出口总额的比重高达 41%,计算机与通信技术领域的顺差 23 亿美元,但在 321 亿美元的总进出口规模中 23 亿美元的顺差只占 7% 多一点。在电子技术、计算机集成制造技术、材料技术等经济发展的基础技术领域,我国的国际竞争能力很脆弱。

经过近年来的发展,从我国高新技术产品的进出口来看,高新技术产业在国际高新技术产业分工体系的地位处于上升阶段。其表现见表 3.10。

表 3.10 高技术产品进出口按技术领域分布(2006 年)

技术领域	出口额(百万美元)	占总额的比重(%)	进口额(百万美元)	占总额的比重(%)	差额(百万美元)
合计	281451	100.0	247299	100.0	34152
计算机与通信技术	224898	79.9	70693	28.6	154205
生命科学技术	6342	2.3	5138	2.1	1204
电子技术	36004	12.8	130187	52.6	-94183
计算机集成技术	2862	1.0	19629	7.9	-16766
航空航天技术	2436	0.9	13158	5.3	-10722
光电技术	7070	2.5	4094	1.7	2976
生物技术	256	0.1	154	0.1	103
材料技术	1272	0.5	4025	1.6	-2753
其他技术	310	0.1	223	0.1	87

根据实际统计资料我们不难看出,我国高新技术产业已经具备一定规模。近几年,我国高新技术产品出口比重提高很快,从1999年的12.7%提高到2002年的20.8%和2003年的25.2%,2004年进一步提高到27.4%,2005年和2006年均达到30个百分点左右。2004年高新技术产业增加值占制造业增加值的比重为13.9%,与美、日、英、法等发达国家的差距明显缩小。部分高新技术产业竞争力较强。2004年我国通信设备、计算机及其他电子设备制造业产量增长26.9%,而且产销衔接良好,产销率都在97%以上。其中程控交换机、手机、彩电、彩色显示器等产品产量已居世界第一位。2006年,计算机与通信技术产品的出口额达到2249.0亿美元,占高技术产品全部出口的比重近4/5,是我国高技术产品出口的绝对主体。电子技术产品占我国高技术产品进口半数以上,进口额达到1301.9亿美元。而计算机与通信技术和电子技术,又分别以最大贸易顺差和最大贸易逆差位居九大技术领域的榜首。同时,这两类技术领域的产品又分别位居高技术产品进口额和出口额第二。这说明我国高新技术产品贸易主要依赖于信息技术产品的大进大出,即通过进口支撑出口,而出口的增长又进一步拉动进口的需求。我国计算机与通信技术和电子技术产品的贸易特点与信息技术类产品的国际化生产有着密切联系,发达国家以其技术优势占据了国际分工中的技术源头和消费市场,而发展中国家只能以其廉价的土地和劳动力资源承担着生产加工的任务。伴随着信息技术类产品需求的不断扩大和国际分工中产业转移的不断加剧,我国承担的对信息技术类产品的生产规模也在不断扩大,相应的产品贸易也必然保持较强的增长。高新技术产品进出口主要集中在计算机与通信技术和电子技术领域,这两个领域在我国高新技术产业中竞争力较强。光电技术和生命科学技术的出口额仅次于上述两个领域,占高技术产品出口总额的比重在2%以上,也是仅次于计算机与通信技术形成贸易顺差的两个重点领域;而计算机集成制造技术和航空航天技术是另两类进口额较高的技术领域,贸易逆差均在1亿美元以上,也是仅次于电子技术形成贸易逆差的主要领域。与计算机与通信技术和电子技术两个领域大进大出的贸易特点不同,光电技术和生命科学技术是以出口为主导的高技术产品,可以在一定程度上说明我国在这两类技术领域具有较强的国际竞争力;相反,计算机集成制造技术和航空航天技术则是以进口为主,这说明我国这两类技术领域的产品具有很高的对外依赖性。

第4章 国内外高新区管理现状分析

本章在分析世界高新区发展状况、管理模式与管理体制的基础上,指出国外高新区管理模式带给我们的启示主要有:在高新区不同发展阶段采取不同的管理模式,政府的支持和干预不可或缺,企业和科研机构的参与至关重要以及在管理体制上采取"小机构,大服务"的组织原则。我国国家级高新区通过管理体制创新,实现了管理机构职能的有效转变,建立了高效的经济体制与灵活的运行机制,聚集了一批高素质人才和优秀企业家,但在立法和公共政策等方面还存在诸多问题,需要进一步解决。

4.1 世界高新区管理模式与启示

4.1.1 世界高新区发展状况

1. 世界高新区发展历史

世界高新区的发展经历了一个从20世纪50年代自发形成到80年代各国竞相兴办的过程。自1951年美国斯坦福研究园建立并发展为"硅谷"以后,许多国家和地区纷纷效仿美国,在条件适宜、智力密集的地区开辟高新区,以发展本国、本地区的高技术及其产业。可见,发展高新区促进开发区高技术产业化,已成为国际发展趋势。纵观世界高新区的发展历史,大概可将其分为三个发展阶段:

(1) 缓慢发展时期。20世纪80年代以前,世界高新区的发展缓慢,设区的国家主要是发达国家。直到20世界70年代末世界上仅有20多个高新区,而且其中大部分分布在美国和欧洲。如:美国128公路、北卡罗莱纳三角研究园、英国剑桥科学院、法国的索非亚·安蒂波利斯技术开发区等。

(2)快速发展时期。进入20世纪80年代以后,伴随着世界高技术革命和产业结构调整升级的浪潮,全球兴起了建设高技术产业开发区的热潮。美国继续在设区方面领先于世界各国,到1989年底,美国已设立了141个科学园区,遍布全国,居世界之冠,同期西欧一些国家如法国、荷兰、比利时以及北美的加拿大、大洋洲的澳大利亚等国也建立了各种不同形式的高新区。一些新兴工业化和发展中国家及地区面对世界性兴建高新区的热潮,也不甘落后,相继创建了一批科学园区。如:台湾的新竹、新加坡的肯特岗、印度的班加洛尔等。这一时期的主要特点是高技术区发展较快,10年间新增科学园区500多个,使世界高新区总数达641个;一些发展中国家和地区开始兴办高新区,使高新区的分布扩大到34个国家和地区。世界高新区在各国和各地区经济发展和产业升级中发挥了极为重要的带动作用。[80]

(3)稳定发展时期。20世纪90年代以来,世界高新区主要是美欧国家的高新区进入了相对稳定的发展时期,但在发展中国家和地区仍然得到蓬勃发展。如我国在80年代后期创办高新区的基础上继续兴办建立了53个国家级高新区、几百个地方高新区。高新区在世界范围内的数量和分布继续扩大,至1992年设区国和地区增加到48个,高新区数量达到1009个。

2. 世界高新区的发展类型

纵观世界高新区的发展,按照园区内的技术成果来源可将其归纳为四种类型:

第一类是科学工业园区。这类园区以进口高技术成果为主，依靠政府、地方资本、劳动力的投入，将高技术成果转化为商品，并占据较大份额的世界市场。台湾新竹科学工业园区、日本的高技术区和韩国的高技术区等都是这种类型。

第二类是新技术工业园区。这类高技术密集区的核心是集聚效应。集聚效应具有三种类型：孵化器、主办和作用模式，外部条件包括基础设施、研究开发、风险资本和社会支持。利用高技术改造传统产业形成的高技术园区属于这种类型。

第三类是高技术园区。这类园区以自主创新的高技术成果，经产品化和市场化形成基本技术公司，然后逐渐衍生出大大小小的高技术公司，自发地发展为高技术园区。美国的硅谷等属于这种类型。

第四类是科学研究园区。这种高技术密集区是规划的结果。它们依靠政府和公司主持研究活动，很少出现高技术的公司。加拿大多伦多的西瑞丹园区和美国的华盛顿特区属于这种类型。

世界高新区的发展已经有 50 多年的历史，它们有成功的，也有失败的。通过对世界主要高新区发展的分析，我们看到是否拥有灵活高效的管理模式，是决定高新区成败的关键性因素之一。

4.1.2 世界高新区的管理模式与管理体制分析

世界高新区的发展模式虽然千差万别，但它们大多都是在一定的政府或组织的管理模式与体制下进行的。区别在于，由于各国各地区的社会制度、文化传统、经济实力上存在差异，以及园区发展处于不同阶段，因此，它们在选择园区的具体管理模式和体制上出现差异。如欧洲、北美的园区是纯市场经济的产物，而东亚的园区则多为政府规划的产物，这与东亚地区传统的集权文化息息相关。由此可见，分析高新区的管理模式与体制不能忽略高新区所处的外部环境及自身的发展阶段而泛泛谈之。

1. 世界高新区管理模式的内涵

按照高新区发展的"三元参与理论"，高新区的管理模式是指包括政府(开发区的管理机构)、大学、科研机构及企业三方的领导体制、内部运行机制、机构设置、管理权限、管理方式、法规制度以及三者相互作用的关系，它是动态与静态有机结合的统一体。

2. 世界高新区管理模式的类型与特征

美国加州大学伯克利分校教授 M. 卡斯特尔和 P. 霍尔在《世界的高技术园区》一书中把世界高新区管理模式分为：

第一类由建立高技术公司的产业综合体组成。这些综合体把研究与开发和制造联系起来，典型例子是美国加州的硅谷和波士顿 128 公路地区。

第二类是科学城。它通常由政府进行规划与建设，把大批研究机构和科学专家集中在高质量的城市空间，为产生卓越的科学成就，而进行协同研究活动。如：原苏联西伯利亚城、韩国的大德科学城和日本的筑波科学城，这种科学城具有行政区域的特点。

第三类是技术园区。它类似于新型的产业行政区划，其目的是在某一划定的地区集中兴建一批高技术产业公司，使该地区在国际竞争和以信息为基础的新的条件下增强生存与发展的能力，并不断追求经济的持续增长。如：台湾的新竹等，这类园区同科学城相比更具有政府行政色彩。

第四类是日本的高技术城。即在国家边远地区建立系列全新的科技城，以促进新技术的应用，继而带动落后地区的科技开发，这是日本特有的一种模式。[83]

以上划分，我们可以看到在高新区设计及发展中起主导作用的因素或力量是不同的,存在着"三元参与理论"下的政府或其代表机构、企业及大学和科研机构三大主体。这三大主体在开发区管理中以谁为主的问题,直接对开发区的管理体制模式选择与效率发挥产生影响。

3. 世界高新区的管理体制分类与特征

按照 M. 卡斯特尔和 P. 霍尔的管理模式分类标准,依据"三元参与理论"可将高新区的管理体制划分为四类:政府管理型、大学和科研机构管理型、公司管理型和协会管理型。[9]

(1) 大学和科研机构管理型。它是由大学和科研机构设立专门的机构和人员进行管理。像英国剑桥科学园由剑桥大学的三一学院领导,由两名专职管理人员进行管理。其优点是鼓励个人资质的发展,消除了来自政府的一些不必要的行政干预,实行自主管理,发展自由度较大,对中小型投资者有较大的吸引力。缺点是在没有政府充分参与和宏观调控的前提下,一些小公司得不到大公司或政府部门的资助,彼此之间联络太少,协同性差,发展缺乏后劲,许多小公司被多国大公司接管而走上自我毁灭之路。

(2) 政府管理型。其主要特征是由政府统一规划、统一建设、统一管理和经营。该管理体制的最高决策机构是中央或地方政府的有关部门;具体的管理执行机构是由中央或地方政府组织设立的专门机构;服务机构是以公司或事业机构的形式出现。如日本筑波科学城是由首相办公室下设的"科学城推进部"来管理;设置筑波研究机构联络协会,负责管理研究业务;土地开发和公用设施建设项目由住宅和城市开发集团负责;科研和教育机构建设由建设部负责。这种体制的优势是能为园区的发展提供较为宽松的物质环境和治理环境。不利因素是政府的行政干预较强。

(3) 公司管理型。采用由各方组成的董事会领导下经理负责的企业管理体制，即以非营利性的公司作为高新区的开发者和管理者，负责区内的基础设施开发建设，经营区内的各项业务，管理区内的经济活动和提供区内企业所需要的各种服务。公司一般由政府、大学和研究机构、企业以及当地有关人士所组成，负责有关高新区发展的重大决策，一般不干预区内各机构的具体业务，园区日常管理和经营业务由公司经理层负责。这种管理体制下的管理机构既能得到政府及有关部门的大力支持和资助，同时又受到上级和有关部门的领导和监督。美国的孵化器、德国的创业者中心、澳大利亚的科学园和印度的科学园大都采用公司管理型。

（4）协会管理型。它是由政府、企业、银行、大学和其他机构分担义务，共同承担管理职能的综合管理体制。国外一些规模较大的科学工业园、科学城和技术城均采用这种管理体制。如法国法兰西岛科学城由科学城协会管理。科学城协会由科学城的研究机构、企业和大学成员组成。科学城协会的日常工作由17人的常设班子负责，协会下设行政理事会作重大决策。这种管理体制具有适合高新区发展的几大特点。首先，它体现了利益与风险分摊的原则，对于投资大、风险高的高新区发展是非常重要的。其次，它以资金管理牵头，带动行政管理和技术管理，使管理权利和利益风险挂钩，使责、权、利三者得到统一。这种体制间接地体现了政府的影响和干预。

对以上各种管理体制我们不能孤立地评价哪一种体制优，哪一种体制劣，而应该联系高新区所处的发展阶段及所处的外部环境条件来分析某一管理体制是否适应并能促进其所在高新区的发展，从而评价该体制的优劣。

4. 世界高新区管理体制的比较分析

通过前面对世界高新区管理体制的类型及特征的描述，我们

可以对高新区的四种管理体制进行一下比较分析:

(1)共同点。一是这四种管理体制基本上都包含了三个层次:都有最高决策机构、具体管理执行机构和服务机构。政府管理型管理体制的最高决策机构是中央政府的有关部门联合参加组成,具体执行机构是由中央政府设立的专门行政机构;大学管理型管理体制的最高决策机构是大学董事会,具体管理机构是由大学或研究机构设立的专门机构;公司型管理体制和协会型管理体制的最高决策机构是由多方成员组成的董事会、协会、管理机构等承担,管理执行机构有专家咨询小组辅佐。以上四种管理体制的服务机构几乎都是以公司或事业机构的形式出现。

二是管理机构的管理职能基本相同,主要是:制定和实施高新区发展计划(包括立法工作),从事基础设施和研究设施的建设;筹集风险资金;创办孵化器,扶植新企业;负责房地产;负责入区机构的甄选、登记和管理;促进科研与生产的合作;加速科技成果的商品转化;对区内的活动作出限制;等等。

三是从园区的运行机制上来看,国外高新区的运行机制大多是市场机制。这是因为就经济活动的整体而言,多数国家特别是发达国家是一种市场经济,企业同政府没有行政隶属关系,企业是独立的经济人,有充分的经营自主权和自决权,自负盈亏。企业通过同政府、其他经济单位和科技单位签订经济合同,或以各种合法的方式从事经营和研究开发活动。因此,可以说国外高新区的运行机制无一例外的是市场机制。

(2)不同点。一是政府管理型管理体制和大学管理型管理体制属于一元管理体制,而公司管理型管理体制和协会管理型管理体制属于多元管理体制。

二是不同管理体制下政府对高新区的作用影响不同。大学和研究机构管理型由于没有政府的直接参与和支持,受政府的行政影响较小。但这种体制的弊处也较明显,如高新区权威性较小,资金保障常面临问题,高新区发展的动力不足等。政府管理型管理体制与之相反,这种体制下的高新区资金有保障,风险由政府承担,政府的干预性较强,有利于协调各方面关系和宏观调控,具有权威性、集中性和统一性的特点,但是政府干预过强,缺乏灵活性,不利于激发活力和创新。多元管理体制可以充分体现高新区发展的"三元参与理论",比较好地把政府的作用和市场力量结合起来,能充分发挥各方作用和积极性。世界多数高新区采用这种体制。

4.1.3 世界高新区管理模式对我国国家级高新区管理的启示

1. 高新区发展的阶段不同,采取的管理模式也不同。在开发区创建初期,一般采取前两种管理体制。如欧美国家主要采用民间管理形式,政府仅从政策、法规上进行控制;亚洲一些国家则以政府管理为主,民间机构一般不参与管理。当开发区进入成熟阶段,并具有一定规模以后,开始采取官、学、产共管体制。在这种管理体制下,开发区既能得到政府的扶持,又能发挥民间机构的积极性。如印度的班加洛尔软件科技园就采取这样的管理模式,已经成为世界著名的软件供应基地,使印度的软件工业在世界占有一席之地。

究其原因,既有东西方传统文化差异的因素,也有一些其他因素如:当地市场经济是否发达、法制是否健全及高新区自身所处的发展阶段,等等。我国53个国家级高新区除发展条件较好的上海、北京、深圳等地外,其余处于创业阶段。这些高新区在管理体制创新上仍然要选择政府管理型的管理体制,通过政府的支持加快高新区的发展速度,但在具体管理方式上,根据本地区的特点要有所创新,不能照抄照搬某一高新区的经验。对于上海、北京及深圳等发展较成熟的高新区在管理体制上可采取由政府管理型向多元管理型体制过渡。

2. 政府的支持和干预不可或缺。开发区对外界的吸引力取决于其环境,如生活物质环境等硬环境建设,政府应对园区的水电气热、住房、交通运输等基础建设项目进行投资以刺激当地的需求。在营造政策软环境方面,可以通过制定税收、金融、土地、规划、人才等方面的优惠政策,更好地吸引国内外资金、技术人才,推动开发区的发展;在建设驱动开发区的研究机构上,政府可以通过加强企业界与科研教育机构合作形成强有力的力量。如日本的关西科技城在发展初期,政府在财政十分困难的情况下,为吸引私人资本的进入,投入了大量资金,兴修了一条长达60公里的高速公路,使开发区与国际机场相连接,许多研究机构的迁移工程费由国家基金支付33%,政府还对私人投资专门制定法规给予较大优惠加以支持等。

3. 企业和科研机构的参与至关重要。必要的国家干预对高新区建设来说是很重要的,但如果政府试图实行全面的干预,也会犯严重的错误。比如韩国的大德科学城,由于政府过度规划,与台湾的新竹一样,科学城常常越过当地政府直接与上级政府联系,消耗大量资源的同时并没有和地方经济很好地结合并促进其发展,反而加剧了科学城和地方政府的敌对情绪。因此,在保持政府适度参与的前提下,应加强企业与教育科研机构的联合,一方面把高新区建设成为真正基于高科技之上的产学研一体化的园区,提高企业的科技含量和园区的竞争力;另一方面,让三者经过长期自然积聚与融合,形成自己独特的社会文化,如社会网络、企业文化和制度等,成为创新生存和发展环境的基本要素。

4. 在管理体制上采取"小机构,大服务"的组织原则。国外的主要做法,一是设立精干的管理机构,机构职责明确。如韩国的大德科学城,它的行政管理机构是由(国家)科学技术部授予的科学城办公室,该办公室下设发展部和管理部。发展部主管城市建设,落实总体规划,协调所有涉及该城建设的政府机构,管理部只负责安排居民住房,并为之提供所需服务;二是大量的中介与劳务等社会性服务工作由社会机构或相应的公司承担,包括开发区的建筑、技术转让、企业开发、风险投资、信息提供、专利申请、出口服务等领域。这不仅极大地减轻了开发区管理机构的管理压力和财政负担,还促进了社区服务业等第三产业的发展。

4.2 我国国家级高新区管理模式与管理体制分析

4.2.1 我国国家级高新区发展概况

1. 我国国家级高新区的发展历程

我国国家级高新区是在世界新技术革命风起云涌,各国不断加快高技术发展步伐,国内深化改革,扩大开放,大力发展科学技术的背景下创建和发展起来的。我国国家级高新区的发展过程大致可分为三个时期:

(1)孕育时期(1983—1988年)

1983年国务院举办了"世界新技术革命的挑战和我们的对策"的讨论。1985年3月中共中央发布了关于科技体制改革的决定,提出"要在全国选择若干智力密集的地区,采取特殊政策,逐步形成具有不同特色的新技术开发区。"1985年6月,深圳市政府批准建立了由该市与中国科学院联合创办的深圳科技工业园区,成为中国第一个高技术产业开发区。1986年国家开始实施863计划。1988年国务院正式批准成立了第一个国家级的高新区"北京新技术产业开发试验区",从而奠定了我国高新区发展的基础。随后国家又实施了以推动高技术成果商品化、产业化和国际化为基本宗旨的火炬计划,建设高新区是这个计划的重要组成部分。至此,我国高新区完成了它的孕育时期,开始进入运作阶段。

(2)成型期(1988—1991年)

在863计划、火炬计划的推动下和深圳、北京高新区的示范作用下,我国高新区的建设得到了迅速的发展。1991年国务院正式在全国26家地方兴办的高新区的基础上,批准建立了第一批26个国家级的高新区,同时制定了一整套扶持高新区发展的优惠政策。至此,我国高新区形成了一定的初创规模。

(3)发展时期(1992年至今)

在邓小平同志1992年春南方谈话精神的推动下,全国各地兴起了建设高新区的热潮。1992年和1997年国务院又先后两次批准建立了26个国家级高新区。至此,我国已有国家级高新区53个,遍布全国29个省、自治区、直辖市。我国高新区的整体布局基本完成。经过10年来的创业,我国高新区开始进入以技术创新为核心的发展阶段,它们不仅在创办高技术企业、开发高技术产品上发挥着重要作用,而且还运用高技术改造传统产业,为地区产业结构走向合理化、高级化、外向化作出了重大贡献,成为地方经济增长快、投资回报率高、创新能力强,具有极大发展前景的经济增长点。

2. 国家级高新区在我国经济发展中发挥的具体作用

(1)推动我国高新技术成果迅速转化为生产力。在智力密集区或其边缘地带建立高新区,是一些发达国家已经走过的成功之路。从整体上看我国高新区同国外高新区的差距还很大,但我们可以集中力量尽快把一些科技成果转向产业化,促进整个国民经济的发展。

(2)促进产业结构调整,带动地方经济发展。目前,我国产业结构中的技术层次比较落后,亟待加强高技术的带动作用。兴办高新区,可以有效地带动区域经济的发展,促进产业振兴,因此,许多高新区都注意把发展具有一方特色的支柱产业作为重点,一方面为传统产业注入高新技术,另一方面也使开发区逐步形成自己的优势。

(3)建设高新区是实现国际竞争战略选择的有效途径之一。从当前世界经济技术竞争态势的分析来看,我国处于一种不利的国际环境中,急需强化和提高工业技术水平,提高出口产品中的附加值。通过高技术来寻找国际经济市场上的突破口,并借助高技术来带动传统产业的发展,提高我国的工业技术水平,是我们所面临的一种重要战略选择,而建立高新区,则是实现这种选择的一种有效途径。

(4)建设高新区有利于解决科技和经济相脱节的矛盾。高新区的建设可以带动科技和生产的结合,实现研究、开发、生产、服务、销售一体化。高新区为科技人员提供了有利的活动环境,可以充分显示知识的价值,更好地发挥科技人员的作用。

(5)高新区为深化改革提供了有益的启示和经验。高新区是改革的产物,又是进一步深化改革的重要内容,高新区特殊的结构,特殊的发展要求,特殊的发展政策和措施,使得高新区很多方面的改革在全国先行一步,因此说高新区为深化改革提供了有益的启示和经验。

3. 我国国家级高新区发展类型

从形成与发展过程上来划分,我国高新区有如下五种发展类型:

一是内生技术型。这种模式是利用园区内智力密集、技术密集的优势建立高新区,迅速发展一批高技术企业,然后逐步扩展以形成新的高技术产业群,从而带动地区经济发展。北京中关村地区是这一类型的代表。

二是引进技术型。这种类型的特点是本地科技水平薄弱,在利用外资,引进技术,发展高技术产业后形成高技术产业开发区。广东、福建和海南的高新区属于该类型。

三是技术改造型。这种类型主要是在老工业基地,通过对传统产业的技术改造,利用原有的研究与开发科技队伍,嫁接或发展高技术产业而形成高技术产业开发区。吉林、长春、大庆、鞍山等地高新区属于该类型。

四是军转民型。这一类型利用军事工业力量发展高技术产业形成高技术区。四川、云南、贵州等省的高新区一般都是通过军转民方式形成和发展的。

五是综合发展型。这一类型综合了上述四种类型。目前只有上海高新区属于综合发展型。

以上划分是我国国家级高新区发展的初始类型。国家级高新区经过十几年的探索和不断发展,正逐步向创新与孵化器型、研究与开发型和出口加工型三种类型转化。

4.2.2 我国国家级高新区的管理模式与管理体制分析

1. 我国国家级高新区的管理模式现状

如前所述,世界高新区的发展模式千差万别,但它们大都是在一定的政府或组织的管理模式与管理体制下进行的。世界上成功的高新区都十分注重管理模式的选择,并拥有灵活高效的管理体制。我国国家级高新区发展历史虽然较短,但经过十几年的不断探索和发展逐渐形成了具有中国特色的,适用于不同发展阶段和不同区域实际的多种管理模式。

我国学者顾朝林、赵令勋认为我国高新区管理模式主要有两种,即政策区和科技特区。[7]

(1)政策区

即赋予一定地区发展高技术企业的优惠政策。政策区管理模式在高新区的初创时期能够发挥积极的作用,促进了一批高技术项目的产业化。但这种管理模式存在明显的缺陷:第一,高新区组织程度低,高技术企业具有跨学科性、周期性和国际性的特点,在现行经济运行体制下,单凭"政策推动",并不能造就有利于高技术产业生成和发展的"局部优良环境";第二,高新区支持的产业和领域比较狭隘,高技术产业的发展需要其他产业配套支持,没有各类社会行业的综合开发建设,"政策区"对高技术企业的"点"状支撑是不可能持久的;第三,随着国家改革开放的深入与扩大,地区间的"政策差"形成的"势能"日趋缩小,政策区的优势自然减弱。

(2)科技特区

科技特区管理模式采取依托行政区划,将某一城区整建制地划归高新区管辖,并将省、市一级的行政和经济管理权限配套地授予高新区管委会,实行统一领导。利用特区管理方式,灵活运用超出该行政区域的经济管理权限和各种特殊政策,围绕高技术产业化、国际化这一中心任务,按照社会主义市场经济体制运作的客观规律,建立一种全新的行政、科研、经贸一体化的管理体制,全面推动高新区各项建设事业的发展。在理论上,社会主义市场经济体制并不排斥政府的宏观调控,只有实现市场调控和政府宏观调控的有机结合,才能最大限度地降低调控成本,实现调控的正效益;而单纯的市场调控体制难以较快地推进高技术产业化。在实践上,处处存在着当前利益与长远利益、个体利益与集体利益、单位利益与全民利益之间的矛盾,解决这些矛盾的最有效办法就是增强政府宏观调控能力,发挥行政杠杆作用,直接推进高技术产业的外部环境。但这种管理模式也存在授权太小,上级政府无法控制,造成批地过多、乱占耕地、重复引进、重复建设等不良倾向。

2. 我国国家级高新区行政管理体制分析

(1)我国国家级高新区行政管理体制的类型与特征

按照世界高新区管理体制的分类,目前我国国家级高新区大都属于政府管理型管理体制。但由于我国具有特殊国情,并且国内经济发展不平衡,53个国家级高新区在行政管理体制的具体模式上又曾显出以下不同类型:[11]

一是政府委托(派出机构)管理型。这种管理体制主要决策权和管理权都由政府派出的高新区管委会行使,高新区管委会作为当地政府的派出机构,享有较大的经济管理权限和行政管理职能。地方政府除了在发展方向、大的政策、决策以及任命管委会主要领导方面行使权力外,主要发挥其支持和保障作用。这种管理体制的特点是高新区管委会权力集中,有利于体制的改革和创新,有利于提高管理效率,但需要地方政府强有力的支持。

二是政府直接管理型。这种管理体制在宏观管理和财政、项目审批、土地规划、人事等主要决策权上由政府直接行使,政府有关部门分别管理相关事物。其特点是政府直接领导,有关部门介入较多,需要协调的事情很多。高新区发展受所在地政府及有关部门行政效率的影响很大。

三是政府开发管理型。这种管理体制主要是由政府组成的开发公司来进行区域开发和建设。政府授权部分管理职权给开发公司，但由于授权有限，开发公司无法协调解决高新区改革和发展中出现的新问题。

(2) 我国国家级高新区行政管理体制的现状分析

由于目前我国大多数高新区的管理体制都属于第一种政府委托管理型，在此主要对这一管理体制进行分析。

首先，政府委托管理型管理体制在实践中形成了三个管理层次：

第一层次是当地政府的领导小组。一般是由高新区所在市的主要领导人担任小组组长，市直有关部门负责人为成员组成，作为高新区管理与发展的决策层。

第二层次是管理层及高新区管委会。管委会是市政府的派出机构，集中了市政府的部分管理职能，负责对高新区各项事务，包括高新区的建设与发展规划进行组织实施，管理区内高新技术企业等等。

第三层次是经营服务层次。一般包括开发建设总公司，创业服务中心以及各类中介服务机构等，通过基础设施建设、技术引进、产品展销、提供生产经营场所、资金支持信贷担保、技能培训、信息服务、后勤保障等方式为区内企业提供管理和服务。

其次，政府管理型管理体制下的管理机构具有以下四大管理职能：

一是指导职能。主要包括指导技术创新、指导产业开发、指导资本股份化、指导多元化筹资、指导经济国际化、指导企业科学管理，实现企业管理科学化。

二是宏观管理职能。主要包括制定发展战略，进行战略管理、建立科技服务中心,对高新技术进行孵化和培育、发挥政府综合管理部门的职能,对开发区进行综合管理。

三是协调职能。主要包括协调政府与企业的关系、实行政企分开、协调开发区与地方政府的关系、高新技术开发与地方经济发展的关系。

四是服务职能。主要包括为企业提供人才服务、搞好开发区建设,为企业提供基础设施服务和良好的投资环境服务、提供信息服务、提供法律服务。

再次,政府委托型管理体制模式因管委会拥有的管理权限不同又有不同的具体形式,即拥有市一级经济管理权限及部分社会管理权限和拥有部分市一级经济管理权限两种形式。苏州、郑州、合肥等高新区管委会拥有市一级经济管理权限及部分社会管理权限,这种形式的管理体制在全国高新区中约占40%;西安、济南等高新区管委会拥有部分市一级经济管理权限,这种形式的高新区管理体制在全国约占50%。管委会职权较大,综合管理职能较全的政府委托管理型管理体制,有利于高新区在创建起步阶段的发展,有利于协调开发区发展中各种关系,提高办事效率,加快开发区快速发展;相反,管委会职权较小,管理职能不全的政府委托型管理体制,使开发区发展中许多问题难以协调,不利于开发区的发展。

最后,我国国家级高新区管理体制基本上都属于行政型管理体制。这种模式对于高新区初创阶段的发展是必要的。但是,对开发区的管理必须与所在地方政府行政化管理区别开来,不能用地方政府管理当地社会经济生活的方式,来管理高新区的科技产业活动。如前所述,高新区是一个政策区域,科技产业区域,科技产业区域,有着自己的规律与特性,不同于行政区的功能,因此,不能也不应该把高新区变成"第二政府"。

4.2.3 我国国家级高新区管理体制实践成效与存在的问题

我国国家级高新区管理体制的基本模式是在伴随着社会主义市场经济体制的形成,经过新旧体制的不断碰撞,不断调整而逐步形成的。

1. 取得的成效

(1)通过管理体制创新,高新区实现了管理机构职能的有效转变。在高新区建设中,强调高新区企业自主经营、自我发展,绝不是不要宏观管理,关键是政府职能如何实现有效转变。各地高新区在成立之初,就明确高新区管委会的管理原则是"小机构,大服务","小政府,大社会";管理的主要职能是指导、协调、服务、宏观管理。一是合理划分事权、财权,实行政企分开。通过建立高新区管委会,加强对园区内企业的日常管理工作;通过建立高技术产业开发总公司,加快产业基地的开发建设。二是将政府管理的重点放在市场建设上,大力培育各类专业市场,积极发展各种中介服务机构,为企业提供全方位的服务。三是将政府管理的手段转变为以法律、政策、经济等为主的间接管理,重点放在对高新技术企业的资格认定、项目审查、政策法规的制定与落实以及对高新区建设和发展进行总体规划上。

(2)通过管理体制创新,高新区探索出一条科技与经济相结合的发展道路。高新技术及其产业的发展不同于传统的技术扩散,表现出资本主动跟着人才与信息转移、汇聚的聚集效益。高技术及其产业特点要求高新区在管理实践中必须区别于传统管理。高新区的发展正是充分利用了它在人才、智力、信息、政策、体制、机制等方面的优势,创造出高新技术产业发展所必需的这种聚集环境,使高新区成为国内外市场化程度较高的区域。在高新区,投资主体多元化、投资决策市场化已成为普遍原则。企业按照市场经济利益的导向在全国乃至国际寻求发展空间、合作伙伴和相关资源,实现了科技与经济的紧密结合与共同发展。通过建立高新区,节约并高效地开发了科技第一生产力。

(3)通过管理体制创新,高新区建立了高效的经济体制与灵活的运行机制。高新区是在世界科技经济一体化加剧,我国社会主义市场经济逐步确立的条件下创办的。要使之成为培育和发展高新技术产业的重要基地和新的经济增长点,就必须适应社会主义市场经济的要求,建立全新的、高效率的经济体制和灵活的运行机制。各地高新区管委会根据高新区发展的需要及时研究确立了比较规范的"自筹资金、自愿组合、自主经营、自负盈亏、自我发展、自我约束、以市场为导向、以技术为依托、技工贸一体化"的经济体制与运行机制。"六自原则"的运行机制,符合市场经济的要求和高科技产业的发展规律,其核心是企业拥有自主权,职工责权利真正到位,有利于科技成果迅速转化为现实生产力。这种市场经济的运行机制是高新区获得成功、高科技企业具有强大生命力的根本原因。

(4)通过管理体制创新,高新区聚集了一批高素质人才和优秀企业家。发展高技术及其产业,人才是关键。高技术产品的开发、高科技市场的开拓、高科技产业的发展,归根到底要靠掌握高科技知识、能够驾驭市场经济的优秀企业家。十年来,各地高新区重视人力资源开发,在培养、吸引和使用人才上狠下工夫,制定并实施了提供住房、解决城市户口、提供社会保障、评定职称、保护知识产权、简化出国手续等一系列优惠政策,建立了一整套人力资源开发机制,从而吸引、集聚了一大批优秀科技人才。高素质的人才资源是高新技术企业充满活力的重要保障。

2. 存在的问题

事实已证明我国国家级高新区管理体制改革创新实践中取得显著成绩的同时，也存在许多困难与问题。随着知识、知识时代的来临，世界科技日新月异，竞争日趋激烈，高新技术产业发展出现了许多新特点和新趋势。特别是我国已加入WTO，国家行政管理体制改革逐步深化，许多优惠政策与法规必须与WTO的规定框架相适应，高新区内的高技术企业将直接面对国际竞争。这些困难与问题如果不能有效解决将制约、阻碍高新区的进一步发展。[10]

（1）立法问题。对高新区的立法明显滞后于高新区软环境建设的现状，从法律层面还没有一部为高新区的发展作出实体规范的法律条文；从地方性法规或规章来说，除北京、天津、上海、深圳等高新区已通过省、直辖市人民代表大会正式立法，成都、西安、南昌等高新区正在立法程序实施中外，绝大部分高新区在立法上还不完备，还存在着立法层次低、缺乏宏观性与统一性的问题。有关高新区在国民经济发展中的地位、作用，高新区的管理体制、运行机制等重大问题，高新区的主体法人资格、审批权限、吸引人才、风险投资、促进中介机构发展等都还没有作出统一而明确的法律规定，法律的"缺位"严重限制了高新区稳定、持续、健康的发展。

（2）公共政策问题。"公共政策是一个政府决定要做的任何事，或者它选择不去做的任何事，既包括政府的作为，也包括政府的不作为。"本书认为当前制约高新区发展的公共政策主要有：

第一，风险投资政策。首先是由于风险投资机制不健全，造成技术和风险资金结合困难。风险投资是促进高新技术产业化的关键环节，但我国风险投资体系和机制尚未形成，致使风险投资机构不多,风险资金量不大。国外发达国家发展高新技术产业的历史经验告诉我们,风险投资机制对高新技术产业的发展起到了重要的推动作用。风险投资机制与高新技术产业有如一对孪生兄弟,共存共荣。但是,由于政府相关政策的准备不足,极大地限制了风险投资机制的建立和实施。虽然各地已经建立了一批以政府为主要出资人的风险投资基金或公司,一定程度上缓解了高新技术产业发展的资金短缺问题,但从总体上看,资金的缺口仍非常大,远远不能满足我国高新技术产业发展的需要,并且风险投资公司的资金来源大多有政府背景,限制了我国风险投资的资金规模,也使风险得不到有效分散。目前在西方国家的创业资本中,来源于官方的只占一小部分,约占8.3%。我国居民储蓄有15万亿元,形成了人数不少的富有阶层,如何调动更多的民间资本投资于高新技术企业,让保险、养老等各种基金开展风险投资业务,都需要作出相应的政策规定。其次是风险投资撤出机制尚未完全建立,风险资本出口不畅。风险投资追求超常规的股权投资收益,客观上要求有一个顺畅的退出通道,目前风险投资的出口有上市、回购、并购、清算等几种方式。这几种方式在政策保障和操作可行性方面均存在问题,使风险投资很难适时退出或套现。国内深、沪两市主板难以满足多数中小型科技创新企业发展的需求,拟议中的二板即创业板迟迟不开通,致使国内许多优秀的高新技术企业纷纷寻求在境外上市,导致大量资本、人才和科技成果等外流;中小型高科技企业虽然对"天使资金"如饥似渴,却只能"望洋兴叹"。再次是由于整个社会的信用体制建设严重滞后,影响风险投资事业的发展。"风险投资在很大程度上建立在相互信任的基础上,因为风险投资对创业者的投资既没有担保,又没有抵押,仅仅是按照合同规定来进行。"政府在建立全社会的信用体系方面仍然任重而道远。

第二,政策体制不顺,高新区行政主体地位不明确。首先,高新区的行政管理机构是管委会,由于没有主体法人资格,管委会不是正式序列中的一级政府,一般由市领导兼任。可以说这位市领导有多大权限,管委会就有多大权限,因而自身权力存在很大的不确定性。其次是高新区在执行服务职能方面有部分权力,在条块管理方面却受到限制。工商、国税、地税、国土资源、技术监督等部门都是垂直管理,管委会缺乏直接管理权,大多情况下只是协调,效率不高。再次是已经出台的各有关政策缺乏配套操作措施,在执行中手续繁杂、周期长,不利于落实。高新区面临的更大风险在于优惠政策与WTO规则的违背。加入世贸组织以后,高新区由原来享有的"优惠"逐步变为"普惠",各经济主体可以机会平等地按照统一市场价格取得生产要素和出售商品,公平地承担各种赋税。各国的经济发展证明,优惠政策并非是吸引外资的最有效工具,企业家其实更加看重的是综合的投资环境。

(3)国家级高新区内有些部门行政执法不规范,缺乏公平竞争环境

第一,招商引资恶性竞争,土地开发成为一场新一轮的"圈地运动"。有的高新区盲目攀比优惠政策、下达硬性指标,纯粹变成了房地产开发区。在普遍提出"筑巢引凤"的口号下,有的高新区为吸引外资,在地价、税收等方面推出了一系列地方性优惠政策,有的突破了国家土地、税收法规及中央政府相关政策。土地价格越降越低,超出国家准许的范围,有的地方干脆提出免收土地出让费,为争引项目,不惜拿国家和地方的利益做筹码,招商的门槛越降越低。究其原因,政企不分是重要根源。一些地方不是以企业为主体引进外资,而是层层下达招商引资硬指标,作为考核政绩的

重要标准。政府在招商引资中随意许诺的政策本身就有定位不准和职能不符的缺陷，更与市场竞争的法则背道而驰。部分企业利用优惠政策，通过企业或产业不断转移的方式减轻税负，造成了国家税收的流失；大量征用耕地，损害农民利益，因补偿太低，被征地农民的出路堪忧，影响了农村稳定。国家明确要求经营性土地一律实行拍卖、招标和挂牌交易，但有的高新区仍采用协议出让方式，导致国家土地收益大量流失。国土资源部近期对各级开发区土地进行清理和检查，重申城市用地必须坚持一个城市内土地利用统一规划、统一征用、统一征地、统一管理的"四个一"原则，杜绝随意圈地和土地闲置。另外国家级高新区面积狭小有限，经过多年的招商开发，已经快到了"巧妇难为无米之炊"的地步了。

第二，高新区在营造区域发展的软环境方面仍未迈上一个更高的台阶。目前，滥用权力、侵害企业利益及拖拉的官僚作风，在个别高新区依然存在，政策环境缺乏透明度，稳定性差。有的高新区将"高科技"作为一顶红帽子到处乱戴，不切实际地乱定高新技术企业指标，无论企业的项目前景如何，科技含量怎样，均要想方设法使之申报成高新技术企业，不在吸引培育真正的高新技术企业上下工夫，而是挖空心思帮企业申报高新技术企业享受优惠政策。一些行政机关干部对高新技术产业发展的规律和特点认识不足，仍然自觉不自觉地沿用计划经济的思维模式指导高新技术产业发展，表现在具体工作中就是重视抓具体项目，轻视软硬环境建设，重视财政资金投入，轻视市场的作用；更有甚者推诿扯皮致使鼓励科技人员创业的政策措施难以落实。

第三，区域产业零乱、功能分散，不能增强区域经济的聚集和扩散能力，国际化滞后。高新区在区域产业布局上未形成产业链，产业之间关联度差，而且各个高新区之间存在重复建设、产业布局雷同的现象。到处都是硅谷、光谷、电子信息、新材料、光机电一体化产业。各地高新区多以电子信息、生物技术、新材料、光机电一体化等为支柱产业，导致产业结构趋同。根据科技部制定的分类标准，高新技术产业共有 11 个领域，但全国高新区的产业却只集中在其中的五六个领域。产品结构出现雷同现象，有关部门曾对全国高新区 3990 种产品进行统计，微电子和电子信息技术产品比例就高达 32.3%。一些高新区为扩大地区经济总量，通过政府行为，不加区别地引入各种各样的产业，不考虑产业之间的关联程度，导致产业与产业之间、企业与企业之间，在经济活动上不产生任何联系。同时，在功能分工上，工业、商业等功能不能协调一致，合理定位，使区域功能特征不突出，这种区域经济的特征，既不能形成合力，又不能形成张力，使高新区不能成为各种经济资源的自然汇聚地，自然也就不能产生引擎的作用，带动区域外围经济的发展。另外高新区的外资、合资企业更多的是来源于国外产品的转移而非技术的转移，核心技术和核心部件都从外国引入，本地企业仅仅是加工装配。部分高新技术企业生产的虽然是高精尖的产品，但是所有核心的技术都由国外跨国公司控制，本地的产业只存在于技术含量低、产业链上产品附加值低的一个环节，在国际合作与分工上明显处于下风，只是跨国公司利用廉价劳动力获取较高利润的一种方式而已。按照技术创新的梯度理论，这种国际化的分工，随着本地劳动力的成本增高，很快就会转移，最终造成本地产业的空洞化，这种国际化实质是一种非良性的国际化之路。

此外，国家级高新区的管理权限不多、落实不足，使高新区管委会宏观调控不力；高新区管理机构缺乏企业家、大学和科研机构的参与，不利于高新区决策的科学化和民主化；高新区内中介服务体系的地位没有得到充分肯定，作用没有得到充分发挥等问题。

第5章 我国高新技术产业开发区发展状况与评价

研究高新技术产业以及高新技术产业竞争力离不开高新技术开发区研究。因为高新技术园区是高新技术企业的的集群地,是政府、企业和大学以及科研机构融合发展的松散型联合体,其主体以高新技术企业为主,而高新技术产业是高新技术企业的集合,国外的高新技术产业发展有50%以上是在高新技术开发区完成的,我国的高新技术产业发展有80%以上要靠高新技术开发区实现。我国高新技术产业未来发展在很大程度上取决于高新技术产业开发区建设,因而,研究我国高新技术产业竞争力必须对我国高新技术开发区进行评价。通过对高新技术开发区的评价,可以从主体上把握我国高新技术产业的发展,为全面评价我国高新技术产业竞争力奠定条件。本章研究了国外高新区的发展历史及研究现状,在此基础上分析国外高新区的经验:政府的支持,智力密集区的依托,成功的创新机制以及先进的管理体制。通过对我国高新区发展历史、现状及趋势分析,总结出高新区发展过程中取得的成绩,同时也指出存在的问题:缺乏总体规划、对区外技术辐射较差、自主创新能力较差、管理模式难以适应新形势、创新能力弱、投资融资体系不够健全等问题。

5.1 高新区在高新技术产业中的作用

5.1.1 高新区对高新技术产业创新活动的作用

高新技术产业发展要以持续创新作保障,我国高新技术产业的创新活动主要是在高新技术开发区完成的。从创新人员看,2006年高新区就业人员已达573.7万人,高新区从事科技活动的人员超过98.6万人,占到高新区从业人员总数的17.2%。其中研发人员达到59.8万人,占到科技活动人员总数的60.7%。从创业资金看,2006年高新区企业用于科技活动筹集到的资金总额已达到1765.4亿元,比上年同期增长27.6%。其中,由企业筹集的资金达到1468.3亿元,来自金融机构的贷款118.3亿元,来自各级政府部门的资金90.2亿元,来自各事业单位的资金13.3亿元,来自国外的资金32.2亿元,来自于其他方面的资金43.1亿元。高新区企业的R&D经费支出为1054亿元,比上年同期增长30.7%,占到高新区营业总收入的2.4%,占到产品销售收入的2.9%,R&D经费支出占到GDP的比重为8.7%。从科技活动项目和科研机构来看,2006年高新区企业在科技活动中参与的科技项目数量已达128179项。其中新产品开发项目数63472项,R&D项目数60159项。高新区企业创办的科技机构数量已达到6863个,在科技机构中从事科技活动的人员已达到24万人。从科技产出来看,2006年,高新区的新产品产值达到8456.5亿元,新产品销售收入为8119.8亿元,新产品销售收入占产品销售收入的比重为22.5%。新产品的出口达到195.2亿美元,占高新区出口创汇的14.3%。由此可见,高新技术产业的创新主要由高新技术开发区完成。

5.1.2 高新区对区域经济的作用

高新技术产业对社会经济具有巨大的辐射作用,辐射功能大部分要由高新技术开发区完成。高新区对区域经济的贡献体现在企业创造的经济效益,它们对促进区域经济发展的作用,特别是一部分高新区企业创造的工业增加值在其所在的城市中占有的份额越来越大。其中:杨凌高新区94.2%、西安高新区62.2%、淄博高新区51%、合肥高新区46.6%、宝鸡高新区46.1%、常州高新区46.1%、吉林高新区45%、威海高新区44.6%、海口高新区41.9%、成都高新区39.5%、珠海高新区39%、中关村科技园区38.9%、南宁高新区33.6%、襄樊高新区33.5%、太原高新区33.4%、桂林高新区32.6%、惠州高新区32.3%、长春高新区31.7、长沙高新区30.6%、武汉高新区30.5%、石家庄高新区30%。从高新区的GDP情况看,高新区的GDP占当地城市GDP达到20%以上的有:杨凌高新区100%、淄博高新区48.9%、威海高新区39.8%、珠海高新区39%、潍坊高新区31.8%、常州高新区30.2%、中关村科技园区27.9%、吉林高新区26.4%、西安高新区26.2%、苏州高新区26%、合肥高新区20%。

5.1.3 高新区对总体经济发展的作用

高新技术开发区对社会总体经济发展的促进作用可以通过产值利税指标来体现。2006年全国53个高新区营业总收入达到43319.9亿元,工业增加值达到8520.5亿元,各主要经济指标与2005年比较,营业总收入年增长25.9%,工业销售产值24.2%,工业总产值24.0%,工业增加值24.9%,净利润32.8%;实现上缴税额22.4%,出口创汇21.9%,高新区的出口创汇占全国外贸出口的比重达到14%。53个高新区经济发展状况见表5.1。2006年高新区的生产总值(GDP)已达到12048.7亿元,比上年高出2018亿元,占全国国内生产总值(209407亿元)的比重达5.8%。

表5.1 2006年高新区主要经济指标

单位:家、亿元、亿美元

单位	企业数	营业总收入	工业总产值	工业增加值	净利润	上缴税额	出口创汇
北京	18096	6744.1	3449.4	615.2	396.1	242.3	137.3
天津	3058	966.0	781.4	148.4	68.6	46.4	30.8
石家庄	517	507.5	408.7	108.5	14.8	22.9	2.7
保定	136	222.4	214.5	40.0	15.6	7.5	6.0
太原	659	638.0	608.8	158.0	26.1	39.1	1.3
包头	427	421.5	430.9	138.7	16.8	13.7	4.5
沈阳	871	902.2	751.2	168.7	43.3	58.0	8.1
大连	1732	881.3	701.3	197.9	42.8	36.8	21.5
鞍山	432	362.6	312.5	86.5	15.0	19.0	1.1
长春	831	1106.2	1060.7	300.3	35.4	115.4	3.2
吉林	607	652.5	613.5	187.3	24.2	35.1	1.8
哈尔滨	420	634.0	535.1	128.1	26.7	27.0	3.4
大庆	311	430.3	412.5	107.7	23.0	24.3	0.7
上海	755	3055.9	2430.1	571.4	180.3	105.7	173.3
南京	224	1784.0	1670.6	203.7	73.9	57.0	64.4
常州	601	577.9	580.3	133.4	28.9	23.9	14.8
无锡	608	1649.9	1643.9	369.5	88.2	46.1	110.4
苏州	625	1787.8	1505.1	360.8	55.6	38.1	203.5
杭州	675	1047.6	804.8	111.6	43.4	37.2	62.3
合肥	274	587.0	538.0	192.0	38.7	94.1	5.1
福州	179	261.5	271.7	63.5	7.9	10.7	8.7

续表

单位	企业数	营业总收入	工业总产值	工业增加值	净利润	上缴税额	出口创汇
厦门	180	733.0	735.6	179.7	43.8	39.3	41.3
南昌	283	387.2	358.4	113.5	18.0	40.7	3.3
济南	380	665.9	587.5	150.9	8.7	51.6	8.1
青岛	186	668.6	636.4	175.1	18.4	27.9	16.7
淄博	209	628.1	603.0	164.0	45.8	43.8	9.1
潍坊	299	620.9	586.4	153.9	31.1	29.4	8.0
威海	187	491.3	476.5	137.4	24.0	24.9	25.5
郑州	474	499.8	430.4	137.6	39.5	35.2	2.3
洛阳	319	373.0	314.0	60.5	13.2	19.8	4.1
武汉	1066	1004.1	889.4	302.5	56.0	50.3	4.3
襄樊	141	337.9	317.2	89.0	19.8	27.1	0.8
长沙	701	790.8	690.0	184.1	33.7	33.7	6.5
株洲	169	275.4	263.0	77.2	13.7	13.3	2.5
广州	1293	1271.1	987.9	202.0	52.5	36.1	39.0
深圳	348	1643.3	1601.9	326.3	70.7	68.8	75.1
珠海	427	793.2	792.0	154.9	35.3	12.2	59.3
惠州	168	643.1	640.7	118.7	15.2	10.0	56.6
中山	394	706.4	675.1	152.7	22.0	13.7	45.9
佛山	98	436.1	445.0	84.1	15.3	13.1	29.3
南宁	329	325.4	227.0	71.3	18.5	15.6	1.3
桂林	247	220.0	220.4	70.6	11.7	15.3	2.9
海南	125	163.2	169.4	33.3	12.2	13.1	1.6
成都	828	1053.1	841.3	288.4	86.7	49.7	8.7
重庆	425	522.3	400.4	113.6	23.6	27.9	7.1
绵阳	112	261.0	246.8	46.1	5.3	7.9	4.3
贵阳	115	176.7	173.9	48.7	5.1	10.2	2.2

续表

单位	企业数	营业总收入	工业总产值	工业增加值	净利润	上缴税额	出口创汇
昆明	97	392.9	372.3	58.8	23.4	16.8	6.4
西安	3200	1380.0	957.7	292.6	65.4	90.3	14.6
宝鸡	246	277.3	277.1	81.1	19.1	22.8	2.9
杨凌	104	39.7	27.0	8.2	1.2	0.9	0.7
兰州	463	201.9	179.1	39.1	10.7	11.4	0.6
乌鲁木齐	177	117.3	50.4	13.4	3.8	3.9	5.5
合计	45828	43319.9	35898.9	8520.5	2128.5	1977.1	1360.9

5.2 国外高新技术产业开发区发展经验

国外高新区的发展已经历了 50 余年的时间,在这 50 余年时间里,国外的高新区发展积累了丰富的经验,因而,研究国外高新区的经验可以给我国高新区的发展提供有益的启示,世界高新区的成功经验,归纳起来有以下几条:

1. 政府的支持

高新技术开发区的发展离不开政府的支持,国外政府对高新区的支持主要体现在以下几个方面:

其一,立法保证。这一点,亚洲的国家和地区政府最为突出,如日本的《筑波研究学园都市建设法》、《高技术工业智密区开发促进法》和《技术城法》。韩国的《高技术工业都市开发促进法案》,我国台湾的《科学工业园区设置管理条例》,欧美发达国家虽没有科技园区建设的特殊立法,但有大量保障本国科学技术发展的基本立法。[17]

其二，财政支持。国外对高新区的财政支持规模大、方式多。如德、英等先进的西方发达国家常采用直接投资或计划项目的方式支持园区发展。亚洲一些国家政府，如韩、日、新加坡更是大量直接投资，统一规划，来促进高新区的发展。此外，国外还采用就业补贴，科研合同补贴，亏损补贴，搬迁补贴，设备与建厂折旧补贴等补贴方式来支持本国高新区的发展。

其三，优惠政策。国外的税收优惠涉及很广，通过税收优惠促进高新区企业发展。例如巴西政府规定科技投入超过企业利润5%的企业可免交产品税，允许企业把所欠税款的80%，用于研究与开发的投资以促进高新区企业技术含量的提高。此外，一些外国政府还通过银行或基金会的方式向园区内的企业提供低息贷款。

其四，风险投资。美、英、日发达国家均有完善的风险投资体系，特别是开辟了二级证券市场。高新技术产业是高投入、高风险的产业，而高新区内多为中小企业，由于自身实力的限制，在融资方面往往会遇到很多困难。风险投资正好解决了这一瓶颈问题，极大促进了高新区的发展。[82]美国硅谷之所以能够在短短的几年时间内便成为世界上最成功的高新技术产业区，是和那里有完备的风险投资机制分不开的。据了解，硅谷有上千家风险投资公司和2000多个中介服务机构，美国还有发达的纳斯达克市场为风险投资流动提供入口和出口。

2. 智力密集依托

智力密集区，即智力资源集中的地区，这不仅仅是指知识密集和科技人员较多的地区，而且还是空间上高度集中的工业研究开发中心、科研机构、高校集中地。纵观世界上成功的高新区，都依托智力密集区而建。例如美国大学城科学中心成立于1963年，它由28所大学和研究机构组成,其中包括宾夕法尼亚大学、特拉华大学、林肯大学等世界知名大学。新加坡科学园,坐落在新加坡科技走廊的中心,科技走廊是新加坡一个由研究与发展公司、大学以及机构、中心组成的知识产业高度集中的地区科学园,新加坡国立大学与新加坡科技大学也在其中。其他如日本的筑波科技城,英国的剑桥工业区等等。

3. 成功的创新机制

世界上成功的高新区都能结合区域经济特点,培育自己的创新能力。新加坡先天自然资源贫乏,却成为国际贸易、国际金融和国际航运中心。这主要得益于新加坡大学教育与科技发展密切配合,政府对科技和知识经济大力支持而形成的持续创新能力,其最重要的一项就是针对新加坡的实际情况建立了新加坡科学园,并且正式建立了两个国家机构,直接参与科学园的管理,对从事研究和开发的公司给予税收优惠。

4. 先进的管理体制

国外的高新技术开发区管理体制有多种多样,但大致可分为政府直接管理型、非政府参与型(营利企业型和非营利企业型)和政府参与多元联合型三种形式。[104]

"硅谷"作为美国乃至全世界首屈一指的高新区,它的形成与发展完全是自发的,政府计划的痕迹很少,这是由硅谷的制度环境和文化背景决定的。硅谷强调自由竞争、冒险创新、社区协作的硅谷文化,这种"合作与竞争的不寻常"组合使得硅谷必然是那种自由的完全以市场为导向的,以风险投资者领导的管理体制。这种管理体制给硅谷带来了今天的成就,也促进了区内企业的迅猛发展。[18]筑波是政府参与多元联合型的代表,肯特岗则是政府直接管理的典范。

5.3 我国高新技术开发区的发展

5.3.1 我国高新技术开发区的主要经济特征

经过多年的奋斗,我国高新区建设取得了重大成就,有力促进了科研成果转为生产力,初步确立了我国高新技术产业发展的重要战略地位,为区域性产业结构调整和经济增长作出了很大的贡献。高新区经济总量持续高速增长,成为带动区域经济快速发展的重要支撑。53家国家高新区的主要经济指标都保持了年均30%以上的增长速度。[97]2005年,国家高新区内企业创造的工业增加值达6820.6亿元,占全国的9.0%;出口总额达1116.5亿美元,占全国的14.7%;工业增加值、出口创汇占全国的比重,分别比2000年提高4.6和7.2个百分点。2005年全国53个高新技术开发区的工业增加值、利润、上缴税额和出口创汇分别占全国高新技术产业的41.5%、42.3%、39.5%和46.2%;区内人均GDP达到1万美元,研究开发投入是全国平均水平的9倍。北京、苏州、武汉、长春、西安、南京、吉林、长沙、合肥等31个国家高新区工业增加值占所在城市工业增加值的比重已超过20%,成为拉动地方经济快速增长的重要力量。2005年,国家高新区内企业研发(R&D)经费达到806.2亿元,占全国研发(R&D)经费总额的30.7%;国家高新区内科技企业孵化器的孵化场地面积、在孵企业数等主要指标均占全国的近40%。2007年,53个国家高新区和苏州工业园区共实现营业总收入56012.3亿元,工业总产值达到4.6万亿元;2007年度我国高新技术企业创新基金的资金总量达到11亿元;技术交易取得重要突破,立项数达到220868项,技术合同交易额达到2226.51亿元。目前国家高新区已经建立了230

家科技企业孵化器、32个软件产业基地,并集聚了上千家各类创新与创业服务机构,聚集了全国50%的高新技术企业和科技企业,其研发投入占到了全国的1/3,区内企业所创造的工业增加值达到了8520亿元,是全国产值的9.4%,初步实现了高新技术产业的集群式发展。

通过以上数据我们不难看出,我国高新技术园区取得了重大成就,其发展特点有三个显著特征。

1. 区内经济持续增长

高新技术开发区从诞生至2004年发展经历了三个阶段(见第3章),2004年后进入新的发展期,2005年高新区主要经济指标(现价)增长率均在10%以上。其中,科学园增长率为15%、科学城增长率为11.6%、技术城增长率为14%、高技术产品加工区增长率为29.7%、高技术产业地带增长率为15.3%。总体看来,高新区资产负债率52.2%,比上年降低4.3个百分点;资产利润率为4.5%,净资产利润率为9.4%,分别比上年增长0.5和0.3个百分点。2006与2007年在高新区完善体系、优化功能、促进产业发展基础上,国家高新区技工贸总收入均保持在平均年增长30%的速度,研究与试验发展(R&D)经费支出年增长20%以上。

2. 企业经济规模及综合实力不断壮大

高新区是企业科技成果转化的基地,2004年,高新区企业已经发展到20796家,出现了一大批拥有自主知识产权的高新技术企业。高新区内主要产品中由国内自主研究开发的技术产品,占到产品总数的60%;在引进技术吸收基础上创新的产品占到总数的13%;国外企业直接控制的产品仅占27%。收入上亿元的企业已达到1252家,较2003年增加282家,占高新区企业总数的6%,这些企业实现技工贸总收入达到7573亿元,占当年高新区技工贸总收入的82.2%,超过了2002年高新区的技工贸总收入之和。2004年高新区企业平均年末资产达到6363.1万元,较上年增长10.7%。年末资产上亿元的企业达1785家,较上年增加331家,占全部高新区企业总数的8.6%,其资产总计达11250亿元,占整个高新区企业资产总和的85%。[19] 2006年主要高新区综合实力情况见表5.2。

表 5.2　2006 年主要高新区企业实力情况

开发区	企业数（个）	从业人员（万人）	总产值（亿元）	总收入（亿元）	出口总额（亿美元）
全国	45828	573.7	35898.9	43319.9	1360.9
北京	18096	79.1	3449.4	6744.1	137.3
天津	3058	19.1	781.4	966.0	30.8
石家庄	517	7.5	408.7	507.5	2.7
保定	136	4.0	214.5	222.4	6.0
太原	659	8.8	608.8	638.0	1.3
包头	427	9.6	430.9	421.5	4.5
沈阳	871	9.0	751.2	902.2	8.1
大连	1732	16.8	701.3	881.3	21.5
鞍山	432	8.4	312.5	362.6	1.1
长春	831	9.4	1060.7	1106.2	3.2
吉林	607	8.4	613.7	652.5	1.8
哈尔滨	420	10.4	535.1	634.0	3.4
大庆	311	7.4	412.8	430.3	0.7
上海	755	21.3	2430.1	3055.9	173.3
南京	224	12.5	1670.6	1784.0	64.4
常州	601	9.6	580.3	577.9	14.8
无锡	608	19.8	1643.9	1649.9	110.1

续表

开发区	企业数（个）	从业人员（万人）	总产值（亿元）	总收入（亿元）	出口总额（亿美元）
苏州	625	22.7	1505.1	1787.8	203.5
杭州	675	9.1	804.9	1047.0	62.3
合肥	274	7.8	538.0	587.0	5.1
福州	179	5.1	271.7	261.5	8.7
厦门	180	5.7	735.6	733.0	41.3
南昌	283	8.3	358.4	387.2	3.3
济南	380	8.5	587.5	665.9	8.1
青岛	186	6.9	636.4	668.6	16.7
淄博	209	9.4	603.0	628.1	9.1
潍坊	299	9.1	586.4	620.9	8.0
威海	187	5.9	476.5	491.3	25.5
郑州	474	7.4	430.4	499.8	2.3
洛阳	319	5.9	314.0	373.2	4.1
武汉	1066	16.2	889.4	1004.1	4.3
襄樊	141	5.0	317.2	337.9	0.8
长沙	701	12.1	690.0	790.8	6.5
株洲	169	4.6	263.0	275.4	2.5
广州	1293	13.9	987.9	1271.1	39.0
深圳	348	17.4	1601.9	1643.3	75.1
珠海	427	13.6	792.0	793.2	59.3
惠州	168	9.6	640.7	643.1	56.6
中山	394	7.3	675.1	706.4	45.9
佛山	98	6.4	445.0	436.1	29.3
南宁	329	6.0	227.0	325.4	1.3
桂林	247	6.5	220.4	220.0	2.9
海南	125	2.2	169.4	163.2	1.6

续表

开发区	企业数（个）	从业人员（万人）	总产值（亿元）	总收入（亿元）	出口总额（亿美元）
重庆	828	17.5	841.3	1053.1	8.7
成都	425	11.8	400.4	522.4	7.1
绵阳	112	4.7	246.8	261.0	4.3
贵阳	115	5.9	173.9	176.7	2.2
昆明	97	3.9	372.3	392.9	6.4
西安	3200	21.1	957.7	1380.0	14.6
宝鸡	246	6.7	277.1	277.3	2.9
杨凌	104	1.4	27.0	39.7	0.7
兰州	463	4.5	179.1	201.9	0.6
乌鲁木齐	177	2.0	50.4	117.3	5.5

3. 形成了以电子信息、新材料、新能源为支柱的产业格局

电子信息技术产业发展始终是高新区中各高新技术产业发展的龙头，2000年占高新区产品销售收入30%的比例，成为高新区的主导产业。[93]处于稳定发展的高新技术领域还有新材料和新能源及高效节能技术，这两大领域的发展密切结合了我国传统产业中的产品升级和经济发展对新能源产品的迫切需求，在高新区产品销售收入中分别占到8.9%和10%。[20]2003年高新区企业主要生产经营产品达21896种，其中75%的产品及产品销售收入集中在电子信息、生物医药技术、新材料、新能源及高效节能技术、环保技术和光机电一体化技术六个主要高新技术领域。形成了以电子信息、新能源高效节能、新材料和生物医药技术领域为主的高新区产业格局，以这四大技术领域支撑的产品数量达到15897种，占高新区主要产品数量的72.6%，创造年销售收入4279亿元，占

高新区主要产品销售收入的 76%。[98] 高新区出口创汇主要以高新技术产品为主。主要高新技术产品出口 2110 种,实现出口创汇 138.1 亿美元,比 1999 年的 79.7 亿美元增长 73.3%,占高新区出口创汇的 74.3%。高新区出口创汇企业的出口规模增长迅猛,出口创汇上亿美元的企业达 38 家,是 1999 年的 1.6 倍。

5.3.2 我国高新技术开发区的新趋势

与外国相比,我国的高技术开发区起步较晚,但由于受到各级政府和社会的大力支持,发展速度较快。现在,我国已有国家级高技术开发区 53 个,省级高技术开发区 60 多个。特别是近几年来,高技术开发区的发展出现了一些新的趋势。

1. 高新区形式多样化

在原有科技园区发展的基础上,2001 年 3 月,科技部、教育部组织专家在调查研究基础上,对先后参加试点的二十多所大学科技园进行评审,并认定 22 个为第一批国家大学科技园。[20] 此后出现了大学科技园、民营科技园等多种形式。并按"自筹资金,自由组合,自主经营,自负盈亏"的原则对高新区进行管理。依托高校的人才、技术优势兴建的大学科技园在我国发展方兴未艾,在原有全国十大高校科技园的基础上,上海大学、东北大学、哈尔滨工业大学、哈尔滨工程大学等数十个大学先后建立了自己的大学科技园,有效地发挥了人才等资源优势,促进了高校科技、教育体制的改革,有力地增强了高新技术产业开发区的创新能力,为创新创业人才培养提供了重要基地。

2. 高技术产业带初显轮廓

1991 年 4 月经原国家科委批准兴建的江苏苏锡常火炬带,是我国第一条高新技术产业开发带。环京高新技术产业带是以北京中关村科技园区为核心的首都高新技术产业群体在空间上的分布,是城市化的区域性经济。珠江三角洲高新技术产业带是科学技术部批准的全国第三个产业带。其范围包括广州市、深圳市、珠海市、佛山市、江门市、中山市、东莞市、惠州市以及惠阳、惠东、博罗、肇庆市的端州区、鼎湖区以及四会、高要,总面积41596平方公里,总人口2451万人(1997年末),分别占全省土地总面积的23.4%和全省总人口的34.9%。此后高技术产业带迅速发展,目前除了53个国家级的高技术开发区外,各级地方高技术开发区不断发展,区域辐射功能加强壮大,形成高技术产业带。如苏锡常火炬带、京津石高技术产业带、山东的胶济高技术产业带、沈大高技术产业带、哈大齐高技术产业带等。

3. 各园区功能明确

高新技术开发区可以概括为十大功能:(1)高新技术孵化基地;(2)可持续发展极;(3)大都市的卫星式中心;(4)会聚英才的战略高地;(5)招商引资和对外开放的窗口;(6)出口创汇园区;(7)现代社会服务体系的创新区;(8)产、学、研互动的节点;(9)城乡一体化示范区;(10)新体制的试验区。在这十大功能中,我国已形成具有一定特色功能的高新技术园区。比如上海市高技术产业开发区以发展微电子、计算机和现代通信为重点,张江高科技园区以发展生物医药、信息技术和光机电一体化为重点,上海大学科技园区以加速高等院校科技成果转化为重点,中国纺织科技产业城以发展高新技术改造振兴纺织行业为重点,金桥现代科技园以发展现代通信、汽车、家电、生物医药、微电子为重点,沈阳哈尔滨以装备电子工业为重点,纵观全国,园区综合性功能和专业化发展已初显轮廓。

4. 高新技术创业服务中心兼具企业孵化器功能

高新技术创业服务中心原本为企业提供各类服务,但我国高新技术创业服务中心自身培养了一大批科技型中小企业。目前全国已有高新技术创业服务中心 110 家,其中经科技部批准认定的国家级创业中心 37 家。从各创业中心"出孵"的企业 1316 家,"在孵"与"出孵"企业实现技工贸总收入 101 亿元。科技创业中心、专业技术创业中心、海外留学人员创业中心、软件企业孵化器、互联网孵化器、国际企业孵化器等各种不同类型的企业孵化器在全国各地陆续建成。[22] 高新技术创业服务中心在保持服务职能的同时,更多的是发挥着孵化功能。

5.4 对我国高新区的评价

1951 年世界上第一个高新科技园区——斯坦福工业园("硅谷")诞生后,"高科技园区"迅速发展,目前已遍布世界各地,总数逾千,各国高新科技园区的称谓莫衷一是,如科学工业园、科学技术园、科学园、科学城、硅谷、硅岛等。但由于各国社会制度、文化传统、经济实力的差异,以及园区发展处于不同阶段,致使不同园区的管理模式和体制出现差异。美国历来信奉"自由经济",其高新技术园是市场经济与政府结合的产物,如美国的硅谷和北卡罗莱纳州三角研究园,前者基本属市场经济产物,后者则带有明显的政府干预的烙印。东亚国家的园区则多为政府规划的产物,这与东亚地区传统的集权文化休戚相关。一般认为,高新科技园区是一种以智力密集为依托,以开发高新技术产业为目标,促进科研、教育与生产相结合,推动科学技术与经济社会协调发展的综合性基地。美国教授 M. 卡斯特尔和 P. 霍尔将高新科技园区的管理模式分为四类。[36] 第一类由建立高技术公司的产业综合体,包括大学、企业、孵化器等组成。这些综合体把研究与开发和制造联系起来,典型例子是美国的硅谷和波士顿128公路。第二种类型是科学城,它通常由政府进行规划与建设,把大批研究机构和科学专家集中在高质量的城市空间,为生产卓越的科学成就而进行协同的研究活动。如前苏联西伯利亚科学城、韩国的大德和日本的筑波,这种科学城具有行政区域的特点。第三种类型是技术园区,它类似于新型的产业行政区划,其目的是在某一划定的地区集中兴建一批高技术产业公司,使该地区在国际竞争和以信息为基础的新的条件下增强生存与发展的能力,并不断追求经济的持续增长。包括政府规划型、混合筹建型和大学倡议兴建三种类型。如法国的索菲亚-安蒂波里斯和英国的剑桥。第四种类型与科学城相比具有更加浓厚的政府行为色彩,将整个高新区的规划设计作为区域发展与产业分散化的手段,如日本特有的一种模式"高技术城"。尽管模式不同,但考察最终发展结果要依据评价结论而定。

5.4.1 评价指标体系的原则

高新区评价指标体系的设计直接关系到评价结果的客观性、准确性和有效性,要构建一个合理的评价指标体系,应该坚持一定的原则。为此,本书提出高新区评价指标体系设计原则如下:

1. 科学性和先进性原则。要求评价指标既满足产业经济规律又体现高新技术产业特点。

2. 竞争性原则。高新技术园区综合评价指标体系对园区及企业有重要的指导作用,国际经济一体化进程的不断加快,要求高新技术园区评价应从激烈竞争的实际出发,设计的评价指标能有效地反映出高新技术园区、企业技术创新和市场竞争力水平的特性。

3. 系统性原则。为体现高新技术产业在特定区域空间的发展，对高新技术园区的综合评价指标体系必须是层次结构合理，指标匹配能协调统一，比较全面地反映出企业的基本状态，各指标应具有良好的独立性。[112]

4. 定量化原则。为实现对高新技术园区量化认定，设计的指标必须符合规范化和可定量化要求，以便运用量化综合认定方法和计算机辅助管理手段进行评价。

5. 可采集性原则。为更好完成高新技术园区综合评价，评价指标设计应具有良好的可采集性、可比性，以便能够有效测度或统计。

6. 现状与发展结合的原则。高新区目前仍处于发展初期，指标的设置应实事求是，既评价发展现状，也评价发展速度，并体现阶段性，可根据实际情况适时修改指标体系。

5.4.2 评价指标体系

高新区不同于其他经济区域，它是智力密集和知识密集型的经济区域，因此不能用一般经济区指标来反映高新区经济发展的运行状况，而是要依据新的经济概念和测度方法来反映高新区的运作。在科学技术部颁布的高新区企业评价指标体系基础上，根据我国科技进步、科技和经济国际化发展需要，对高新区评价指标体系进行了设计，各指标的含义以国家火炬中心高新技术企业统计指标为准，确立以创新能力、经济实力、社会贡献、区位条件和国际化作为一级指标，以高新区制度建设、R&D 经费占总收入的比例、高新区技工贸总收入等 23 个指标为二级指标的高新区发展评价指标体系（见表 5.3）。

表 5.3 高新区评价指标体系

一级指标 A	二级指标
1. 创新能力	1.1 高新区制度建设(政策、法规、管理、体制、风险资本等)
	1.2 R&D 经费占总收入的比例
	1.3 从事 R&D 人员占年末从业人数比例
	1.4 人员结构:硕士以上人员人数占年末从业人数比例
	1.5 创业中心毕业企业总收入
	1.6 创业中心在孵企业数
	1.7 创新人员培训
2. 经济实力	2.1 高新区技工贸总收入
	2.2 工业总产值
	2.3 净利润
	2.4 高新技术企业数
	2.5 人均收入
3. 社会贡献	3.1 上缴税费总额
	3.2 高新区工业增加值占所在城市工业增加值比例
	3.3 高新区年末从业人数
4. 区位条件	4.1 高新区所在地区的科技实力
	4.2 工作与生活环境
	4.3 交通状况
	4.4 累计建筑竣工面积
5. 国际化	5.1 出口创汇
	5.2 引进留学归国人员数及外籍专家
	5.3 外资企业占区内企业比例
	5.4 园区国际交流合作项目

5.4.3 我国高新区量化分析

层次分析法(Analytic Hierarchy Process,缩写 AHP)由美国著名运筹学家、美国匹兹堡大学学者萨蒂于 20 世纪 70 年代所创立。[113]它是一种定量与定性相结合的决策方法,它首先将复杂问题层次化,根据问题和需要达到的目标,将问题分解为不同的组成因素,并按照因素的相互关联及隶属关系将各因素按不同层次聚集组合,形成一个多层次的分析结构模型。根据系统的特点和基本原则,对各层的因素进行对比分析,引入表5.3内容按比例标度方法构造出判断矩阵,用求解判断矩阵最大特征根及其特征向量的方法得到各因素的相对权重。[21]

1. 单准则判断矩阵的构建

假设某个物体 P 有 n 个部分:$p_1、p_2 \cdots p_i \cdots p_n$,其中 p_i 表示第 i 部分的地位(分量、作用、重要性),而 p_i/p_j 则表示第 i 部分相对于整体 P 而言比第 j 部分重要的倍数。将这个倍数用 K_{ij} 表示,则可得到如下矩阵 K:

表5.4 单准则判断矩阵 K

P	p_1	p_2	$\cdots$	p_j	$\cdots$	p_n
p_1	K_{11}	K_{12}	$\cdots$	K_{1j}	$\cdots$	K_{1n}
p_2	K_{21}	K_{22}	$\cdots$	K_{2j}	$\cdots$	K_{2n}
$\cdots$	$\cdots$	$\cdots$	$\cdots$	$\cdots$	$\cdots$	$\cdots$
p_i	K_{i1}	K_{i2}	$\cdots$	K_{ij}	$\cdots$	K_{in}
$\cdots$	$\cdots$	$\cdots$	$\cdots$	$\cdots$	$\cdots$	$\cdots$
p_n	K_{n1}	K_{n2}	$\cdots$	K_{nj}	$\cdots$	K_{nn}

其中矩阵 K 中的元素 K_{ij} 满足:

$$K_{ij} = 1/K_{ji}(互反性) \tag{5—1}$$

$$K_{ij} = K_{is}/K_{sj}(一致性) \tag{5—2}$$

假设用向量 P 表示整体,则:

通过求解此线性方程可得出向量 P。如果上述线性方程满足一致性,则矩阵 K 的最大特征值 $\lambda_{max} = n$。此时 λ_{max} 对应的特征向量即为向量 P。

矩阵 K 中元素的给出按 Saaty 标度原则给出：

将 P 中的元素两两比较，可按表 5.5 得出标度。

表 5.5 标度法的含义

p_i 与 p_j 比较	Saaty 标度	意义
p_i 与 p_j 相比，具有同样重要性	1	$p_i = p_j$
p_i 与 p_j 相比，前者比后者稍微重要	3	$p_i = 3p_j$
p_i 与 p_j 相比，前者比后者明显重要	5	$p_i = 5p_j$
p_i 与 p_j 相比，前者比后者强烈重要	7	$p_i = 7p_j$
p_i 与 p_j 相比，前者比后者极端重要	9	$p_i = 9p_j$
p_i 与 p_j 相比，表示上述相邻判断的中间值	2、4、6、8	
p_i 与 p_j 相比，不重要的描述	相应上述描述的倒数	

2. 特征向量（权重系数）W 及最大特征根 λ_{max} 的计算

（1）特征向量（权重系数）W 的计算：

$$W_i = \frac{1}{n} \sum_{j=1}^{n} \frac{K_{ij}}{\sum_{i=1}^{m} K_{ij}} \tag{5—3}$$

得到向量 $W = [W_1, W_2, \cdots, W_n]^T$ 就是判断矩阵 K 的特征向量，也就是要求的权重系数。

（2）计算最大特征根 λ_{max}：

$$\lambda_{max} = \sum_{i=1}^{m} (\sum_{j=1}^{n} K_{ij} W_j / W_i) / n \tag{5—4}$$

3. 一致性检验问题

由于客观世界的复杂性以及人们对事物认识的模糊性和多样性，在构造判断矩阵时，不可避免地会产生认识上的不一致，为考虑层次分析得到的结果是否基本合理，需要对判断矩阵进行一致

性检验。为了检验判断矩阵的一致性问题,需计算一致性指标 CI:

$$CI = (\lambda_{max} - n)/(n-1) \tag{5—5}$$

另外判断矩阵的一致性还具有随机性,这种随机一致性可用平均随机一致性指标 RI 表示,M 的值与矩阵的维数大小有关。表 5.6 是 1 到 10 维矩阵的平均随机一致性指标的取值:相对一致性指标 $CR = CI/RI$

表 5.6 平均随机一致性指标 CR

维数 n	1	2	3	4	5	6	7	8	9	10
RI	0	0	0.52	0.89	1.12	1.26	1.36	1.41	1.46	1.49

一般认为,当 $CR < 0.1$ 时,判断矩阵基本符合完全一致性条件;当 $CR \geq 0.1$ 时,认为所给出的判断矩阵是不符合完全一致性条件的,需要进行调整和修正。判断矩阵的产生可由评价专家组的专家给出。当同时需要评价的目标很多时(即第二层判断矩阵维数非常大时),判断矩阵的一致性很难得到保证,此时需要对判断矩阵进行检验调整的反复迭代运算,直至满足一致性条件为止。

4. 各层元素对目标层的合成权重

由上述可以得到一组元素对其上一层中某元素的权重,要得到最低层元素对目标的排序权重就是所谓的"合成权重"。合成权重的计算要自上而下,将单准则下的权重进行合成,并逐层进行总的一致性检验[28]。

假定已经算出第 $K-1$ 层上的 n_{K-1} 个元素相对于总目标的排序权重向量 $W^{(K-1)} = (W_1^{(K-1)}, W_2^{(K-1)}, \cdots Wn_{K-1}^{(K-1)})^T$,第 K 层上 n_K 个元素对第 $K-1$ 层上第 j 个元素为准则的排序权重向量设为

$$P_j^{(K)} = (P_{1j}^{(K)}, P_{2j}^{(K)}, \cdots, Pn_{Kj}^{(K)})^T \tag{5—6}$$

其中不受 j 支配的元素的权重为零。令

$$P^{(K)} = (P_1^{(K)}, P_2^{(K)}, \cdots, Pn_{K-1}^{(K)}) \tag{5—7}$$

这是一个 $n_K \times n_{K-1}$ 的矩阵,表示 K 层上元素对 $K-1$ 层上元素的排序,那么第 K 层上元素对总目标的合成排序向量 $W^{(K)}$ 由下式给出:

$$W^{(K)} = (W_1^{(K)}, W_2^{(K)}, \cdots Wn_K^{(K)})^T = P^{(K)} W^{(K-1)} \tag{5—8}$$

$$\text{或 } W_i^{(K)} = \sum_{j=1}^{n_{K-1}} P_{ij}^{(K)} W_j^{(K-1)}, i = 1, 2, \cdots n \tag{5—9}$$

$$\text{一般地有 } W^{(K)} = P^{(K)} P^{(K-1)} W^{(2)} \tag{5—10}$$

这里 $W^{(2)}$ 是第二层上元素对总目标的排序向量,实际上它就是单准则下的排序向量。

同样要从上到下逐层进行一致性检验。若已经求得以 $K-1$ 层上元素 j 为准则的一致性指标 $CI_j^{(K)}$,平均一致性指标 $RI_j^{(K)}$ 以及一致性比例相对一致性指标 $CR_j^{(K)}$,$j = 1, 2, \cdots n_{K-1}$,那么 K 层的综合指标 $CI^{(K)}$、$RI^{(K)}$、$CR^{(K)}$ 应为:

$$CI^{(K)} = (CI_1^{(K)}, CI_2^{(K)}, \cdots, CI_{nK-1}^{(K)}) W^{(K-1)} \tag{5—11}$$

$$RI^{(K)} = (RI_1^{(K)}, RI_2^{(K)}, \cdots, RI_{nK-1}^{(K)}) W^{(K-1)} \tag{5—12}$$

$$CR^{(K)} = CI^{(K)} / RI^{(K)} \tag{5—13}$$

当 $CR^{(K)} < 0.1$ 是认为递阶层次结构在 K 层水平所有判断具有整体满意的一致性。

依据上述层次分析法,构造判断矩阵(聘请有关专家打分,然后加权平均得到),经特征向量、特征根计算,通过了一致性检验得到我国高新区评价指标体系的权重如下:

表 5.7　高新区评价指标体系

一级指标 A	权重	二级指标	权重
1. 创新能力	0.35	1.1 高新区制度建设（政策、法规、管理、体制、风险资本等）	0.24
		1.2 R&D 经费占总收入的比例	0.24
		1.3 从事 R&D 人员占年末从业人数比例	0.12
		1.4 人员结构、科技计划项目数和授权专利数	0.11
		1.5 创业中心毕业企业总收入	0.11
		1.6 创业中心在孵企业数	0.09
		1.7 人员培训	0.09
2. 经济实力	0.24	2.1 高新区技工贸总收入	0.36
		2.2 工业总产值	0.19
		2.3 净利润	0.16
		2.4 高新技术企业数	0.13
		2.5 人均收入、人均工业增加值	0.16
3. 社会贡献	0.14	3.1 上缴税费总额	0.4
		3.2 高新区工业增加值占所在城市工业增加值比例	0.4
		3.3 高新区年末从业人数	0.2
4. 区内条件	0.14	4.1 高新区所在地区的科技实力	0.45
		4.2 工作与生活环境	0.27
		4.3 交通状况	0.14
		4.4 累计建筑竣工面积	0.14
5. 国际化	0.13	5.1 出口创汇	0.33
		5.2 引进留学归国人员数及外籍专家	0.33
		5.3 外资企业占区内企业比例	0.17
		5.4 园区国际交流与合作项目	0.17

5.4.4　我国高新区模糊综合评价

模糊综合评价法是运用 AHP（层次分析法）与 FUZZY（模糊数学方法）相结合的一种综合评价方法。在建立了多因素指标体系递阶层次结构图以后，按如下步骤进行评判。

1. 建立模糊集

(1) 主因素层指标集为 $X = (X_1, X_2, \cdots, X_l)$，相应的权重集为 $A = (a_1, a_2, \cdots, a_l)$。其中 $a_i(i = 1,2,\cdots,l)$ 表示指标 X_i 在 X 中的比重，

且有 $\sum_{i=1}^{n} a_i = 1$。 (5—14)

(2) 子因素指标集为 $X_K = (X_{K1}, X_{K2}, \cdots, X_{Kn})$，对各子因素指标相应的权重集为 $A = (a_{k1}, a_{k2}, \cdots, a_{kn})$。其中 $a_{ki}(i = 1,2,\cdots,m)$ 表示 X_{ki} 在 X_k 中的比重，

且有 $\sum_{i=1}^{m} a_{ki} = 1$。 (5—15)

2. 确定隶属矩阵

从 X_K 到评语集 V 的隶属矩阵为

$$R_k = \begin{bmatrix} r_{11} & r_{12} & \cdots & r_{1n} \\ r_{21} & r_{22} & \cdots & r_{2n} \\ \cdots & \cdots & \cdots & \cdots \\ r_{m1} & r_{m2} & \cdots & r_{mn} \end{bmatrix}$$ (5—16)

其中 $r_{ij}(i = 1,2,\cdots,m; j = 1,2,\cdots,n)$ 表示子因素层指标 X_{kl} 对于第 j 级评语 V_j 的隶属度。r_{ij} 的取值方法为：对于 23 个指标从《1999 年中国火炬计划统计资料》、国家科技评估中心提供的资料和《中国科技发展报告(2004)》等资料结果进行统计整理，得到对于指标 X_{ki} 有 V_{i1} 个 V_1 评语，V_{i2} 个 V_2 评语，$\cdots$，V_{in} 个 V_n 评语，则对于 $i = 1,2,\cdots,m$ 有：

$$r_{ij} = v_{ij} \Big/ \sum_{j=1}^{n} v_{ij} (j = 1,2,\cdots,n)$$ (5—17)

3. 模糊矩阵运算

先对各子因素层指标 X_{ki} 的评价矩阵 R_k 作模糊矩阵运算,得到主因素层指标 X_k 对于评语集 V 的隶属向量 B_k:

$$B_k = A_k * R_K = (b_{k1}, b_{k2}, \cdots, b_{kn}) \quad (5\text{—}18)$$

$$\text{记 } R = \begin{bmatrix} B_1 \\ B_2 \\ \vdots \\ B_m \end{bmatrix} = \begin{bmatrix} b_{11} & b_{12} & \cdots & b_{1n} \\ b_{21} & b_{22} & \cdots & b_{2n} \\ \vdots & \vdots & \vdots & \vdots \\ b_{m1} & b_{m2} & \cdots & b_{mn} \end{bmatrix} \quad (5\text{—}19)$$

再对 R 进行模糊矩阵运算,即得到目标层指标 X 对评语集 V 的隶属向量 B。

$$B = A \times R = (a_1, a_2, \cdots, a_l) \begin{bmatrix} B_1 \\ B_2 \\ \vdots \\ B_l \end{bmatrix} = (b_1, b_2, \cdots, b_n)$$

$$(5\text{—}20)$$

当 $\sum_{j=1}^{n} b_j \neq 1$ 时,可以做归一化处理,令 $\overline{b_j} = b_j / \sum_{j=1}^{n} b_j$ 得:
$\overline{B} = (\overline{b_1}, \overline{b_2}, \cdots, \overline{b_n})$,其中 $\overline{b_1}, \overline{b_2}, \cdots, \overline{b_n}$ 分别表示目标层指标 X 对于评语 $V_1, V_2, \cdots, V_n$ 的隶属度。

4. 评价结果

评判值 = $\sum$（指标权重 × 隶属度）

从《2006 年中国火炬计划统计资料》、国家科技评估中心提供的资料和《中国科技发展报告(2004)》等资料中得到高新区 23 项指标数据,采用上述公式对高新区进行计算,将结果排序。其综合排序结果如表 5.8 所示：

表 5.8 我国高新区综合评价排序

高新区	评判值	排名	高新区	评判值	排名	高新区	评判值	排名
北京	0.9702	1	鞍山	0.1554	19	合肥	0.0399	37
上海	0.8679	2	杭州	0.1464	20	吉林	0.0397	38
深圳	0.6857	3	济南	0.1425	21	淄博	0.0386	39
西安	0.6059	4	贵阳	0.1414	22	潍坊	0.0206	40
广州	0.4345	5	惠州	0.1354	23	襄樊	0.0205	41
天津	0.3683	6	兰州	0.1284	24	昆明	0.0132	42
苏州	0.3552	7	珠海	0.1171	25	洛阳	0.0087	43
武汉	0.2873	8	重庆	0.0986	26	海南	0.0083	44
青岛	0.2868	9	哈尔滨	0.0955	27	绵阳	0.0058	45
南京	0.2739	10	福州	0.0894	28	宝鸡	0.0050	46
成都	0.2698	11	常州	0.0892	29	株洲	0.0034	47
石家庄	0.2537	12	南宁	0.0867	30	桂林	0.0017	48
佛山	0.2134	13	太原	0.0790	31	大庆	0.0017	49
郑州	0.2097	14	威海	0.0747	32	保定	0.0013	50
沈阳	0.1976	15	厦门	0.0679	33	乌鲁木齐	0.0012	51
无锡	0.1939	16	大连	0.0664	34	包头	0.0007	52
长沙	0.1696	17	长春	0.0538	35	杨凌	0.0006	53
中山	0.1648	18	南昌	0.0449	36			

根据表5.8的计算结果,对我国各地高新区分析评价如下:

1. 北京、上海、深圳和广州的国家高新区综合发展水平最高,按增长极理论应该作为我国高新技术产业发展最重点的区域和推动高新技术产业带的"引擎"。要着力打造国际一流的高新技术开发区,重点培育三大区域的国际竞争力。

2. 武汉和西安的高新区应建设成为国家战略布局中的优先

扶植区,武汉既是中部高新技术产业的辐射中心,又是我国光电子产业的基地。西安作为西部国家级高新区对整个西部大开发具有战略作用,同时又兼具国防高新技术的装备重任,今后应予以积极的政策扶持和研发资金扶植。

3. 其余的国家级高新开发区主要是为各省级地方政府服务,政策扶持是该级别高新技术开发区的主要任务,发展着眼点应放在国内市场。

总之,突出重点,集中资源,建立起高新技术发展的"增长极",是我国高新技术产业的快速崛起之路。

5.5 我国高新区面临的问题

5.5.1 缺乏总体规划

1991年3月,国家主管部门批准了北京、上海、深圳等27个国家级高新区。1992年邓小平同志南巡以后,全国更掀起了办高新区的热潮,到1992年底国家级的高新区便有了52个,国家级的大学科技园区有44个。我国科技园区在建立之初的发展方针是"以自主创新为主,以吸收引进为辅"。这种发展致使产业结构严重雷同。而且为了招商引资,各地出台了各种竞相压低土地价格,甚至是费用为零的不合理现象。在税收方面更是想尽办法,在国家规定的税收优惠条件下仍然继续降低税收幅度。为了能够引进经济效益好的企业来带动经济发展,有些科技园区用优惠政策为诱饵将很多传统产业甚至是污染产业引入到了科技园区中来。近年,"高新区"热遍全国,许多地方对建设高新区一掷千金,各种软件园、高科技园、引智园、留学创业园不断涌现,连一些县城和少数乡镇也雄心勃勃圈地建园,据有关部门统计,全国已有各类高新区近万家。这种"一哄而上"的方式显然缺乏科学的规划。目前各种开发区经济起点不同,基础各异,相当数量的高开区企业以高开区名誉享受优惠政策却生产传统产品。我国目前有上百个高新区处于各自为政、互相竞争的状态,高新技术开发区之间彼此缺乏分工合作,难以实现分工合作、优势互补。[22] 简单的重复建设导致各区间的恶性竞争,从而造成资源的浪费,难以形成规模经济效益,也不利于我国高新技术产业水平的整体提高。

5.5.2 对外技术辐射差

我国大部分高新技术园区在发展定位上都确立了这样的内容:发展高科技,实现产业化;坚持原始创新、集成创新和消化创新相结合,不断提升自主创新能力;加快实现从"要素驱动"向"创新驱动"的转变;坚持发展高新技术产业与改造、提升传统产业并举;着力培育和壮大产业集群;在促进地方工业基地调整、改造中发挥辐射、带动作用等。按照增长极理论,高新区具有广阔的辐射功能。根据国家科技评估中心的调查,在调查对象中,有60%被调查的新闻界和人大政协委员认为高新区在改造传统产业方面作用一般或较小。[84] 高新区企业与区外企业进行合作或产品扩散中,往往遇到运行体制与机制等问题。区外企业的机制一般不够灵活,观念比较陈旧,企业的服务观念差。另外,区内外企业产品结构也有差距,区外企业的产品配套能力差,产品加工成本高,妨碍了区内外企业合作,特别是在一些传统的老工业基地,问题可能会更复杂。由于对高新技术开发区特有的优惠政策待遇,区外企业难以享受,致使区外企业与区内高新企业主动联系积极性不高。许多高新区热衷于外向型经济,轻视本国本地市场。

5.5.3 管理模式单一

高新区的管理模式可分为三种类型：非营利机构管理型、政府部门管理型、大学企业联合机构管理型。三者各有利弊，但不同的管理模式适用于不同的高新区发展阶段。[86]由于高新技术具有高风险、高成本的特点，在我国高新区初建时期，采用了政府管理型，这种形式在我国高新区的初建时期普遍存在，这种模式为快速发展高新区，赶超先进国家发挥了重大作用。[23]现在，我国高新区已初具规模，基本进入成熟阶段，但在管理模式上仍是政府主管型，政府对市场的反应能力弱，管理模式僵化，人员服务意识不强，行政管理代替商业运作致使旧的管理模式开始制约高新区的持续健康发展。

5.5.4 创新能力弱

经过几年的发展，我国高新区已经成为推动社会主义市场经济的重要支柱，建立并完善了包括信息、咨询、金融、外贸、法律、保险、审计、会计、资产评估、产权交易、技术市场、人才交流与培训等中介和服务机构，初步形成了适于高新技术产业发展的较为完善的支撑服务体系。国家通过相关政策引导高新区的发展方向，促进高新区管理向科学化、制度化和规范化方向发展，虽然取得了很大成绩，但我国高新区整体创新能力还是弱。与国际科技园区相比，我国高新园具有研发人员数量多、园区内可依托的研究机构、院校知识资源丰富等方面的优势，但这种优势主要体现在可供利用的创新资源量、创新的基础条件方面，或者说是创新的潜在优势方面。[100]从创新成果、创新效率、创新技术水平等反映企业创新的现实竞争力方面看，与国际成功园区还有不小的差距。联合国开发计划署《2001年人类发展报告》中按照技术成就指数对各国进行排序,美国、日本、韩国等18个国家和地区属于领先者,主要特征是处于世界最前沿,并能自我持续发展;香港、马来西亚等19个国家和地区属于潜在领先者,其主要特征是大量投入经费培育技术人才,大量传播技术,但在技术创新方面作为较少;中国等26个国家和地区属于第三个层次,为积极采纳者,主要特征是有重要高科技中心,但技术革新传播缓慢且不完善;第四个层次为边缘化者,其主要特征是在技术传播培训的道路上还要长途跋涉,很大一部分人口未从技术传播中受益。我国高新园区的建设以地方政府行为为主,从而失去了作为创新企业集聚地的本质,高新园区企业的创新能力却没有很好地提高,研究开发投入不足是其典型表现之一。高新区创新能力不足的主要原因:一是我国高新区管理体制存在问题,在我国高新区建立之初,国家并没有明确高新区的具体管理体制模式,只是给出了我国高新区管理体制的基本思路(一是要适应对高新技术的管理;二是要区别于一般行政区的管理体制模式;三是要强调经济与科技管理的功能;四是机构一定要小,人员要精)。经过多年的发展和变化,目前我国高新区的管理体制框架与基本思路的初衷并不吻合,甚至出现多层归属、多头管理的状况,致使创新主体动力不明。二是高新区政策优势弱化,在高新区建设初期,国家及各地出台了一系列有利于高新区发展的扶持政策和优惠政策,但是随着时间推移,政策优势正在弱化,并且互不协调,难于落实,缺乏连续性和稳定性。如由于税收改革的原因,原由国务院制定的有关国家高新区新增财政收入返回的政策规定,仅执行两年就被迫停止。随着高新区的发展,高新区管委会的职能和权限也急需相关法律法规加以明确,以减少与其他部门不必要的摩擦和矛盾。但是,到目前为止,我国还没有高新区的国家立法，知识产权的保护力度也不够大，这给中国高新区的发展带来深层次的、长远的不利影响。[66]高新企业一旦进入高开区便永久享受优惠待遇，不思进取造成持续创新力不强。三是缺少能促进高新区成长的创新文化，我国高新区的茁壮成长需要优秀的中国传统文化的扶持，也需要有异质文化的引入与共生。可是，目前我国的高新区，无论是鼓励冒险的企业家精神，还是重视合作以及交流的社团文化都是相当匮乏的。另外，高新区内企业规模小，也导致开发区整体创新能力偏低，与世界发达国家和地区相比，我国总体技术水平较低，自主创新能力差，在关键技术引进上，采用的主要还是引进后的一次开发，这些都必将阻碍高新区发展。

5.5.5 投融资体系不健全

我国现行的金融制度是在过去计划经济体制下形成的，投资的主体是各种形式的国有银行和商业机构。这种金融制度带有明显的计划经济色彩，一是融资渠道单一化，主要依赖银行贷款且资金投入不足；二是体制制约严重，以"审批制"为代表的模式行政色彩较浓；三是地方政府融资方式不规范。在其贷款发放过程中，银行带有明显的所有制约束倾向，信贷资金过于集中和倾斜于国有大中型企业。[70]高新区内的企业大都规模小，所有制形式多为三资或民营企业，因而很难获得金融部门的贷款支持，又很难在主板上市，筹资缺乏合法的证券融资和流通场所。[72]从我国现有的高新技术企业看，其融资起步多靠拨款或个人储蓄集资，社会信用体系建设不尽完善，信用法规体系不完整、信用信息不透明、信用信息基础数据库不健全、中介机构发育不成熟的问题，致使信用缺损和信用机制扭曲，带来了市场交易成本过高，交易效率降低，致使市场参与者成为社会信用体系缺失的受害者。风险投资是高新技术产业发展的重要影响因素，除个别高新区外，我国绝大多数高新区风险投资严重滞后：虽然我国很多高新区已成立科技风险投资公司，但由于规模小、启动慢、投资主体单一、融资手段落后、管理体制不尽合理等，难以充分发挥其职能；资本市场对高科技型企业的支持强度不够，主板市场对上市企业要求过高，如必须是股份公司、有严格的经营业绩和资本条件、有足够的市场份额、具有一定的知名度等，这样的高门槛，对于大多数处在创业成长期的高科技型企业来说是可望不可即的；海外"二板市场"上市，政府缺乏相应的扶持措施，企业缺乏经验，信息闭塞等原因，实际操作的也很少。上述种种极大地限制了我国高新区企业的发展。

第6章 国内外高新技术产业对比分析

本章主要分析了国内外高新技术产业发展的现状及趋势。在世界范围内,高新技术产业得到了高度重视和格外青睐,高新技术产业发展迅速,产业贸易不断增大,研发支出继续保持较快增长,对经济的带动作用快速提升。我国高新技术产业作为新兴产业近年来进入了迅猛发展的快车道,高新技术产业在国际高新技术产业分工体系的地位上升,内部结构的变动正在向集中型、区域型以及集聚型方向变动。但必须清醒地认识到,我国的高新技术产业与发达国家相比还存在着巨大的差距,还存在很多问题需要解决。

6.1 世界高新技术产业发展总体状况及趋势

6.1.1 世界高新技术产业发展总体状况

从产业经济学的角度分析,自20世纪80年代以来,世界高新技术产业得到迅猛发展,凸现了高技术产业发展在世界经济中的地位和作用。

1. 世界高新技术产业规模不断扩大

世界主要国家加快调整高技术产业结构,产出规模不断提高,其增加值占制造业增加值的比重步步提高(详见表6.1)。美国是世界上科技研究规模和高新技术产业规模最大的国家,其高技术产业规模、科研经费的投入及科技人员的数量和质量均远远高于世界上任何国家。在主要发达国家中,美国高新技术产业增加值占制造业增加值的比重也明显高于其他国家。2000年,美国高新技术产业增加值占制造业增加值的比重达到23.0%,比中国高出13.7个百分点。2001年,美国高新技术产业总产值达到8200亿美元左右,工业增加值达到3500亿美元,分别是中国同类指标的7倍和10倍左右。[2]

表6.1 世界主要国家高新技术产业增加值占制造业增加值的比重

%

年份 国家	1995	1996	1997	1998	1999	2000
中国	6.2	6.6	6.9	8.1	8.7	9.3
美国	20.1	21.1	21.6	21.8	22.1	23.0
日本	16.0	16.5	16.7	16.8	17.8	18.7
德国	8.8	9.2	9.6	9.5	10.3	11.0
法国	13.0	12.5	13.9	13.7	14.0	13.6
英国	14.5	14.3	15.0	15.5	16.3	17.1
加拿大	9.3	9.3	9.6	9.0	10.4	—
意大利	8.2	8.7	8.5	8.6	9.0	
韩国	18.6	17.2	17.2	17.5	19.3	20.9

资料来源:《2003中国高技术产业统计年鉴》。

2. 研究与开发强度稳步上升

国际上一般用研发(R&D)经费强度,即研发经费支出占工业增加值的比重,作为衡量产业技术密集度的指标。美国高新技术产业的研发经费强度也处于世界领先地位(详见表6.2)。美国高新技术产业的快速发展和领先地位是以大量的科技研发投入为基础的。2001年美国R&D经费支出总额达到2822.9亿美元,是中国的20多倍,比处于世界第二位的日本高出一倍多;其中用于高技术产业的支出近 800 亿美元,大约为中国的 4 倍,比处于世界第二位的日本高出近一倍。

表 6.2 世界主要国家高新技术产业、制造业的 R&D 强度

产业＼国家	中国 2001	美国 1997	日本 1997	法国 1999	英国 1998	加拿大 1997	韩国 1999
全部制造业	2.6	8.8	7.9	7.0	5.4	4.0	4.5
高新技术产业	5.1	27.6	20.3	27.5	19.1	31.7	13.0
航空航天制造业	13.3	38.2	29.3	40.1	24.3	22.7	
计算机及办公设备制造业	2.7	24.1	19.0	27.6	48.0	24.4	3.9
电子及通信设备制造业	2.5	52.4	34.3	13.3	3.5	44.9	7.0
医药制造业	6.5	18.3	16.2	34.1	12.1	37.7	17.9
医疗设备及仪器仪表制造业	2.7	25.8	21.9	16.9	7.3	na	4.1

资料来源:《中国科技指标 2002》,R&D 强度按 R&D 经费占工业增加值的百分比计算。

3. 产出效益具有高附加值

高新技术产业具有高附加值的特点,而增加值率(单位产值的增加值)则是直接衡量行业附加值率的重要指标。增加值率的高低也可以反映一个行业的创新模式和竞争程度。以自主开发为主的创新模式其增加值率一般会高于以引进生产为主的模式。

从表 6.3 可以看出,美国高新技术产业总体规模居世界第一,高新技术产业的增加值率也是世界上最高的,1999 年为 43.0%,比制造业平均水平高 6.5 个百分点。日本和英国的高新技术产业增加值率大约为 36%,略低于本国的全部制造业的增加值率。法国和加拿大的高新技术产业增加值率也都超过 30%。韩国 1999 年的高新技术增加值率为 27.2%,中国高新技术产业的增加值率相对较低,与发达国家相比有明显的差距。从各类高新技术产业

看,计算机与办公设备制造业与国外的差距最突出,仅为20%,而美国、日本达到50%左右,英国超过40%,法国、加拿大和韩国也都高于30%。

表6.3 主要国家高新技术产业增加值率的比较

(%)

产业\国家	中国 2001	美国 1999	日本 1997	英国 1998	法国 1998	加拿大 1997	韩国 1999
全部制造业	26.4	36.5	36.6	37.7	32.3	31.6	28.5
高新技术产业	25.2	43.0	36.1	36.4	30.1	33.8	27.2
航空航天制造业	26.4	37.1	39.6	33.4	22.1	44.9	
计算机与办公设备制造业	19.6	56.1	49.0	42.0	32.8	30.8	35.9
电子与通信设备制造业	23.5	32.8	24.5	26.0	29.9	14.2	21.1
医药制造业	35.4	49.5	36.6	37.6	28.5	34.6	28.2
医疗设备及仪器仪表制造业	29.6	36.7	44.4	46.6	39.3		29.9

资料来源:《中国科技指标2002》,增加值率是指增加值占产值的百分比。

4. 对科技进步的贡献日益提高

由于高新技术的发展和应用,各国劳动生产率大大提高。据相关研究成果的估计,在20世纪初,劳动生产率的提高只有5%~20%来自于高新技术成果的应用。而现阶段,发达国家劳动生产率的提高,60%~80%是依靠高新技术的发展和应用来实现的。其中,电子信息技术的贡献最大,例如,1995至2002年间美国经济的生产效率每年平均上升2.8%,是1973—2002年平均增长率的两倍,电子信息产业的贡献在50%以上。

5. 国际市场份额

出口市场是衡量高新技术产业竞争力的重要指标,根据世界发展指标(世界银行),2000年美国高新技术产业出口占世界高新技术产业出口的份额为 19.7%,居世界第一位;日本 12.7%,居世界第二位;中国为 4.1%,居世界第八位;高新技术产业规模与中国处于同一水平的德国和英国,出口额为中国的两倍。

由表 6.4 可以看出,中国高新技术产业出口在国际市场上已经具有一定的竞争力,但通过与生产规模的相对位次比较来看,占世界市场的份额还不够高,在国际市场上还缺乏竞争优势。

表 6.4　主要国家和地区高新技术制造业出口

10 亿美元

年份 地区	1992	1993	1994	1995	1996	1997	1998	1999	2000	2001
中国	9.3	10.7	15.6	21.5	24.3	30.0	34.7	40.2	55.8	64.4
欧盟	96.1	100.2	111.2	140.1	150.8	162.9	177.2	182.2	215.2	217.8
香港	26.2	30.6	37.0	46.2	47.9	51.6	57.2	53.0	67.6	67.5
日本	100.7	108.3	121.4	137.9	124.3	127.2	115.2	125.8	151.9	118.4
韩国	—	—	26.7	36.9	30.0	38.4	37.1	48.7	63.5	48.4
台湾	21.1	23.8	27.8	37.4	—	40.1	45.9	51.7	—	55.1
美国	120.7	121.4	133.7	146.8	163.5	192.7	227.7	243.1	273.8	251.0

注:欧盟数据剔除了欧盟内部贸易额;资料来源:OECD, STAN and ITCS databases。

6.1.2　世界高新技术产业发展总体趋势

综观世界经济发展历史,在每个阶段都有一个或若干个主导产业存在,引领和带动其他产业部门和整个国民经济的发展。随着高新技术的研制逐步成熟,世界高新技术产业结构趋向合理,目前的产业结构以信息产业为主导,生物技术产业是新兴的发展迅速的产业,而对新材料产业、新能源产业的需求迫切,航空航天的发展前景乐观。[27]

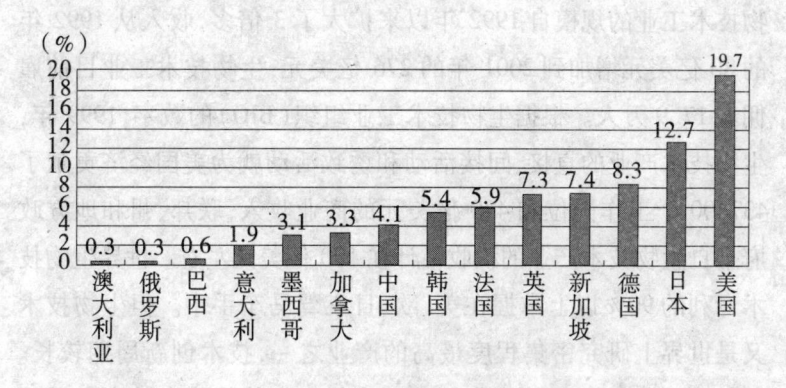

第6章 国内外高新技术产业对比分析

图6.1 世界主要国家高新技术产业出口占世界高技术产业出口的份额(2000)

数据：澳大利亚 0.3，俄罗斯 0.3，巴西 0.6，意大利 1.9，墨西哥 3.1，加拿大 3.3，中国 4.1，韩国 5.4，法国 5.9，英国 7.3，新加坡 7.4，德国 8.3，日本 12.7，美国 19.7

1. 信息产业仍是世界经济的主导产业

从大的背景来看,"十一五"期间世界信息产业仍将是主导产业,并且信息技术的应用范围和程度都必然会加大,会形成一个以信息技术为核心的信息产业群。由于信息技术在知识传播和技术扩散中的作用,整个高新技术产业的发展具有软化趋势。信息产业和其他高新技术产业的关联度高,而且信息产业具有强大的向下兼容能力即改造传统产业的能力,因此,信息产业在未来几年的发展仍是主力军。目前发达国家信息产业产值占国内生产总值的比重已达40%～60%,新兴工业国为20%～40%。我国已是信息产业发展的大国,"十一五"期间主要任务是提升产业的核心竞争力。

2. 世界生物技术产业正在培育和发展

世界生物技术产业已达到相当的规模。在美国,2001年共有1457家生物技术公司,其中342家是上市公司;这些上市公司按市场价格计算的市场资本总额在2002年5月为2240亿美元;生物技术工业的规模自1992年以来扩大了3倍多,收入从1992年的80亿美元增加到2001年的276亿美元;生物技术工业目前雇佣着17.9万人。根据生物技术工业组织(BIO)的数字,1999年,生物技术产业的直接、间接活动和诱致活动就为美国经济贡献了437400个工作岗位和470亿美元的商业收入,联邦、州和地方政府来自生物技术产业的税收估计在100亿美元左右。世界生物技术专利的90%以上掌握在美、欧、日三驾马车手中。但生物技术又是世界上研究密集程度最高的产业之一,技术创新周期较长。"十一五"期间生物技术产业还不可能完全替代信息技术产业的主导地位,但"十一五"是生物技术产业迅速发展的前期,须重视对它的研究。[27]

3. 新材料技术与产业是各国普遍关注的产业

新材料是高新技术的重要组成部分,又是高新技术发展的基础和先导,也是提升传统产业的技术能级、调整产业结构的关键。新材料产业已被世界公认为最重要、发展最快的高新技术产业之一,新材料与信息技术、生物技术共同构成了当今世界高新技术的三大支柱,成为产业进步、国民经济发展和保证国防安全的重要推动力。工业发达国家都十分重视新材料在国民经济和国防安全中的基础地位和支撑作用,为保持其经济和科技的领先地位,都把发展新材料作为科技发展战略的目标,在制定国家科技与产业发展计划时将新材料列为21世纪优先发展的关键技术之一,予以重点发展。各国对新材料技术的研制与应用都提出了发展战略。美国:制订系列国家计划,旨在保持新材料全球领导地位;日本:新材料开发与传统材料改进并举,力求提高新材料国际竞争力;德国:注重材料技术创新,确保新材料技术国际先导地位;俄罗斯:发展新材料,提高国家经济竞争力,在航空与国防方面与美国抗衡;韩国:强化新材料研发,力争成为世界新材料第四强国。欧盟着力推动十大新材料发展,保持航空航天材料等领域竞争领先优势。2003年9月,欧盟科研总公司提出了欧盟拟着力推动的十大新材料领域:催化剂、光学材料和光电材料、有机电子学和光电学、磁性材料、仿生学、纳米生物技术、超导体、复合材料、生物医学材料以及智能纺织原料。

4. 航空航天技术产业化前景较乐观

航空航天技术产业化的前景较为乐观。特别是20世纪90年代卫星通信转向数据传输、移动通信和电视直播方向发展以来,通信卫星技术有了突飞猛进的发展。联合国和平利用外层空间委员会统计,到1996年底已经形成了一个年产值770亿美元、年增长率20%以上的新型空间技术开发与应用产业。目前,新型空间技术开发与应用产业规模近1200亿美元,到2005年其规模将超过2000亿美元。如果再加上关联产业如航天保险、全球卫星导航系统应用、地理信息系统应用等,航空航天技术产业的规模还要大一些。美国国家安全空间管理与机构评估委员会2001年发表的一份研究报告声称,国际空间工业2000年的利润已经超过了800亿美元,预计今后10年利润还将增加两倍多;有的学者甚至预计到2010年全球商业性航天活动的收入将达到5000亿~6000亿美元的规模。

5. 新能源技术与产业化需求迫切

传统的煤、石油和天然气等能源资源是有限的,"世界石油产量几乎接近极限,我们必须找到替代能源,否则将很快陷入困境"。能源供应将是全球关注的焦点,面对传统能源危机,各国制订了新能源的研制与产业化的战略研究开发计划,力图掌握经济发展的主动权。全球新能源开发范围甚广:氢能源、新原子核反应堆、太阳能、海底甲烷等等。美《商业周刊》的文章分析了一些能够在未来20多年里创造奇迹的技术。从1990年至2002年,世界发达国家风力能源年发电、太阳能电池的年生产量分别增长24.5%、17%,地热年增长4%。相比之下,世界石油使用量在同一时期仅增长1%,煤炭使用量则下降1%。目前,西方发达国家都在积极制定新能源经济政策,包括新能源经济发展计划;政府财政给予资金支持;享受一定的优惠政策;不断加大研究开发的力度等。各产业技术水平迅速提高,产品更新换代速度很快。高新技术产业的发展推动了技术进步,加快了产业结构升级。高新技术产业向传统产业的渗透速度加快,用高新技术改造传统产业成为重要的发展趋势。

6.2 中国高新技术发展现状

6.2.1 高新技术产业进入新一轮高速增长时期

1. 高新技术产业在经历短暂调整后重新进入快速增长的轨道[2]

在全球工业化、信息化的带动下,我国高新技术产业走过了由点到面、从初创到全面发展的阶段。从1995年到1999年,我国高新技术产业的增长速度一直呈加速增长的态势,并于2000年达到增速的峰值。但是,受全球经济衰退特别是高科技泡沫破灭的影响,我国高新技术产业在2000年后开始进入短暂的调整时期,2001年、2002年两年高新技术产业增加值和工业总产值的增长速度在高位出现一定程度的回落。在全球经济的回暖以及我国产业结构、消费结构升级的背景下,我国高新技术产业在2003年重现生机与活力,高新技术产业总产值比2002年增长30.61%,增速创下自1995年以来的新高。近两年,高新技术产业继续呈现出强劲的增长态势。

2. 高新技术产业处于由投资带动的数量型增长阶段

我国对高新技术产业的政策支持以及高新技术产业自身具有的高投入、高增长属性,使高新技术产业成为全社会投资的重点领域,高新技术产业正处于由投资推动的数量型高增长阶段。与其他高度市场化、成熟化的行业一样,高新技术产业正在经历一个需要依靠投资推动的数量型扩张过程。2000年以来,在大多数产品的市场环境并没有明显改善的情况下,高新技术产业固定资产投资却是方兴未艾,投资增长速度一直保持在30%以上,明显高于同期全社会固定资产投资的增长水平。近年来,在我国高新技术产业固定资产投资中,国有经济投资所占比例下降,外商、港澳台投资份额加大。

在这一过程中,我国高新技术产业通过自主开发、技术引进、消化吸收等多种方式,加快了技术进步的步伐,技术进步在推动高新技术产业的发展中发挥出越来越重要的作用。高新技术产业新产品开发经费从1995年的32.2亿元,增加到2004年的258亿元,9年时间增加投入225.8亿元,年均增长25.1%;高新技术产业研发经费内部支出从1995年的17.8亿元增加到2004年的292.1亿元,9年时间增加了274.3亿元,年均增幅30.5%。这说明,虽然我国高新技术产业总体上仍处于投资急剧扩张时期,但技术进步的因素已开始显现出来。

3. 高新技术产业规模不断扩大

从"九五"计划以来,高新技术产业产值的年均增速高达22.3%,到2004年高新技术产业工业总产值为27186亿元,比上年增长29.1%,实现产业增加值6614亿元,比上年增长23.1%,增加值占GDP的比重达到4.85%,从业人数约551万人,比上年增长10.7%,高新技术产品进出口总额达到3269.7亿元。各类计划推动高新技术及产业化发展效果显著。近二十年来,我国通过火炬计划、863计划、973计划等促进高新技术发展的各类计划的实施,极大地提高了我国高新技术研究开发水平和原始创新能力,培养和造就了大量高素质创新型科研人才,建立了一批高水平的研究基地。同时,紧紧围绕国民经济、社会发展等重大科技问题,开展多学科综合性研究,引导和支持生物、信息、新材料、新能源等新兴产业形成良好的发展态势。中国高技术产业正在迅速发展壮大。

自1995年起,中国高技术产业的各项经济指标已纳入到国家统计局的统计指标体系。表6.5为1995—2004年我国高技术产业主要的经济指标。

表6.5 中国高新技术产业主要经济指标

年份 指标	1995	1998	1999	2000	2001	2002	2003	2004
企业数(个)	18834	9348	9492	9758	10479	11333	12322	17898
从业人员年平均人数(人)	4484239	3926857	3844730	3899785	3983464	4238928	4772823	5868861
增加值(亿元)	1081	1785	2107	2759	3095	3769	5034	6341
销售收入(亿元)	3917	6580	7820	10034	12015	14614	20412	27846
利润(亿元)	178	311	432	673	688	741	971	1245
利税(亿元)	326	555	713	1033	1108	1166	1465	1294
出口交货值(亿元)	1125	2042	2413	3388	4282	6020	9098	14831

表6.5的数据表明,从1995年至2004年,我国高新技术产业

保持了持续高速的增长势头。其中增加值、销售收入、利润、利税和出口交货值五项指标,2004年分别为1995年的5.87倍、7.11倍、6.99倍、3.97倍和13.18倍。特别应指出的是2004年我国高新技术产业的工业增加值已达6341亿元,比上年增加25.96%。

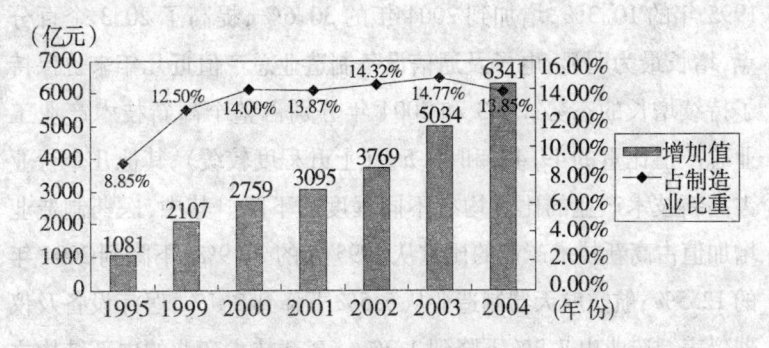

图6.2 我国高新技术产业增加值情况(1995—2004年)

随着我国高新技术产业的规模不断扩大,高新技术产业在制造业中的比重也逐年上升。如图6.2数据所反映的,1995年高新技术产业增加值占全部制造业增加值的比重仅为8.85%,2004年已达到10%以上。

高新技术产业的发展带动了从业人员的增长,尽管我国近年来制造业整体从业人数出现下滑的趋势,但高新技术产业就业人员自2000年以来呈上升趋势。2002年高新技术产业从业人员增长幅度为6.4%,2003达到最高14.77%,2004年有些回落为13.85%。

4. 内部结构的变动正在向集中型、区域型、集群型方向变动

(1)高新技术产业总产值加速向电子信息产品及通信设备制造业集中

近几年来,我国高新技术产业内部结构变动活跃,新产业不断

涌现,基本上形成了计算机及办公设备、通信设备、光机电一体化设备、电子元器件及配件、航空航天器、生物医药、计算机软件、新材料等高新技术制造业全面发展的局面。从表6.6可见,在高新技术产业中,电子计算机及办公室设备制造业总产值的比重从1995年的10.3%,增加到2004年的30.6%,提高了20.3个百分点,增长最为明显;电子及通信设备制造业总产值近几年来也保持了持续增长的态势,2003和2004年分别占整个高新技术产业工业总产值比重的49.4%和49.5%(上升程度较缓);其他几个行业占高新技术产业的比重均有不同程度的下降。其中,医药制造业增加值占高新技术产业的比重从1995年的21.9%,下降到2004年的12.5%;航空航天器制造业从5.5%下降到2.4%;医疗设备及仪器仪表制造业由7.2%下降到4.2%。高新技术产业的内部结构之所以向电子信息产品制造集中,主要原因在于这些产业与消费需求升级、国民经济信息化的关联度较高,符合国际产业转移的大趋势。

表6.6 2003—2004年中国高新技术产业分行业情况

行业 \ 年度指标	2004 总产值(亿元)	比重(%)	2003 总产值(亿元)	比重(%)
信息化学品制造业	185.8	0.7	148.0	0.7
医药制造业	3396.9	12.5	2888.5	14.1
航空航天器制造业	639.7	2.4	556.2	2.7
电子及通信设备制造业	13458.6	49.5	10117.1	49.4
电子计算机及办公设备制造业	8325.8	30.6	5833.1	28.5
医疗设备及仪器仪表制造业	1140.3	4.2	940.6	4.6
公共软件服务业	0	0	0	0
其他	38.5	0.1	16.2	0.1
合计	27185.6	100	20499.7	100

资源来源:《2005中国高新技术产业发展年鉴》。

(2) 高新技术产业开发区的产业积聚效应已经有所体现

20世纪90年代初开始建设国家高新技术产业开发区以来,科技园区已经成为我国经济发展中的亮点。2004年,53个国家高新区完成工业总产值22638.9亿元。如表6.7所示,在全国53个国家高新区中,高新技术产业工业总产值达到400亿元以上的高新区有9个:上海高新区1198.5亿元,北京中关村科技园区1151.3亿元,深圳高新区1001.8亿元,南京高新区894.3亿元,苏州高新区730.1亿元,无锡高新区483.0亿元,厦门高新区445.6亿元,青岛高新区439.7亿元,珠海高新区419.9亿元,以上9个高新区高新技术产业工业总产值达到6764.2亿元,占全国高新区高新技术产业总量的30.0%。高科技园区在促进高新技术产业发展上的功能开始显现出来。

表6.7 2004年高新技术产业工业总产值在400亿元以上的高新区

指标 城市	企业数 (个)	总收入 (亿元)	工业总产值 (亿元)	工业销售 产值(亿元)	产品销售 收入(亿元)	工业增加值 (亿元)
上海	266	1796.0	1198.5	1166.7	1229.2	230.8
北京	2477	1418.4	1151.3	974.7	1185.8	220.0
深圳	115	992.5	1001.8	959.0	961.7	183.7
南京	99	899.9	894.3	872.0	879.6	148.0
苏州	202	795.7	730.1	726.2	711.3	157.4
无锡	159	476.8	483.0	474.8	475.3	119.3
厦门	70	447.9	445.6	431.2	447.3	81.6
青岛	49	478.2	439.7	438.1	404.0	135.0
珠海	99	405.0	419.9	396.4	402.5	79.7

资源来源:http://www.stats.gov.cn

(3) 东部沿海地区成为我国高新技术产业的集中地带

我国高新技术产业具有明显的区域集中性特征。从总量看，东部地区集中了我国绝大部分的高新技术产业。从表6.8所示各地区高新技术产业主要经济指标中，2004年东部地区高新技术产业完成总产值24191.0亿元，占全国的88.98%；利润总额1138.73亿元，占全国的90.85%。同期，中部地区和西部地区高新技术产业分别完成总产值1604.5亿元和1390.04亿元，分别占全国的5.90%和5.11%；利润总额82.01亿元和32.71亿元，分别占全国的6.54%和2.61%。2004年与2003年相比，东部地区在总产值、新产品产值、产品销售收入、出口交货值、利润总额的增长率分别达到31.15%、19%、33.19%、41.87%、41.27%，而同期中部地区和西部地区相应却相差很多，见表6.8。

可见，东部地区不仅在总量上处于绝对优势地位，且其增长率也明显高于中部地区和西部地区。到目前为止，我国高新技术产业已经初步形成了长江三角洲、环珠江三角洲、环渤海地区和沿沈大高速公路等各具特色的高新技术产业带。其中，长江三角洲以微电子、光纤通信、生物工程等为代表的高新技术产业居全国领先地位，近年来，电子信息制造业增幅始终保持在30%以上，形成了全国重要的电子信息产业带；珠三角的电子及通信设备制造业产值占全国的比重超过三成，是中国乃至亚洲地区最大的信息产品制造业基地之一，生物工程药物上市批准数和产值占全国五成，智能化、节能环保型家电占全国产量的六成，电子医疗器械产量占全国68%；而环渤海湾地区，京津唐雄厚的科技力量使得高新技术产业主要体现和集中在研发上，集中了国内1/3的科研机构，技术人员密度居全国之最。

表 6.8　2004 年各地区高新技术产业主要经济指标

指标 地区	总产值 总量 (亿元)	同比 (%)	新产品产值 总量 (亿元)	同比 (%)	产品销售收入 总量 (亿元)	同比 (%)	出口交货值 总量 (亿元)	同比 (%)	利润总额 总量 (亿元)	同比 (%)
全国	27185.55	29.12	138.38	16.99	27145.99	31.1	13929.14	41.02	1253.45	31.5
东部地区	24191.01	31.15	4430.29	19	24349.64	33.19	13657.88	41.87	1138.73	41.27
中部地区	1604.5	16.77	284.45	1.84	1461.84	14.68	137.76	27.72	82.01	13.57
西部地区	1390.04	12.57	423.65	8.67	1334.51	16	133.5	−6.43	32.71	−55.99

资源来源:《2005 中国高新技术产业发展年鉴》。

5. 高新技术产业在国际高新技术产业分工体系的地位上升

(1)在世界高新技术领域已占有一席之地

我国高新技术产业已经具备一定规模。2004 年高新技术产业增加值占制造业增加值的比重为 13.9%,与美、日、英、法等发达国家的差距明显缩小。部分高新技术产业竞争力较强。2004 年我国通信设备、计算机及其他电子设备制造业产量增长 26.9%,而且产销衔接良好,产销率都在 97% 以上。其中程控交换机、手机、彩电、彩色显示器等产品产量已居世界第一位。高新技术产品进出口也主要集中在计算机与通信技术和电子技术领域,这两个领域在我国高新技术产业中竞争力较强。

(2)在国际贸易中的竞争力不断提高

近几年,我国高新技术产品出口比重提高很快,从 1999 年的 12.7% 提高到 2002 年的 20.8% 和 2003 年的 25.2%,2004 年上半年进一步提高到 27.4%,年均提高 3 个百分点左右。据信息产业部数据,2003 年我国电子信息产业实现销售收入 1.88 万亿元,折合2200亿—2300亿美元,超过同期日本信息产业销售收入的1900亿美元,跃居世界第二。与此同时,高新技术产品进出口贸易逆差占贸易总额的比重从10年前的54.5%下降到2003年的3.9%。出口的高速增长和贸易逆差的缩小,说明我国高新技术产品的国际竞争力在不断增强,在国际高新技术产业中的地位在不断上升。

(3)国际竞争力更多地体现在资源和劳动力的比较优势上

高新技术产品出口比重高低的国际分布,反映了以IT为代表的国际产业转移,是国际上产品内分工深化的结果。我国高新技术产品出口主要依靠外资企业及加工贸易,主要依靠吸纳IT产业转移,自主创新能力依然很弱。2004年,我国高新技术产品出口中,外资企业占45.3%、加工贸易占89.3%。同时,我国电子及通信设备制造业中,外资企业增加值的比重高达59.9%左右,这说明我国主要是利用外资、抓住信息产业的低利润的生产制造环节向我国转移,而不断扩大高新技术产品出口的。因此我国高新技术产业的国际竞争力不是体现在技术的密集性上,而是更多地体现在对国内廉价的资源和劳动力的利用上。

6.2.2 我国高新技术产业发展面临的问题和挑战

我国高新技术产业的快速发展,并不能掩盖其背后存在的种种问题,这些问题既是高新技术产业自身先天不足的表现,也是宏观经济、传统产业对高新技术产业支持不够的结果,同时还是政策体制不配套的反映。

1. 高新技术自身存在的问题

(1)结构不尽合理,存在失衡现象

我国高新技术产业门类较全,具有一定规模,初步形成了比较完整的产业格局。2004年上半年,高新技术产业工业销售产值已达到2200多亿,同比增长31%以上,从业人员达到520多万人,同比增长12%。其中,电子及通信设备制造业居首位,医药制造业也有相当规模,而航空航天、新材料等行业所占比例较小。可以说,我国高新技术产业目前的行业结构是电子信息产品制造业一枝独秀。特别是近两年,外商投资主要集中于集成电路、计算机和信息产品等,加速了这一趋势的发展。我国高新技术产业发展结构的不合理主要体现在两个方面:一是制造业发展迅猛,而以软件业为代表的高科技服务业的发展却严重滞后;二是在高新技术产业中,信息制造业一枝独秀,其他行业例如生物产业、航空航天产业等相对还很弱小,发展速度也比较缓慢。

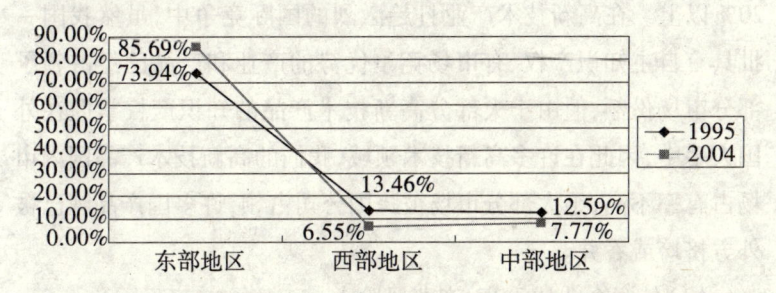

图6.3 东、西、中部地区高新技术产业增加值占全国的比重

从地区结构看,东部所占比重大且发展较快,东部与中西部的差距进一步拉大。从图6.3可见,东部地区占全国高新技术产业增加值的比重由1995年的73.94%上升到2004年的85.69%,9年内增加了10多个百分点,与此相比,中部地区和西部地区占全国高新技术产业增加值的比重分别由1995年的12.59%和13.46%下降到2004年的7.77%和6.55%。2004年,广东、江苏、上海高新技术产业增加值排在全国前三位,分别为1880.00亿元、

1032.1亿元、601.1亿元。而排在后三位的西藏、青海和新疆仅分别为2.5亿元、3.2亿元、3.6亿元。

目前,我国在地区布局上已初步形成长江三角洲、珠江三角洲、环渤海地区等各具特色的高新技术产业增长带。北京、上海、深圳、西安等地的高新技术产业呈快速发展态势,增长速度明显高于其他地区,形成高新技术产业增长极,并对当地及周边地区的经济发展和结构调整产生积极影响。为促进高新技术产业的长远发展,需要引导高新技术产业形成合理分工布局,实现协调发展。

(2)技术成果供求结合不紧密,产业化率低

目前我国科技成果转化率不到30%,高科技成果产业化率在5%左右,而发达国家这两项指标的水平分别在60%~80%和20%以上。在高新技术产业日趋激烈的国际竞争中,虽然我国一批具有自主知识产权、有市场竞争优势的产业和产品已经占领了部分市场份额,但由于大部分高新技术产品的知识产权掌握在外国人手中,因此在许多高新技术领域,我们的高新技术产品国内市场占有率不高,绝大部分市场被跨国公司占领,许多国产品牌已被外方挤垮或吞并。

(3)外资企业比重高,产业风险大

在我国高新技术产品出口中,三资企业占据着绝对的主导地位。随着改革开放,我国企业所有制结构发生了深刻的变化,随着大量外资的进入,三资企业蓬勃发展。在高新技术产业领域,三资企业占了较大的部分。从表6.9可见,2004年高新技术产业增加值中,三资企业占到62.90%,国有企业只占21.39%。国有企业主要集中在航空航天器制造业(91.02%),而在电子计算机及办公设备制造业只占10.88%,三资企业则占到87.05%。

表 6.9　2004 年高新技术产业中国有企业与三资企业各行业经济指标比较

亿元

行业＼项目	总计 增加值	总计 比重（%）	国有企业 增加值	国有企业 比重（%）	三资企业 增加值	三资企业 比重（%）
合计	6341.3	100.00	1356.3	21.39	3988.50	62.90
医药制造业	1173	100.00	131.7	11.23	316.40	26.97
航空航天器制造业	149.2	100.00	135.8	91.02	24.00	16.09
电子及通信设备制造业	3366	100.00	689.3	20.48	2390.9	71.03
电子计算机及办公设备制造业	1226.3	100.00	133.4	10.88	1067.5	87.05
医疗设备及仪器仪表制造业	426.8	100.00	84	19.68	189.8	44.47

资料来源：《2005 中国高技术产业统计年鉴》。

在高新技术产品进出口中，国有企业"多进少出"、三资企业"少进多出"的现象比较明显，一方面三资企业在利用我国的廉价劳动力以及各种优惠政策进行高新技术产品的出口加工，另一方面国有企业在高新技术领域对国外技术和设备的依赖性仍然较高。三资企业主要是生产转移型的企业，而非技术开发型企业，其技术扩散的作用有限，这也正是我国高新技术产业整体素质不高的一个重要原因。同时，外资企业的经营受国际经济的影响大，加大了我国高新技术产业的波动性和风险性，有可能影响到我国高新技术产业的平稳健康发展。

2. 高新技术产业在带动和改造传统产业中的问题

（1）对用高新技术改造传统产业认识不够[8]

从宏观层次看，长期以来我国在经济发展指导思想上有重外延式扩张、轻内涵式发展的倾向，科技投入严重不足。从微观层次看，一方面，企业对用高新技术改造传统产业的必要性认识不足；

另一方面,在具体项目上怕担风险,缺少主动性。高新技术产业化与传统产业高新技术化是相辅相成的,美国高新技术产业的发展并没有使其传统产业消失,而是使传统产业运转更为有效。我国传统产业有比较优势,应用高新技术改造、提升传统产业应是我国高新技术产业化的重要内容。

(2)缺乏相应的服务业发展基础

美国、日本等国家发展高新技术产业的经验告诉我们,高新技术产业的发展与服务业的发展存在着紧密的联系,高度发达的服务业是高新技术产业发展的基础。而我国目前第三产业占 GDP 的比例只有 32.28%,而且近几年的增长速度明显低于第二产业的增长速度,服务业还难以为高新技术产业提供必要的基础支持。我国已成为跨国公司的生产制造中心,但还不是跨国公司的研究开发中心,更不是跨国公司的管理营运中心。与此同时,跨国公司在我国的竞争将从主要在制造业领域扩展到服务业领域,这使我国高新技术企业将面临跨国公司更为激烈的竞争压力。由于国内目前尚未形成为高新技术产品配套服务的制造技术平台,我国服务业中许多产品设计、关键零部件的生产、工艺装备等严重依赖进口,国内高新技术产业同服务业间的关联十分薄弱,高新技术产业应有的产业链条长、带动作用大的效果并不明显。

3. 高新技术产业发展中的体制问题

(1)知识产权保护体系不完善

一是知识产权市场规模小,发展速度慢,技术商品的质量和技术含量有待进一步提高;二是法制环境不健全,科技立法工作滞后,对知识产权的保护力度不够,严重阻碍了高新技术企业自主研发的积极性,也不利于跨国公司对华的技术扩散;三是行业中介组织的发展严重滞后。目前,许多国内高新技术公司多处在仿制水平上,严重缺乏创新。而高新技术产品技术含量高、资金投入多、知识产权比重大,是各国重点保护的品种。随着我国全面融入世界经济体系,以仿制为主的一大批企业已经被逼向墙角,国内上市的产品很多随时面临被起诉的威胁,正在开发的项目也会因为知识产权的原因可能上市即夭折。

(2)教学科研体制不适应产业发展的需要

目前,大学的工程教育过于偏重理论,与生产实践、技术创新活动结合不够紧密,师资缺乏工程化锻炼,没有市场经验,对于实践生产当中的技术创新过程了解不够。高校、研究所和企业各有特长,在国家创新体系中应各有各的位置。但前一段改革中,高校、研究所纷纷自办公司,好一些的成果自己生产,转让给企业的成果往往可生产性或市场前景较差。高校、研究所和企业在创新链中的合理分工和关联被冲击,创新要素组合效果难以显现。由于高等教育与工程技术创新脱节,科研人员的经营管理、市场意识都与市场经济的发展不相适应,成了我们当前高新技术企业进一步发展面临的挑战。

(3)政府管理职能交叉

目前,国家发改委支持的国家工程研究中心有94家,科技部支持的国家工程技术研究中心120家;企业技术中心全国有2000多家,其中,国家发改委与财政部、海关总署、国家税务总局认定了314家国家级企业技术中心;国家技术转移中心,国家发改委支持9家,其中6家在大学,2家在科学院;行业共性技术基地或平台,国家发改委支持12家行业院所转制的基地;国家重点实验室150多家,最近,还要组建更高层次的国家实验室;国家认定实验室1323个;还有重大科学工程(如第三代同步辐射、正负电子对撞机改造、上海光源)、国家科学中心(如纳米科学、生命科学)、知识创新工程等。这些作为创新体系的组成支撑单位的类型和数量不可谓不多，但在国家创新体系中，由于部门分割，既有追求数量攀比的情况，也有只授牌而疏于管理，有些中心名不副实，很多实为国家开放实验室，实际上仅仅为其所在单位服务，对整个行业没起到应有的作用。

(4) 科技投融资体制改革滞后

现在社会融资渠道已经在增加，然而作为新成长的高新技术企业风险都比较大，虽然国内有一些风险投资，但数量很少，体量不够，我国的二板市场由于种种原因也未能开放，所以对新成立的高新技术企业如何通过融资来更快地发展，依然是一个亟待解决的问题。目前，中国风险投资公司发展到近 100 家，管理的风险资金规模为 80 亿元左右，但实际投入项目的只有 1 亿美元左右。目前美国的风险投资基金规模为 480 亿美元，欧洲的风险投资基金规模达 160 亿美元。我国整体上目前风险资本业还处在初期发育阶段，还没有比较完善的风险投资业，专为支持科技发展成立的一些金融投资公司并没有真正发挥作用。目前，国内 80% 的风险投资都是政府出资，而民间投入很少，其中的关键在于风险投资运营机制不完善。[37]

(5) 企业机制落后

目前在我国已经形成一定规模并且有较强技术开发能力的大多是国有企业，但国有企业尚未建立起科学、有效的现代企业制度，有些企业还没有完全走上自主经营、自负盈亏的轨道，在管理体制、企业运行机制方面不适应发展高新技术产业的要求，也缺乏在投入高新技术产业过程中的冒险精神和追求利润最大化的动力。目前，我国政府对国有企业领导人的考核机制过于强调任期内的利润指标，不足以促使领导者在任期内去冒巨大的开发风险。

民营科技企业虽然机制灵活,但普遍在规模、技术和人才方面缺乏实力,资本的投向往往更热衷于短期内获得暴利的短平快项目,而不愿投资从事高风险的高新技术开发及产业。

6.3 国内外高新技术产业比较分析

6.3.1 高新技术产业在制造业中的比较

由表 6.10 可见,1995—2002 年我国高新技术产业增加值占制造业增加值的比重呈现逐年上升趋势,2002 年为 9.9%,而同期,日本和英国的这一比重分别达到 15.9% 和 16.5%。

表 6.10 部分国家高新技术产业增加值占制造业增加值的比重

(%)

国家 年份	中国	美国	日本	德国	法国	英国	加拿大	意大利	韩国
1995	6.2	20.1	16.0	8.8	13.0	14.5	9.3	8.2	18.6
1996	6.6	21.1	16.5	9.2	12.5	14.3	9.3	8.7	17.2
1997	6.9	21.6	16.7	9.6	13.9	15.0	9.6	8.5	17.2
1998	8.1	21.8	16.8	9.5	13.7	15.5	9.0	8.6	17.5
1999	8.7	22.1	17.8	10.3	14.0	16.3	10.4	9.0	19.3
2000	9.3	20.1	18.7	11.0	14.0	17.0	10.5	9.8	24.4
2001	9.5	19.2	16.7	10.4	14.1	16.9	8.4	10.0	22.2
2002	9.9	—	15.9	—	13.5	16.5	—	9.6	—

资料来源:《2005 中国高技术产业统计年鉴》。

6.3.2 高新技术产业研究与开发投入比较

我国高新技术产业 R&D 经费投入与国外比较普遍偏低,如表 6.11 所示,2003 年我国高新技术产业 R&D 经费占高新技术产业工业增加值的比重为 4.4%,而世界一些发达国家的这一比重都在 20% 以上,美国为 27.2%,日本为 29.2%,德国 23.8%,法国 28.6%。在医药制造业英国高达 49.1%,而我国只有 2.7%。在电子计算机及办公设备制造业,美国、日本和加拿大分别达到 36.7%、90.4% 和 71.8%,而我国只有 2.5%。

表 6.11　部分国家高新技术产业 R&D 经费占工业增加值比例

(%)

国家\行业	制造业	高新技术产业	医药制造业	航空航天制造业	电子及通信设备制造业	电子计算机及办公设备制造业	医疗设备及仪器仪表制造业
中国/2003	2	4.4	2.7	15.8	5.4	2.5	3
美国/2001	8.7	27.2	14.8	14.4	37.2	36.7	36.8
日本/2002	10.4	29.9	27	21.6	20.4	90.4	30.1
德国/2001	7.6	23.8	22.3	23.8	44.1	19.8	14.8
法国/2002	7.4	28.6	27.2	29.4	57.2	15.8	16.1
英国/2002	6.9	25.4	49.1	23.4	23.4	5.9	8.3
加拿大/2001	4.6	41.1	23.9	15.3	71.5	71.8	——
意大利/2002	2.3	11.6	6.6	23.4	19.4	8.8	6.4
韩国/2003	7.3	18.3	4.4	——	23.4	4.4	10.7

资料来源:《2005 中国高技术产业统计年鉴》。

R&D 经费投入的不足严重阻碍了高新技术产业研究与开发活动的开展,造成企业自有知识产权的技术数量很少,使企业发展后劲不足或技术上严重依赖国外。在微电子技术领域,国外已进入 0.3 微米的水平,而我国还处于 3 微米的水平上;在计算机技术领域,美国和日本已进入光计算机和神经计算机研究开发阶段。长此下去,将严重影响我国高新技术产业在国际上的竞争力和高新技术产业的可持续发展。

6.3.3 高新技术创新能力比较

我国高新技术企业的技术创新能力弱,缺乏具有自主知识产权的品牌,在激烈的国际市场竞争中,极易受到市场变化的冲击。例如,我国机电产品出口所占比重已超过50%,但其中拥有自主知识产权的产品所占比重仍然偏低。据调查,在104项彩电关键技术中,我国只掌握60%,在65项手机关键技术中,我国只掌握50%,在57项DVD关键技术中,我国仅掌握15.8%。在全国发明专利中,外国企业和个人的发明专利在信息技术领域占到90%,在生物领域占到87%。由于缺乏核心竞争力支撑,使我国内产业在市场竞争中陷于被动。加入WTO后,由于核心技术的缺乏,导致我国在国际竞争中面临日益森严苛刻的技术壁垒和专利壁垒。

随着我国加入WTO,国际竞争日趋激烈。改革开放以来,我国在国际分工体系中形成了一定的比较优势,成为许多产品的全球制造基地,但是,关键技术和主要设备仍未摆脱受制于人的局面,在国际分工体系中地位偏低。而国内经济仍处于数量扩张型增长态势,对国际资源依赖程度迅速提高,经济可持续发展的能力面临挑战。产业竞争力不适应国际竞争的需要,实质问题是产业技术含量低、附加值低、自主创新能力不强。

在此关键时期,如果不能抓住科技迅猛发展和新一轮全球生产要素优化重组的重大机遇,不能适时地推进生产要素价格低廉的优势转化为产业创新能力优势,那么中国在国际分工中的国家比较优势将难以长久保持。

第7章 高新技术产业演进模式与竞争力评价体系

本章在对已有的高新技术产业理论评议的基础上,根据高新技术产业自身特点和产业经济学的研究理论与方法,提出了高新技术产业演进的云团模式;阐述了高新技术产业竞争力的内涵,提出了我国高新技术产业竞争力评价的指导思想与原则,设计了我国高新技术产业竞争力评价指标体系,并明确了各级指标的经济学含义,以期为我国高新技术产业竞争力评价奠定基础。

7.1 高新技术产业演进云团模式

7.1.1 高新技术产业演进模式提出背景

高新技术包含两方面意思,一是高尖端技术,二是新技术。两者结合起来表示既是高尖端的技术同时也是新技术。高新技术应包括四层含义:高技术是个动态概念,具有时空性,不是一劳永逸的;高技术意味着以尖端科学理论为基础;高新技术应具有商业价值,应该能够带来高额经济利润;高新技术是个集合,是技术创新、经济贸易、生产管理以及社会变革和人们思维观念的群集。如前所述,高新技术的特征可以概括为"七高一低"。(1)高战略地位,(2)高技术密集,(3)高资金密集,(4)高附加价值,(5)高增长率,(6)高渗透性,(7)高风险性,(8)低产品寿命周期[15]。高新技术产业是应用高新技术生产技术含量高的产业,高新技术开发区是人们有目的地通过系统规划而建设形成的科技—工业综合体。其任务是研究、开发和生产高技术产品,促进科技成果商品化。国际上科技开发区分为三种模式,即科学园、技术城、高新技术加工区。对竞争力研究较早的是亚当·斯密,他在《国民财富的性质和原因》中认为:如果一个国家专门从事其他的出口部门的生产,而进口那些其他国家以较低成本生产的产品,则该国的国民收入即能得到最大化。1817年大卫·李嘉图在《政治经济学及赋税原理》中阐述了比较成本理论,自由分工是国际贸易发生的条件,国际分工的基本原则是"两优从重,两劣取轻",赫克歇尔和俄林认为:一国应当出口该国相对丰裕和便宜的要素密集型商品,进口该国相对稀缺和昂贵的密集型商品。商品在国际市场的竞争力由该商品的价格所决定,而价格由要素价格和技术水平决定,在既定技术条件下,要素供给的丰厚决定四种产品类型:即劳动密集型,资本密集型,资源密集型和技术密集型。波斯纳把新技术产品从创新到模仿的过程用模仿时滞来概括,其中包括需求时滞,反应时滞和掌握时滞。新技术产品在一国的问世往往使其在世界市场上处于垄断地位,这种暂时的垄断地位通常是建立在为鼓励发明创造而授予专利或版权基础上的。技术差距及产品寿命周期形成产品,创新国生产产品销往其他国家,因为发达国家的国民收入高,产品消费具有时尚性,这样的工业产品在满足本国需求同时向国外出口,发达国家由进口渐变为模仿生产,以至安全掌握该产品的生产,发达国家进口一段时间后发展中国家开始进口,然后是模仿,当发展中国家也掌握该产品生产技术时,因为其廉价的劳动力,最终产品由发展中国家生产而供应世界市场。雷布津斯基指出假定商品价格不变,如果一种生产要素增加,会导致密集使用这种生产要素的产品的产量增加,同时另一种商品的产量则减少。约翰·希克斯认为:一切技术进步都能在给定产量水平上既减少劳动又减少资本的使用。技术进步分为三类即中性技术进步,劳动节约型技术进步和资本节约型技术进步。所有类型的技术进步都使国家的生产可能性曲线外移,外移程度及类型取决于技术进步的类型及程度。上述理论主要从贸易角度来研究产业的国际分工和分工的国际利益所得,他们的研究是基于国际间国与国生产要素非自由流动条件下实现的,而高科技产业发展是在开放的、国际经济一体化进程不断加快的背景下完成的,因而上述理论不足以解释高新技术产业的发生发展和演化。

竞争力资产学派认为:竞争力是指一国或一公司在世界市场上均衡地生产出比其竞争对手更多财富的能力。竞争力是竞争力资产与竞争力过程的统一,公式表述为:竞争力 = 竞争力资产 × 竞争力过程。该理论在解释传统工业产品竞争力方面有其实用性,此模型过多强调产业自身要素条件和组织的过程以及产业环境,但它忽视了技术的跳跃式发展所带来的产业繁荣,也不能够解释高新技术产业的集群效应。

迈克尔·波特在企业竞争力五要素基础上提出了产业国际竞争力的四阶段学说,即产业国际竞争力分为四个阶段:(1)要素驱动阶段,(2)投资驱动阶段,(3)创新驱动阶段,(4)财富驱动阶段。结合其所发明的"钻石模型",迈克尔·波特教授给出了竞争力分析的良好工具,运用此工具可以很好地解释发达国家的竞争力优势,但对落后国家尤其是不具备竞争优势要素资源条件的发展中国家,该理论明显不足。

学术界对产业竞争力进行的研究除上述基本理论外,佩鲁从经济增长点方面借鉴凯恩斯的乘数原理论述高新技术产业的增长极,三元参与理论强调的是政府企业和科技界联动促进高科技产业发展的模式,孵化器理论研究的是高科技产业发展中的中小企业发展问题。从产业竞争力角度研究高科技产业的公认理论现在还未问世,前人研究的相关理论只是从某些方面解释高新技术产业竞争力,至今尚未有公认的理论被学者所认可。基于上述理论研究背景,本书提出高新技术产业的云团演进模式。

7.1.2 云团模式假设条件

本书提出高新技术产业发展演进的周期理论,该理论应具备以下条件:(1)高新技术产业的形成是所有国家的梦想,但并不是所有国家都能发展高科技产业,要素条件是决定高科技产业发展的基础;(2)致力于高科技产业发展的国家试图成为或保持国际一流的竞争力;(3)世界上不存在永恒的绝对的先进技术;(4)从国家到企业都愿意保留高科技形成产业优势而非从转让技术中获利;(5)高科技产业的发展既有集群产业特点又会产生技术突破的菌生繁衍现象;(6)高科技产业同资源型产业的本质区别是它没有穷尽,这是由创新社会的时代所决定的。

高科技产业在一国范围内的发展具有周期旋回特征,在全球经济一体化背景下,在全球市场需求利益的诱使下,传统的产业发展理论已不能完满解释高科技产业的发展,高新技术产业发展要解决的首要问题是人们的认识问题,在科学技术日新月异的时代,传统上本属于经济基础的高新技术产业同上层建筑的界限变得模糊不清了,高科技既是人们追寻的财富,同时又是实际的财富发展,高科技及产业渗透了当今社会的每个角落,为高科技而高科技是大国克敌制胜的法宝,为此高科技产业犹如涡轮驱使下旋转的云碟,这种高速运转的产业与传统资源型产业迥然不同,资源型产业有穷尽的时候,而高科技产业的发展是无止境的,但并不否认外部环境和内部驱使的涡轮都可以使之停转,这种停滞旋转可以使某一高科技产业蜕变为一般产业,也可以使高科技产业沦为流星而陨落。

7.1.3　高新技术产业演进云团模式内容

高科技产业因高科技而产生,本节根据高新技术产业特点提出产业演进模式如下。从高科技到产业化的演进过程如星云天体的诞生一样,高新技术产业往往以集群形式出现,以某种高新科技突破为契机、起点或中心,在超额利润、军事特需、尖端控制、重大社会需求等因素的促动下,资金、技术、人员、设备等相关要素在并未成熟的环境区域集聚,由小到大,由弱到强形成高新技术产业星际云团。云团发展一般经过初创结核期,成长期,扩张膨胀期,成熟期和最后的陨落期,陨落期实际是高新技术产业的衰落蜕变期。因高新技术产业具有七高一低的特点,高科技产业星际云团在运转中具有六种强劲驱动力和五种保障支持条件。

1. 高新技术产业云团推动力

高新技术产业云团运转的六个推动力是:①理念驱动力;②控制驱动力;③投资驱动力;④需求驱动力;⑤政府驱动力;⑥国际化驱动力。

(1)理念驱动力是指为高科技而高科技的认识观念。人类社会已经进入财富时代,在人类经济社会史中,知识经济是继渔猎经济、农业经济、工业经济之后最为繁荣的时代。在知识经济时代,最主要或主导性的要素是知识,这并不意味着农业经济时代只要土地不要知识,知识经济时代只要知识不要资金、不要土地。在生产要素中有各种各样的要素,彼此组成一个系统,在这个系统中,起主导作用的是知识。也就是说在知识经济时代,科学技术在经济增长、经济发展中的地位,已经不同于渔猎经济时代、农业经济时代、工业经济时代,科学技术的地位发生了变化,起决定性的生产要素是科学技术。我们理解"知识经济"就是它的时代性和知识在产业增长中的效用,产业的科学技术含量越高、科学技术包括的密度就越大,产业的发展就越加迅速。知识经济问题的实质就是科学技术在经济发展和经济增长中的作用问题,也是科学技术和经济的融合发展问题。科学技术对经济和社会的作用,成为我们划分它是否是知识经济时代的一个标准。假如科学技术起决定作用,那么这是知识经济时代;反之,就不是知识经济时代。对科学技术是第一生产力的理解,马克思那个时候就已有之。他在讲科学技术是生产力时说:工业经济时代科技是生产力,工人阶级一旦掌握科学技术就会创造更大的价值,[4]但是他并没有讲科学技术是第一生产力。邓小平看到了科学技术不仅是生产力,而且是第一生产力,他从国家战略的角度看到了知识经济和非知识经济的本质区别。科学革命、技术革命、产业革命这三件事情循环发展、螺旋上升,就形成了整个人类社会至今的客观经济历程。在这样一个循环过程中间,不断地螺旋式上升,才有我们今天经济发展的现状,在这个过程里我们清晰地看到了科学技术的作用。20世纪四五十年代信息技术革命运动掀起,进一步推动了产业革命。20世纪70年代,第四次技术革命在工业发达国家形成了一个浪潮,这个浪潮影响了传统生产劳动方式,产业结构、社会结构发生了重大的变化,变成新的以高科技为主宰的产业革命,这是一个时代的变化。拥有高科技就会拥有未来,就会拥有财富,这种认识也是高科技创新的源动力,同时也是对未来的博采,其成败并不完全取决于理念驱动力本身,这种驱动力的认识理解来源于哈贝马斯的科技创新理论体系。因高新技术产业的巨大诱惑力,所以人们在理念上把追求高科技作为奋斗的目标,作为评价的标准,作为成功的标志,无论是国家还是产业及企业都有为高科技而高科技的潜意识,这种理念上的认识无疑推动了全社会高新技术产业的发展。

(2)控制驱动力。包括企业和国家两个层面。企业市场竞争要看是否拥有核心竞争能力,企业层面是指企业掌握高科技可以拥有核心技术。现代社会面对的企业是合作竞争平台下相对独立的个体,产业内分工明确,专业化趋势不断强化,在整个产业链中企业拥有自主知识产权的高科技资产则可以凭借技术优势控制产业链,左右他人,保持企业持续的核心竞争力。为此企业有控制高科技产品和技术的愿望,并愿意为此付出认可的代价,倾其所能,掌握拥有高新技术的控制力推动高新技术产业的发展。国家层面是指大国通过拥有强大的高新技术产业保持在世界中的领导控制力,实现普雷维什中心外围理论效应中的核心地位国家。[35]小国追逐高新技术产业不但是为获取超额利润,更主要是在谋求发展空间的同时,通过拥有高新技术产业达到"扳机效应"。控制高新技术产业能使强国更强,弱国变强,后进赶先进。在全球范围形成的控制驱动力促进高新技术产业云团旋转不息。

(3)投资驱动力。是指投资业主基于投资高科技产业的超高回报率的考虑,以风险投资最具典型性。风险投资即风险资本投资,是指运用资本开发新产品,投向新行业,用最新科学成就及科学管理理论从事如电脑、激光技术应用及新材料研制等创造性事业,或创建新公司的投资,它是一种高风险与高收益机会并存的投资。风险投资的主要特点:一是风险投资主要集中于高科技、新产品领域;二是风险投资是一种长期性投资,最终目的是套现;三是风险投资的对象主要为中小企业和新建企业;四是风险投资是以投资组合来保证资金的回收,即同时投资多个项目,以某些项目的高额回报来补偿另一些失败项目的亏损。投资利益诱惑和风险投资运作机制对高科技产业发展起到推波助澜的作用。企业投资于高新技术产业可以发生在初创期、成长期、扩张膨胀期、成熟期的任何一阶段,但对风险投资家而言,他们更加关注高新技术的早期阶段,正是这一阶段的高风险,才有日后的高回报。科研机构和产业实体在这一阶段也最需要资金合作者,投资驱动力加速了产学研和金融资本的融合,为高新技术产业云团旋转增加了助燃剂。

(4)需求驱动力。是指市场消费者对高科技产品的热衷。时尚阶层,高收入阶层,超前消费群体以及生态环保主义者对高科技产业发展具有需求拉动力。创新是一切企业的主旋律,更是高科技公司的生命线,无论是国际巨头还是本国的民族企业,他们之所以能成为行业中的领袖企业,就是因为都有着一个共同的特征——持续不断的创新。企业从小到大,由弱到强,护身法宝就是技术创新。一切为了用户,为用户的需求而创新,这就是高新企业生存和发展的基石。把用户需求当做创新的第一驱动力,不仅仅可以增强以人为本的用户意识,而且更是企业自身成长的根本保证。从全球IT发展趋势看,应用模式多元化步伐明显加快,最直接的表现是,用户对IT产品的应用需求不断变化。以往用户的需求局限于固定的应用模式,够用的就好;而今,用户已不满足于单纯的应用,越来越多的用户希望获得全新的应用模式即适用的最好。从"够用的就好"到"适用的最好",就是用户应用需求的根本性转变,如果高科技公司看不清这一点,或者创新速度跟不上用户需求的变化,那就将在竞争中败北。作为一个面向市场的企业,无论它的研发能力多棒,如果不按用户的需求,再好的创新成果也难以占领市场。无视用户的需求,为创新而创新,不可能创造真正的商业价值。企业每做一个决定,都必须认真考虑是否有利于开发适应用户需求的创新技术,而这个创新技术能否给用户带来完美的体验,这应是企业创新的基本准则。用户的需求永远是高新技术产业发展的重要推动力。市场对高新技术产品的需求迫使企业不断创新,由此导致企业之间激烈竞争,开发应用高新技术在企业中方兴未艾,这种需求的新变化使高新技术产业中的企业犹如上满发条的机器,时刻蓄势待发。

(5)政府驱动力。是指一国政府或地方政府出于国家竞争优势或地方竞争优势的考虑,基于国家发言权的考虑,基于国家尖端战略和安全的考虑从政策、资金、税收、人才等多方面对高科技产业的推动。政府驱动力的表现形式具有多样化特点,如政府战略规划,政府财政支持,政府激励产业政策,政府差别税收,政府补贴,政府采购等等。在高新技术产业发展的初级阶段,政府驱动力往往起到非常关键的作用。政府对高新技术产业发展的驱动力分为两种,其一是直接驱动,政府直接出资组织重大科技攻关活动,通过搞科技成果带动高新技术产业发展,通过军转民技术推动高新技术产业发展。其二是间接推动,政府对从事高新技术的企业、院校、科研机构给与补助或津贴,以此激励高新技术实体从事高新技术产品的生产研发行为。在政府驱动方面,发达的工业化国家取得了举世瞩目的成就,政府能力的差别决定了政府驱动力的大小,由此可以推断在高新技术领域,发达国家与发展中国家的差距将越来越大,单纯的传统加工制造业在一段时间内可以实现国家利益,但从长远角度看,可能会造成牺牲未来利益谋求当今发展的局面。越是有实力的政府,在高新技术产业的驱动力越强,就越能够分享世界高新技术产业创新的成果,否则就只能被动接受,波斯纳的"模仿时滞"效应就会起作用。

(6)国际化推动力。它是利润来源的推动力。知识经济改写了国际分工的历史,新的国际分工特点表现为:创新成为推动国际分工深入发展的主要动力;分工依赖的基础倾向于知识资源;分工范围国际化和全球化显著;网络的发展,物流业的繁荣使企业在产业链上产生精细化的"分工整和模式";市场内部化和区域经济一体化促进生产要素的国际流动性加强。根据上述特点,我们完全有把握给未来国际分工的结果作如下两个结论:新型国际分工将形成水平与垂直相交融的复合网络国际分工体系;在全球生产、研发、销售以及服务的竞争合作中将会出现知识殖民主义,贫穷和富有的"双向马太效应"积累导致富者越富,贫者越贫,南北差距不断加大。高科技产业国际化推动力是高科技产业与一般产业的典型区别,一般产业常常是为国内市场服务的,高科技产业的起点和方向通常都是国际市场,高科技企业生产销售服务的国际化是其获取高额利润的主要推动力,借助国际分工的利益平台,政府推动大企业国际化经营,以此分享国际新科技的进展成果,共享国际高等要素资源。许多企业还将其国际化程度作为衡量其成功的标志性指标,国际化推动力还意味着国际市场规模和前沿市场的把握。高新技术产业的开放、高新技术企业的国际化进程无疑将推动高新技术产业云团在更高的层次、在更广阔的时空环境旋转。

2. 高新技术产业云团保障力

高新技术产业发展离不开推动力,推动力在高新技术产业云团中起引导、助燃、加速旋转作用。高新技术产业发展除了推动力外还必须有五种保障力,这五种保障力是高新技术产业持续稳定快速发展的条件。它们是资金保障,技术保障,人才保障,市场保障,环境保障。高新技术产业发展缺少这五种保障力就会沦为一般产业或者消亡。

(1)资金保障是高科技产业有别于其他产业的典型特征。高科技产业发展经历了创业阶段(种子期俗称研发中试阶段、产品和技术形成阶段),成长阶段,扩张阶段和成熟阶段。创业阶段产业对技术研发需求强,企业和项目失败率高,投资收益低。该阶段对资本需求量不大,但投资风险和收益低,创业阶段的保障资金来源于创业者的自有资金,风险投资资金,政府支持资金,金融机构有条件的信贷资金,少数富人和机构的"天使资本"。[91]该阶段是资金筹集的困难期。成长阶段的高新技术产业技术风险低,企业获利水平低,技术垄断性高,企业市场价值提升快,因投资与未来收益具有正相关性,因而融资和投资双向活跃。资金保障有:新投资人注入资金,银行信贷资金,二板市场创业资金。扩张阶段高新技术产业表现为企业规模迅速扩大,逐步形成累计学习曲线效应,[29]人才的集聚效应明显,对市场和风险的抵御能力增强,该阶段对资本的需求量进一步扩大,风险进一步降低,筹集资金成本降低,风险投资资本开始撤离。该阶段企业融通资金方式主要是银行贷款,主板市场融资,二板市场融资,企业自身资金积累。成熟阶段企业已达到或实现规模化经营,企业风险低利润高,企业各类资源吸引能力强,容易形成马太效应,此时融资特点表现为投资风险低,资金需求量大,企业盈利性大,融资方式多,融资渠道多,风险投资相继退出。高新技术产业到蜕变阶段的融资则等同于一般产业。由此我们不难看出,高新技术产业发展的任何一个时期都离不开资金的保障作用。

(2)技术保障。高技术产业是国际经济和科技竞争的重要阵地,发展高科技、实现产业化,是带动产业结构升级、大幅度提高劳动生产率和经济效益的根本途径。高新技术产业发展从创业阶段到成长阶段、扩张阶段、直到成熟阶段都离不开技术的支撑作用。技术保障的表现一是提供技术支持,二是保持永续创新,以此保持高新技术产业的长久竞争力。技术保障条件的优劣主要取决于:一国的高科技水平,科技体制与政策,科技投入力度,包括大学和研究所在内的基础科研组织队伍建设。实践证明,重大技术的突破是新兴产业诞生的主要原因之一,技术的领先性、超前性和市场成长性决定着高新技术产业的生命力。

(3)人才保障。产业竞争尤其是高科技产业的竞争归根到底是人才的竞争,知识经济时代,高科技企业发展的关键在于是否拥有一批高素质的员工。这些知识型员工不同于传统的劳动者,因为他们拥有最有价值的资产——高科技知识和能力。高新技术企业的价值增值来源于人才与企业的生产经营活动的结合,他们是企业的核心员工,因他们的活动带来企业的利润。我们把高新技术企业的人才分为三个部分,第一部分是管理精英,他们通常具有敏锐的眼力和超前的市场洞察力,对技术市场把握准确,决策果断及时,既具有一般管理者的良好素质,又对高科技市场情有独钟,他们追捧高新技术及市场,是社会时代潮流的代表。第二部分是研发精英,他们热衷于科技,把"技术型职业"作为自己的职业生涯,并为此而竭尽全力,风险探索精神在他们身上得到了最充分的发扬。由于他们的存在,新技术新产品持续创新,他们使高科技企业有了立足之本。第三部分是催化精英,他们没有技术却谙知技术的市场潜力,他们不亲自操盘企业却掌握企业家的心理,他们左手拉着研发精英,右手拉着管理精英,以投资者的身份出现时,他们是风险家,以嫁接者身份出现时,他们是高级经纪人。这三类人才保证了高新技术产业的生机与活力。

(4)市场保障。高新技术产业发展离不开市场条件作保障,这种保障包括市场的开放程度，市场的发育水平，市场的规范化程度，尤其是知识产权市场建设情况。在经济全球化的时代，高科技产业的竞争表现为企业的国际竞争，而国际竞争胜败的关键因素之一就是能否建立一个合理的完善的知识产权市场体系，以公平合理的市场激发高新技术产业市场人员要素的积极性主动性和创造性，以良好的市场秩序吸引更多的跨国公司参与本国的高新技术产业，以科学完善的知识产权保护体系促进高新技术产业发展。除此以外，高新技术产业是高投入高产出行业，因而在市场保障中还要看技术市场自身的管理水平，如国家的科学技术促进法规建设、科技成果转化法规建设、国家科研项目管理规定、国家重大科研项目立项跟踪认定管理机制、国家科研经费管理科学化程度等。市场的发育繁荣程度，市场的规范化程度是高新技术产业赖以生存的基础。

(5) 环境保障。良好的环境是高新技术产业发展的基础，影响高新技术产业发展的环境因素包括：社会所处的历史阶段，越是开放合作创新的历史时期越有利于高新技术产业发展；社会文化背景，追求时尚、热衷创业、敬仰精英（尤其是企业家精英）的社会文化环境对高新技术产业的发展起着关键作用；科学教育水平，科研队伍的数量、水平、科研经费的多少、高等教育对人才的培养机制、人才成长环境、官产学研结合状况等直接影响着高新技术产业的发展；基础环境条件，主要指国家的基础设施建设水平和政府以及相关部门对高新技术企业的服务及关爱；其他环境保障还包括社会政治、社会法制建设等等，尤其是国家创新体系环境对于高新技术产业起着巨大的支撑作用。

高新技术产业可以从传统产业衍生，也可能是偶发因素所致，甚至是创业者的灵感。驱动力和保障力并没有严格的界限，在不同的阶段,不同的环境条件下,驱动力和保障力可能发生转换。高新技术产业云团模式告诉我们:产业演进阶段在理论上是可分的,而实际运行是难以控制的,因高新技术及产业具有太多的不可预见性。高新技术产业云团发展具有菌生裂变现象,技术的突破、认识的觉醒、投资上的"啄米效应"等都可能在高新技术产业内菌生裂变,当菌生裂变达到一定程度时,从原产业会分离形成新的高新技术产业,由此形成高新技术产业链群,群内发展迅速(群内遵循六种驱动力和五种保障力),群与群之间保持一定联系,由此形成星际云团,其中不排除因驱动力和保障力不足而导致的高新技术产业之流星陨落现象,即高新技术产业蜕变为一般产业。

7.2 高新技术产业竞争力内涵及评价指导思想

7.2.1 高新技术产业竞争力内涵

技术发展的长波理论认为,产业部门在不同时期具有明显的创新技术特征,一些与此相关的产业在不同的经济增长时期都表现了高技术产业的特征。由此而言,高新技术产业的确定是个细微复杂的科学工作,可以概括性地把高新技术产业描述为以高新技术为依托,以技术密集和智力密集为特征,生产高附加值产品的产业集群。高新技术产业竞争力是一个国家或地区在一定时间内的高新技术产业较竞争对手而言所创造的产品价值能力,它既包括有形产品也包括无形产品,竞争力既包含当前的现实能力,也包含长远的潜在竞争力。高新技术产业竞争力应体现四方面内容:一是高新技术产业的要素资源丰厚条件,二是高新技术产业竞争环境条件,三是高新技术产业产出成果,四是高新技术产业成长性。

7.2.2 高新技术产业竞争力评价指导思想

瑞士世界经济论坛(WEF)和洛桑国际发展学院(IMD)关于国家竞争力的评价和定位是国际上公认的评价体系。WEF强调通过政府的政策和制度支持一国或地区的经济增长或经济发展的综合测度来评价一国的国家竞争力,在方法上,建立一套比较统一的评价指标和竞争力综合指数,最典型的是国家竞争力指数和增长竞争力指数,包括3个子竞争力指数和11项竞争力要素指数。他们强调的国家竞争力,不是产品国际贸易占有的世界份额,而是以投资环境和增长潜力为主题的综合竞争能力。[87] IMD设计的国际竞争力评价体系,更强调不要把国家竞争力理解为财富存量,国家竞争力不仅是一国经济实力的表现,而且更重要的是一国与他国比较所表现出的经济效率和持续发展的综合能力。国内关于高新技术产业竞争力的评价研究有:李金华于2000年提出的高新技术产业发展评价指标体系,分三个子系统即经济效益、创新能力、发展潜力共16个一级指标来设计,缺点是覆盖面窄,对高新技术产业特色反映不够;同年,常宁提出的高新技术产业指标体系是从知识经济的角度理解高新技术产业的,他设计的指标体系对智力资本的相关指标强调多,而对市场竞争方面设计较简单;在2000年研究高新技术产业指标体系比较深入的是窦江淘等人研究的高新技术开发区可持续发展指标体系,这一指标体系用社会经济可持续发展的思想对高新技术产业进行测度,划分为经济、社会、科技创新、环境、资源五个子系统,认为通过这五个子系统的协调发展,可以实现高新开发区的稳定进步。这套指标体系的优点之处是有反映可持续发展的指标,但这套体系是针对高新技术开发区,并不完全等同于高新技术产业;黄燕琳于2004年的文章提出高新技术产业开发区的评价指标体系从开发区功能、开发区优势、开发区经济发展三大要素评价,这一指标体系设计的经验性较强,特点是适用范围广,缺点是针对性差;阎文圣2005年对高新技术产业统计监测工作进行了分析,其研究的价值主要在于为指标体系理论与实际相结合提供了很好的参考,但对现有高新技术产业统计工作的分析部分指标难以量化;2005年王雷在当年研究的基础上,在窦江淘等人的研究框架下,把竞争力的思想引入了高新技术产业评价中;王林雪和李琳提出了高新技术产业评价指标体系。李琳的评价指标体系是从产业集群的角度,依据高新技术产业集群竞争力的基本特征与构成要素,构建了基于高新技术产业集群的高新区竞争力评价指标体系。这一指标体系从技术创新能力、产业集群能力、环境支撑能力、政府作用竞争力、持续发展竞争力五个要素测度,比较全面地概括了竞争力要素的主要方面,然而这一指标体系中的五个要素存在比较多的交叉重叠部分,虽然理论上严谨,然而现实中却又难以很好区分,如环境支撑力和政府作用竞争力;王林雪等人设计的指标体系是以园区为主体,分为园区内部因素和外部因素,从内外因素中分解出相应的竞争力要素。这个指标体系提出的要素结构也比较合理,不足的是其统计指标的选取难以量化。对以上两个指标体系,在设计高新技术产业评价指标体系时,本书借鉴了国内外思想,并结合高新技术产业特色,同时体现了国家"十一五"高新技术产业发展的战略要求。对产业竞争力进行评价时,将产业竞争能力在产业中的地位作为评价的重点,产业竞争力的测度针对竞争能力,并遵循以下指导思想。

1. 可比较思想。产业竞争力是相对而言的,是通过比较而得来的,在任何一个时间点孤立测度数值或评估判定都无实际意义,本书评价的是国际开放条件下高新技术产业的竞争能力,因此,产业竞争力的测度一方面必须能与其他国家同类产业的竞争状况相比较,另一方面,必须与我国高新技术产业自身过去的竞争力状况相比较,这样既可以对产业的竞争力进行国际上的比较,同时也能看出我国高新技术产业竞争力在时间上的变化发展趋势。本书对高新技术产业竞争力进行评价时,也借鉴了其他国家对该方面的评估方法,选择了我国高新技术产业在上世纪90年代至本世纪初的数据和美国、德国、日本、韩国等世界高新技术产业相对发达国家的数据进行比较分析,最后得出产业竞争能力的评价结果。

2. 相关联思想。产业竞争力不仅要求从不同的角度去观察,而且要有关联性,不同研究角度相互关联,指标间有一定的联系能够综合地反映出产业竞争力。这要求多角度的综合性测度是关键,它能克服单一角度测度的局限性,从而得出产业竞争力的深层内涵。[67]因此,本书对高新技术产业竞争力进行评价时,采用了单项指标评价法和综合评价法相结合来对我国高新技术产业的竞争力进行评价,这样不仅能够得出高新技术产业在某个方面的竞争力强弱和优劣,同时也能得出产业竞争力的整体实力情况。

3. 直接与间接兼顾思想。由于高新技术产业是高新技术产品和高新技术企业的集合,因此,在对高新技术产业竞争力评价时不可避免地要通过评价高新技术产品或高新技术企业的竞争指标和方法来间接地反映高新技术产业竞争力状况。

4. 针对实用性思想。高新技术产业具有区别于传统产业的特点,如产品附加值高,高初始成本与成本急剧下降并存,高风险、高收益、产品技术含量高等。因此,以前有关其他产业竞争力的评价方法并不完全适合高新技术产业竞争力评价。实践中需要充分考虑高新技术产业的特征与界定方法。

7.3 高新技术产业竞争力评价指标体系的构建

7.3.1 指标体系设计的原则

指标体系是建立产业国际竞争力评价系统的重要基础。高新技术产业竞争力评价指标体系的设计目的是为了建立高新技术产业竞争力评价系统,作为考核我国高新技术产业竞争力水平的标准和尺度,实现对高新技术产业的综合评价并最终为管理决策服务。因此,评价指标体系的构建应遵守以下原则:

1. 科学性和先进性原则。指标体系应当能有效地反映出高新技术产业的基本特征,其目的是促使高新技术产业评价结果及有关指标数值能为改善和提高高新技术产业竞争力提供对策支持和参考。

2. 系统整体性原则。为了实现对高新技术产业竞争力的综合评价,指标体系必须层次和结构合理,部分与整体协调统一,比较全面地反映产业竞争力的基本状态。

3. 定性分析与定量分析相结合的原则。在选择指标时,尽可能使用规范化的定量指标,为采用定性评价方法奠定基础;对于确实无法量化而又非常重要的方面可以采用定性指标的形式纳入指标体系,通过定性分析加以描述。

4. 绝对指标与相对指标相结合的原则。高新技术产业竞争力评价既要考虑现实的竞争力水平,也要考虑竞争力发展潜力和速度,进而,在竞争力评价过程中既要防止绝对指标选取过多,影响高新技术产业竞争力发展潜力和速度的客观评价,又要防止相对指标选取过多,淹没了区域高新技术产业竞争力实际水平。因此我们在指标选用上对体现竞争潜力和发展速度的指标尽可能地用相对指标,而对于反映显性竞争力水平的指标尽可能地选用绝对指标。

5. 简明原则。在保证评价系统目的可实现的条件下,尽量使指标简化,同一范畴的指标避免堆砌。

6. 可行性和可操作性原则。设计的指标应具有可采集性和可量化的特点,各项指标能够有效测度或统计,不宜产生片面结论。

7. 可比性原则。设计的指标体系要能进行横向、纵向比较,具有国别间的可比性和历史可比性。

7.3.2 高新技术产业竞争力评价指标体系设定

基于以上原则,根据高新技术、高新技术产业概念及特点,并结合高新技术产业竞争力构成因素及国内外竞争力评价指标设计方案,将我国高新技术产业国际竞争力评价从三个层次进行分析(如表7.1所示)。其中,最高层(A)是目标层,表示高新技术产业国际竞争力,这种竞争力从三个方面来体现,即现实竞争力(竞争实力 A_1)、潜在竞争力(竞争潜力 A_2)、竞争外部影响因素(竞争环境 A_3)。中间层是准则层,分别属于竞争实力(A_1)和竞争潜力(A_2),包括资源转化能力(B_{11})、市场化能力(B_{12})、技术能力(B_{13})、创新活力(B_{21})、技术投入(B_{22})、比较优势(B_{23})。最低层为指标层,包括具体统计指标和显示性指标,共计27个。

表 7.1 我国高新技术产业竞争力评价指标体系

我国高新技术产业竞争力评价指标体系 A	竞争实力指标 A_1 / 资源转化能力 B_{11}	高新技术总产值占制造业的比重 C_{111}
		全员劳动生产率 C_{112}
		增加值率 C_{113}
		产值利税率 C_{114}
		资金利税率 C_{115}
	市场化能力 B_{12}	国际市场占有率 C_{121}
		出口密集度 C_{122}
		贸易竞争指数 C_{123}
		显示性比较优势指数(RCA指数)C_{124}
		新产品出口销售率 C_{125}
	技术能力 B_{13}	新产品销售率 C_{131}
		产业装备水平 C_{132}
		产业关键技术水平 C_{133}
	竞争潜力指标 A_2 / 创新活力 B_{21}	专利与发明授权量 C_{211}
		三系统收入论文量 C_{212}
	技术投入 B_{22}	R&D 经费占 GDP 比例 C_{221}
		每万人从事 R&D 活动的人员数量 C_{222}
		消化吸收经费比 C_{223}
		技术开发经费比 C_{224}
	比较优势 B_{23}	劳动力成本指数 C_{231}
		出口价格指数 C_{232}
		资产负债率 C_{233}
	竞争环境指标 A_3	技术环境 C_{31}
		贸易环境 C_{32}
		产业孵化环境 C_{33}
		相关产业环境 C_{34}
		政策环境 C_{35}

7.3.3 竞争实力指标

竞争实力是指竞争主体在一定竞争环境下将竞争潜力转化为竞争优势的能力,代表了高新技术产业在报告期时间点的产业竞争力,包括市场化能力、资源转化能力和技术能力三个准则层指标,下面又包括13个指标层指标。

1. 资源转化能力:反映产业将资源转化为产品的效率与盈利能力,包括5个指标:

(1) 高新技术产业总产值占制造业总值比重:用高新技术产业总产值在制造业总产值中所占份额表示高新技术产业发展规模。

(2) 全员劳动生产率:是反映生产力发展水平和经济效益的重要指标,是产业生产技术水平、经营管理水平、职工技术熟练程度和劳动积极性的综合表现。[77]根据产品的价值量指标计算的平均每一个从业人员在单位时间内的生产价值能力。用公式表示为:

$$全员劳动生产率 = \frac{增加值}{产业内全部从业人员人数} \qquad (7-1)$$

为了使各年度全员劳动生产率的数字具有可比性,以1990年不变价格计算。

(3) 增加值率:增加值反映企业在一定时期内总产出与中间消耗的差额,即在生产经营过程中创造的能够提供社会最终使用的高技术产品与劳务。它能够全面反映企业投入、产出的总成果,也能够用于企业间、国际间的横向比较。增加值率通过在一定时期内产业增加值占同期工业总产值的比重,可以反映降低中间消耗的经济效益。用公式表示为:

$$增加值率 = \frac{工业增加值}{工业总产值} \times 100\% \qquad (7-2)$$

(4) 产值利税率:反映高技术企业生产盈利能力。用公式表示为:

第7章 高新技术产业演进模式与竞争力评价体系

$$产值利税率 = \frac{利税总额}{工业总产值} \times 100\% \qquad (7-3)$$

(5) 资金利税率：同上面的指标相同，也反映高技术企业生产盈利能力。但该指标是一综合性较强的指标，它考核企业经济效益时，既涉及销售环节，又涉及生产环节。用公式表示为：

$$资金利税率 = \frac{报告期累计实现利税总额}{固定资产净值平均余额 + 流动资产平均余额} \times 100\% \qquad (7-4)$$

2. 市场化能力：反映产业能力在市场上的实现程度，包括以下5个指标：

(1) 国际市场占有率：反映一个国家或地区出口商品在国际市场上的占有份额或占有程度，也在一定程度上体现出商品在国际市场中所处地位。用本国高技术产品出口额占世界高技术产品出口总额的比重来表示。公式为：

$$国际市场占有率 = \frac{本国高新技术产品出口额}{世界高新技术产品出口总额} \times 100\% \qquad (7-5)$$

(2) 出口密集度：反映高新技术产品在国际市场的竞争能力。通过高新技术产品出口额占工业制成品出口额的比重来反映。用公式表示为：

$$出口密集度 = \frac{本国高新技术产品出口额}{本国工业制成品出口额} \times 100\% \qquad (7-6)$$

(3) 贸易竞争指数：又称水平分工指数，反映本国生产的一种商品相对于世界市场上供应的他国同种商品来讲，是处于生产效率的竞争优势还是劣势以及优劣势的程度。计算公式为：

$$TC_i = \frac{x_i - m_i}{x_i + m_i} \qquad (7-7)$$

式中：TC_i——第 i 种商品的贸易竞争指标；

x_i——第 i 种商品的出口额；

m_i——第 i 种商品的进口额。

$TC_i > 0$，说明本国的第 i 种商品生产效率高于国际水平，具有竞争优势；绝对值越大，优势越明显。

$TC_i < 0$，说明本国的第 i 种商品生产效率低于国际水平，处于竞争劣势；绝对值越大，劣势越明显。

$TC_i = 0$，说明本国的第 i 种商品与世界市场呈水平分工状态，双方因产品差异化各有竞争优势。

(4) 显示性比较优势指标(又称 RCA 指数)：用一个国家某种商品占其出口总值的份额与世界该类商品占世界出口份额的比例来反映贸易结构与贸易状况。计算公式为：

$$RCA_{ij} = \frac{x_{ij}/x_{it}}{x_{wj}/x_{wt}} \tag{7—8}$$

式中：RCA_{ij}——i 国第 j 种商品的"显示"比较优势指标；

X_{ij}——i 国第 j 种商品出口值；

X_{it}——i 国家所有商品出口总值；

X_{wj}——世界第 j 种商品出口总值；

X_{wt}——世界所有商品的出口总值。

若 $RCA_{ij} \geq 2.5$，则说明 i 国出口的第 j 种商品(产业)具有极强竞争力；

若 $1.25 \leq RCA_{ij} < 2.5$，则说明 i 国出口的第 j 种商品(产业)具有较强竞争力；

若 $0.8 \leq RCA_{ij} < 1.25$，则说明 i 国出口的第 j 种商品(产业)具有中度竞争力；

若 $RCA_{ij} < 0.8$，则说明 i 国出口的第 j 种商品(产业)竞争力

较弱。[54]

(5)新产品出口销售率:反映新产品在国际市场的竞争能力,其计算公式为:

$$新产品出口销售率 = \frac{新产品出口销售收入}{新产品总销售收入} \times 100\% \quad (7—9)$$

3. 技术能力:反映产业技术储备和将技术转化为商品的能力。包括3个指标:

(1)新产品销售率:通过产品更新换代的速度,反映产品的技术创新能力。计算公式为:

$$新产品销售率 = \frac{新产品销售额}{产品销售收入} \times 100\% \quad (7—10)$$

(2)产业装备水平:指生产高新技术产品的生产条件和设施水平。

(3)产业关键技术水平:指高新技术产业竞争力中的核心技术把握程度或拥有状况。

7.3.4 竞争潜力指标

竞争潜力指竞争主体的比较优势和其他可控发展条件,代表报告期时间点产业内部影响未来竞争力的因素,包括创新活力、技术投入、比较优势三个准则层指标,共9个指标。

1. 创新活力:反映一国高新技术产业创新的活力程度,这里用专利与发明授权量和收入国际三大检索系统中论文数两个指标来表示。[73]

(1)专利与发明授权量。

(2)收入国际三大检索系统中(SCI、EI、ISTP)的科技论文数:与上个指标一样,从科技产出角度分析国际竞争力,反映产业技术储备与创新活动的活动程度。

2. 技术投入：反映产业投入情况，包括科技活动资金、人员投入水平。包括4个指标：

(1) 技术密集度(R&D经费比例)，反映科技活动资金投入水平，用R&D经费占产业增加值（或产品销售额）比例来表示。

(2) R&D人员比例：反映科技活动人员投入水平。R&D人员指直接从事R&D活动的人员以及直接为R&D活动提供服务的人员。用每万名劳动力中从事R&D的科学家与工程师人数来反映R&D人力资源投入质量的情况。

(3) 消化吸收经费比例：表示科技活动资金投入水平。用公式表示为：

$$消化吸收经费比例 = \frac{消化吸收经费}{技术改造经费} \times 100\% \qquad (7—11)$$

(4) 技术开发经费比例：用销售收入中投入技术开发的比例反映技术投入的水平。用公式表示为：

$$技术开发经费比例 = \frac{技术开发经费}{产品销售收入} \times 100\% \qquad (7—12)$$

3. 比较优势：反映产业发展的比较优势因素，包括产品价格水平、成本高低、质量水平、产业规模等方面，选择3个指标：

(1) 劳动力成本指数：产品是否具有价格竞争优势和获利能力直接由产品成本所决定，而一般一种产品的平均成本不易取得，只能得到其中一两种成本因素数据，故选择能直接反映价格水平的劳动力成本指数。但判定一国产业是否具有国际竞争力，只靠一种产品的一种生产因素的成本指标来反映价格水平难以得到正确的结论，故该指标只能作为参考指标。该指标为逆效应指标，一般越低越好。[85]

(2)出口价格指数:由于直接计量和比较各国各类工业品的质量水平是比较复杂的,故常用反映产品附加值水平的指标来间接反映产品的质量与性能,而出口价格指数可以间接地反映产品的质量,用公式表示为:

$$出口价格指数 = \frac{出口额/出口量}{进口额/进口量} \times 100\% \qquad (7—13)$$

(3)资产负债率:在现代市场经济中,一切生产力都表现为资本的生产力,当代最高形式的国际竞争表现为资本实力的国际竞争,而债务是企业资金来源的重要组成部分,[25]资产负债率反映了企业经营风险的大小,也反映了企业利用债权人提供的资金从事经营活动的能力。一般情况下,该指标为逆效应指标,越低越好。用公式表示为:

$$资产负债率 = \frac{负债总额}{资产总额} \times 100\% \qquad (7—14)$$

7.3.5 竞争环境指标

竞争环境指竞争主体不可控的发展条件,代表报告期时间点产业外部影响产业未来竞争力的因素,主要表现为产业孵化环境、贸易环境、技术环境、相关产业发展环境及产业政策。如当年是否出现重大技术突破,相关产业发展得好坏等,使得产业的关键技术发生较大变化,从而出现新的技术领先或者垄断者,从而影响以往的国际竞争力格局。

1. 技术环境

高新技术产业是知识密集、技术密集、高智力群的产业。社会要储备大量的知识,培养为数众多的高素质人才,组建一大批以科技研发为专业的高等院校和科研机构,为高新技术产业提供知识信息、高素质的人力资源、高价值的科研成果,从技术上全方位支持高新技术产业的发展。

2. 贸易环境

高新技术产业具有高风险、高收益性,而高收益性很大程度上通过国际贸易表现出来。贸易环境的好坏直接关系到各国高新技术产业的竞争力强弱。一方面开放国内市场,迅速与国际市场接轨,意味着国内企业可以在更低的关税水平下进行国际范围采购,生产成本会进一步降低,同时也意味着国外产品可以在低关税水平下进入本国,高新技术产业面临的是国内市场全面开放条件下日趋激烈的国际竞争。另一方面任何国家的高技术产品必须冲出国门,在国际市场取得更大份额,才能获得更大效益。

3. 产业孵化环境

高科技园区是高科技人才的云集地、是高新技术产业的密集地、是发展高技术企业的孵化器。发达国家关于高技术综合体初期发展的研究表明,无论是增长极理论还是孵化器理论都说明了创办科学园能够创造良好的孵化环境,促使高技术企业不断繁衍和集聚,从而形成推动型产业,并通过乘数效应带动园区内其他产业的发展。同时,园区内的供应商、制造商和客商日益频繁地互相作用,形成一条龙的服务,能够降低交易费用,产生协同效应,促进区域经济的整体发展和产业结构的转换升级。园区的发展状况最能体现出一个地区对高科技产业的孵化能力。而高技术园区是集优惠政策、先进技术及优美的生活工作环境为一体的区域,为高新技术产业提供良好的成长环境,其发展状况也很大程度上反映出高新技术产业的竞争能力。

4. 相关产业环境

根据价值链理论,高新技术产业具有高渗透性,产业发展深度

(技术水平)和广度(产业规模)将在很大程度上依赖于其上游产业,可以说,相关产业协调快速发展,将会为中国高新技术产业开拓许多新的发展空间。

5. 政策环境

不论是发达国家还是发展中国家,高新技术产业无不是在国家大力扶持产业的政策下成长起来的。高新技术产业是一种高风险、高投入,但又是高经济效益、高社会效益的产业,国家只有在科研资金的投入、税收、信贷、风险资金等政策上给予高新技术产业发展提供优惠的条件,才能吸引社会各方面资源投入到高新技术产业领域,提高高新技术产业的竞争实力,发挥高新技术产业的战略作用。

第8章　我国高新技术产业竞争力单项指标评价

我国高技术产业是否具有竞争力,竞争力程度如何,需要进行评价和比较,这不仅是理论的具体化,也是发现问题的最好途径。单项指标评价法是就单项指标对比而采用的方法,用我国不同年度或不同国家有关指标的数值进行对比,展开实际分析,得到相应的结论。该种方法的优点是简单易行,比较直观。但单项指标仅能说明单项指标的优劣,不能综合体现综合竞争力的好坏。特别需要指出的是:本章对我国高技术产业竞争力的单项指标评价内容体系与设计的体系并不完全相同,因为设计的体系一方面要能充分体现竞争力,还要为综合评价提供更好的支持,为充分展示我国高新技术产业竞争力水平,本章研究的对单项评价的内容有些地方要比设计的评价体系内容更宽泛更详细,有的则采取简略方法处理。本章对我国高新技术产业竞争力的单项指标进行了分析,包括竞争实力指标中的产值规模指标、产业增加值指标、产业效益指标、产业进出口、产业技术能力指标;产业竞争潜力指标中的创新能力、科技人力资源投入强度、研发能力指标;竞争环境指标中的产业政策环境、产业技术条件、相关支持体系等指标。通过分析给出了总体单项指标的评价结论。

8.1 竞争实力评价

高新技术产业竞争实力包含了资源转化能力、市场转化能力和技术转化能力三个大方面,每个方面内部又包含不同的指标,在评价时本书选取了相关的关键性指标以及可替代性指标作为评价内容进行评价。

8.1.1 我国高新技术产业的产值规模分析

产值规模指标是反映高新技术产值总量的指标,它是高新技术产业发展规模实力的物理量,总体规模指标的发展代表高新技术产业的实力水平。以十年为分析时间段,我国高新技术产业产值规模发展变化情况见表8.1。

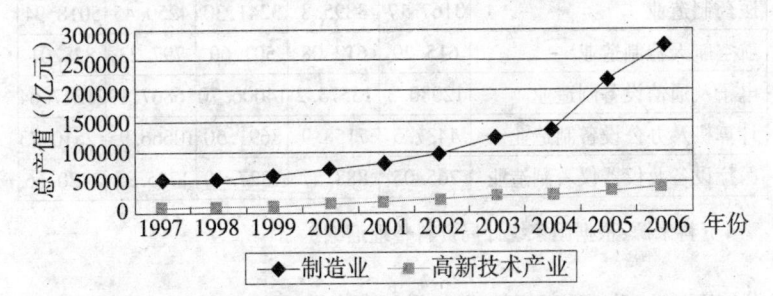

图8.1　1997—2006年制造业和高新技术产业总产值对比

由表8.1可见,按照1990年不变价计算,我国高新技术产业的工业总产值逐年增加,2003年28128.5亿元,2004年27768.6亿元,2005年34367亿元,2006年41996亿元。自1997年到2006年,十年间我国高新技术产业产值增长5.85倍,高新技术产业总产值与制造业总产值的增长变化可以从图8.1看出,制造业十年

表 8.1 1997—2006 年我国高新技术产业产值规模一览表

(亿元)

产业 \ 年份	1997	1998	1999	2000	2001
制造业合计	52744	54051	60887	71401	82127
高新技术产业合计	7162.68	9054.55	10878.4	14110.8	17082.6
医药制造业	1412.65	1585.97	1783.75	2217.52	2646.3
航空航天器制造业	314.51	323.37	347.75	407.76	502.98
电子及通信设备制造业	3982.01	5158.11	6619.58	8482.42	10286.4
计算机及办公设备制造业	1026.29	1543.59	1646.36	2407.18	2985
医疗设备及仪器仪表制造业	427.22	443.51	480.98	595.94	661.89

产业 \ 年份	2002	2003	2004	2005	2006
制造业合计	97452	122663	135287	217836	274572
高新技术产业合计	21065	28128.5	27768.6	34367	41996
医药制造业	3167.17	3895.8	3241.30	4250.45	5018.94
航空航天器制造业	615.29	612.08	501.60	797.23	828.01
电子及通信设备制造业	12080.3	15573.2	14006.70	16867.13	21217.64
计算机及办公设备制造业	4437.5	7158.9	8691.50	10666.95	12510.73
医疗设备及仪器仪表制造业	765.05	888.57	1327.40	1785.35	2420.66

资料来源:根据国家统计局资料整理汇编。

发展存在波动,而高新技术产业一直在稳定快速发展。其中,电子及通信设备制造业占 53%,居明显优势地位。医药制造业、航空航天器设备制造业、计算机及办公设备制造业和医疗设备及仪器仪表制造业的工业总产值大体分别占全部高新技术产业的 12.0%、2.0%、30%、3.0%。1997 年至 2004 年,我国高新技术产业总产值由 7162.68 亿元增加到近 28000 亿元,平均每年增长 41%,2004 年到 2006 年平均每年增长近 26%,大大高于同期制造业的平均增长速度 18.94% 的水平。

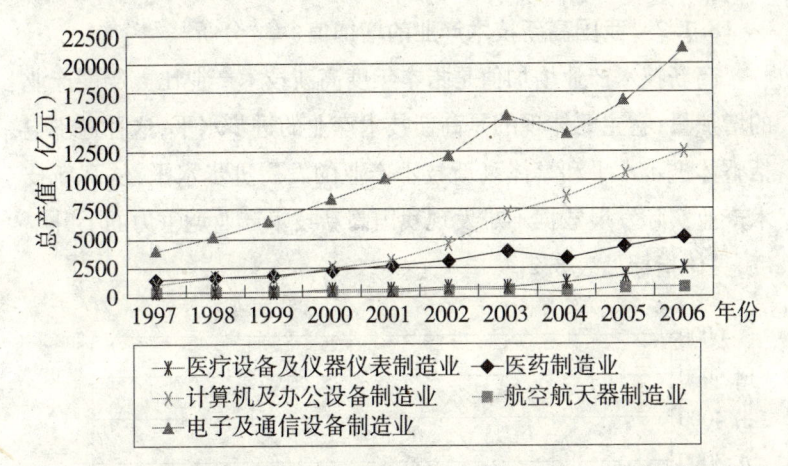

图 8.2　1997—2006 年各主要高新技术行业总产值对比数据图

对各高新技术产业而言,计算机及办公设备制造业的平均增长速度最快,高达 85.36%,航空航天器设备制造业平均增长速度最慢,只有 13.51%,低于同期制造业平均增长速度,具体见图 8.2。我国制造业总产值近年来稳步增长,以 2003 年不变价格计算总产值为 122663 亿元。但我国高新技术产业总产值占制造业总产值的比重从 1997 年至 2003 年却持续上升,2003 年为 22.93%,比 1997 年的 13.58% 上升了近 9.35 个百分点,2003 年后,由于我国能源电力工业的快速发展,再加之世界经济进入新的投资周期等因素,致使我国装备制造业繁荣,高新技术产业占制造业的比重增速放缓,2006 年我国高新技术产业总产值占制造业总产值的比重为 15.3%,高新技术产业逐渐成为拉动我国经济增长的主要动力。

8.1.2　我国高新技术产业的增加值(率)分析

高新技术产业增加值是指本年度高新技术产业比上年度产业的增加量，它主要体现的是高新技术产业的进步水平，这种进步包括整体进步水平和具体高新技术产业的发展进步水平，从高新技术产业实际发展数据不难发现我国高新技术产业竞争力的上升幅度，具体指标见表8.2。

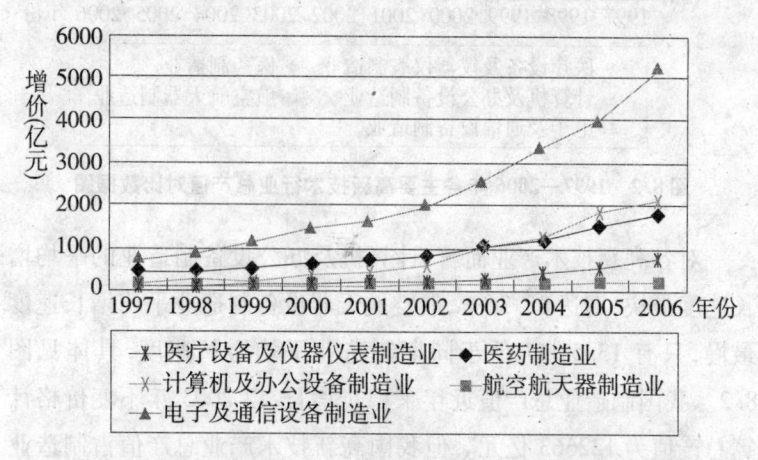

图 8.3　1997—2006 年各主要高新技术行业增加值对比数据图

由表8.2可见，从1997—2003年，我国高新技术产业增加值每年平均增长32.41%，远高于制造业增加值年平均增长速度16.62%的水平。其中计算机及办公设备制造业的平均增长速度最快，高达66.37%，电子及通信设备制造业次之，高达36.13%，仍高于整个产业的平均值，航空航天器设备制造业位居最后，只有6.23%，远低于整个产业的平均值，各具体高新技术产业增加值表现及发展历程趋势见图8.3。

表 8.2　1997—2006 年我国高新技术产业增加值一览表

（亿元）

年份 产业	1997	1998	1999	2000	2001
制造业合计	15756	15260	16852	19701	22312
高新技术产业合计	1539.96	1785.33	2107.12	2758.75	3094.81
医药制造业	411.51	432.91	514.86	633.88	722.43
航空航天器制造业	98.12	87.41	92.04	105.64	124.12
电子及通信设备制造业	728.70	869.75	1122.23	1471.26	1622.72
计算机及办公设备制造业	180.94	265.95	241.42	374.28	432.36
医疗设备及仪器仪表制造业	120.69	129.31	136.58	173.69	193.17

年份 产业	2002	2003	2004	2005	2006
制造业合计	26313	34089			
高新技术产业合计	3768.58	5034.02	6341.30	8127.79	10055.5
医药制造业	834.65	1024.92	1173.0	1529.8	1808.1
航空航天器制造业	148.69	140.90	149.2	209.02	241.24
电子及通信设备制造业	1939.17	2571.67	3366.0	4015.7	5118.2
计算机及办公设备制造业	603.96	1021.55	1226.3	1823.9	2111.3
医疗设备及仪器仪表制造业	242.12	274.98	426.80	549.32	776.61

资料来源：根据国家统计局等资料编绘。

从增加值占工业总产值比重来看，2003 年制造业增加值占总产值比重为 27.8%，而高新技术产业增加值占总产值的比重为 17.9%。五个主要高新技术产业中，只有医疗设备及仪器仪表制造业的增加值占总产值的比重超过制造业增加值占总产值的比重，但也只有 30.95%，其他四个均低于制造业的同项比重。电子及通信设备制造业和计算机及办公设备制造业的增加值占总产值的比重相对较低，分别只有 16.51% 和 14.27%，虽然这些产品更新周期较快,技术创新更为活跃,但这只能说明我国高新技术产业自身的生产能力和产出水平不高。通过我国高新技术产业增加值占制造业比重与其他国家的比较(见表8.3)可清晰看到我国高新技术产业竞争力的不足。从表中我们可以看出,我国高新技术产业增加值占制造业增加值的比重虽然逐年增长,但增长幅度不大,总量也比较低,不到美国的三分之一、日本的二分之一;相比之下,韩国作为新兴工业化国家,其高新技术增加值的比重却比较大。我国高新技术产业发展迅速,带动了整个制造业的增长。出现以三资企业为主要动力、信息技术类高新技术产业为主体的发展格局。近五年,是我国高技术产业的高速发展期。2006年,我国高新技术制造业规模和出口均居世界第二。初步统计,我国2007年高新技术产业工业增加值是2002年的3倍多。2006年,高技术产业总收入超过5.3万亿元,增加值占GDP的比重达到8%,而2002年这一比重只有3%,预计2010年将超过10%。预计2007年高技术产业总收入将超过6.3万亿元。

表8.3 部分国家高新技术产业增加值占制造业增加值的比重

(%)

年份 国家	1996	1997	1998	1999	2000	2001
中国	6.6	6.9	8.1	8.7	9.3	9.5
美国	21.1	21.6	21.8	22.1	23.0	—
德国	9.2	9.6	9.5	10.3	11.0	10.4
日本	16.5	16.7	16.8	17.8	18.7	16.7
韩国	17.2	17.2	17.5	19.3	20.9	17.2

资料来源:《2004中国高技术产业统计年鉴》。

从国际水平看,我国高新技术产业增加值占制造业增加值的比重与高新技术产业发达国家相比还有很大的差距,我国的比值还不到10%,而美国在1996年的比值就高达21.1%,且每年都有上涨之势;高新技术产业增加值占制造业增加值比重较大的还有日本、韩国和德国,这说明我国高新技术产业的规模竞争力水平还很低。由图8.4可以看出:我国高新技术产业增加值与世界主要国家比较在所占制造业比例方面明显低于发达国家,从总体发展趋势上看也不理想。

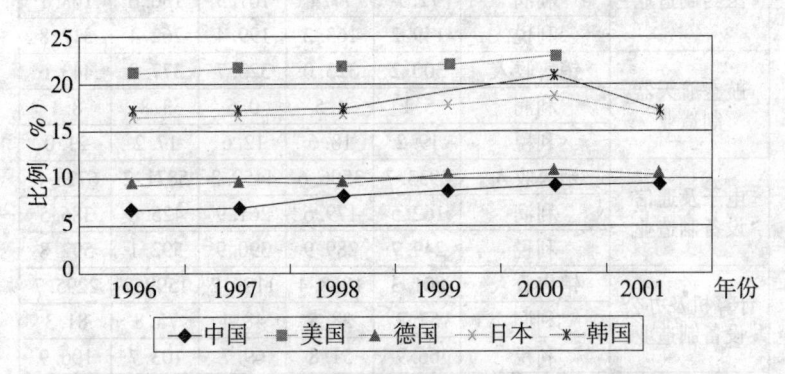

图 8.4 1996—2001 年部分国家高新技术产业增加值占制造业比例

8.1.3 我国高新技术产业产值利税分析

产业经济效益是衡量产业竞争力的重要指标,其中,产业销售收入、产业利润和产业利税是产业竞争力强弱的主要体现,从1997年到2006年十年间我国高新技术产业效益的这三大指标见表8.4。

高效益是高新技术产业的显著特征之一,但从我国高新技术产业的情况来看,其高收益优势并不明显。从表8.4中可见,2003

表 8.4 1997—2006 年我国高新技术产业产值利税一览表

(亿元)

产业	产值利税	1997	1998	1999	2000	2001
制造业合计	销售收入	54273	55020	59890	71698	80272
	利润	1111	957	1650	2733	3121
	利税	4294	4176	5145	6700	7522
高新技术产业合计	销售收入	5618.1	6579.9	7820.2	10034	12015
	利润	309.2	310.9	432.1	673.5	688.3
	利税	517.0	554.9	713.1	1033.4	1107.6
医药制造业	销售收入	1177.6	1264.1	1378.9	1627.5	1924.4
	利润	72.7	77.4	101.5	136.6	168.1
	利税	149.2	163.2	199.4	262.4	312.8
航空航天器制造业	销售收入	300.2	323.0	323.7	377.8	443.6
	利润	5.1	4.5	0.6	3.8	8.1
	利税	19.2	18.6	12.6	17.2	21.0
电子及通信设备制造业	销售收入	2933.7	3506.6	4458.3	5871.2	6723.6
	利润	162.5	179.6	261.9	425.8	386.5
	利税	249.7	289.9	390.9	592.1	592.8
计算机及办公设备制造业	销售收入	801.3	1068.4	1199.2	1599.2	2295.7
	利润	57.7	38.5	48.4	75.8	81.3
	利税	66.9	51.8	69.7	103.7	106.9
医疗设备及仪器仪表制造业	销售收入	405.4	417.8	460.1	558.1	627.9
	利润	11.2	10.9	19.7	31.6	44.3
	利税	32.1	31.4	40.5	57.8	74.2

产业	产值利税	2002	2003	2004	2005	2006
制造业合计	销售收入	94114	124035	171837	213844	270478
	利润	4146	6165	8662	9704	12811
	利税	9091	12119	10969	18441	23665
高新技术产业合计	销售收入	14614	20412	27846	33922	41585
	利润	741	971	1244.6	1423.2	1777.27
	利税	1166	1465	1783.8	2089.6	2611.2
医药制造业	销售收入	2279.9	2750.7	3033.0	4019.83	4718.82
	利润	201.4	259.6	275.00	338.20	372.55
	利税	365.8	446.9	479.80	584.4	643.15

续表

产业	产值利润	2002	2003	2004	2005	2006
航空航天器制造业	销售收入	12.0	14.9	498.40	781.4	798.88
	利润	499.9	547.2			
	利税	28.04	27.9	37.30	56.13	64.28
电子及通信设备制造业	销售收入	7658.7	9927.1	13819	16646	21069
	利润	358.3	460.7	643.60	650.83	886.30
	利税	537.3	647.8	860.50	927.29	1269.57
计算机及办公设备制造业	销售收入	3441.7	6305.9	9192.70	10722.	12634.2
	利润	117.9	170.7	213.50	262.65	276.34
	利税	147.7	209.9	269.50	331.04	358.77
医疗设备及仪器仪表制造业	销售收入	734.0	880.5	1303.0	1752.2	2363.82
	利润	51.4	65.5	94.10	139.14	196.13
	利税	87.2	105.0	148.2	202.31	278.91

资料来源：根据国家统计局资料等汇编。

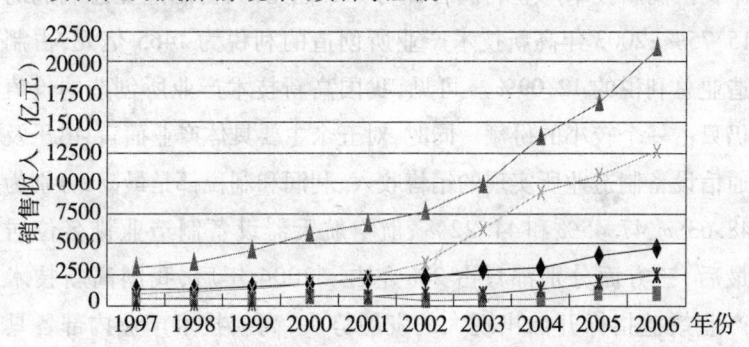

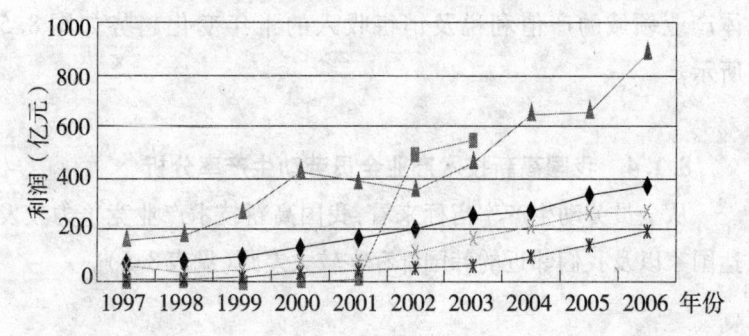

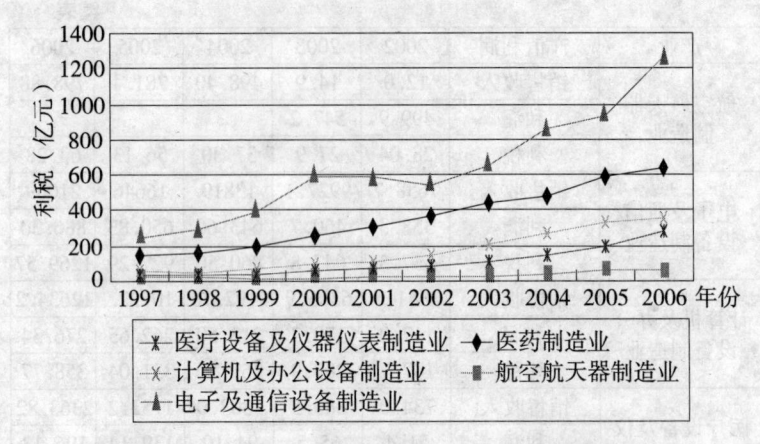

图 8.5　1997—2006 年我国高新技术产业产值利税对比图

年我国高新技术产业利润合计为 971 亿元,只占制造业总利润的 15.75%;2003 年高新技术产业所创造的利税为 1465 亿元,占制造业总利税的 12.09%。可见,我国高新技术产业所创造的价值仍只占一个较小的份额。同时,对五个主要具体产业而言,电子及通信设备制造业所实现的销售收入、利润和利税都是最高,分别为 48.63%、47.45% 和 44.22%;航空航天器设备制造业排名位居最后,三方面分别都只占 2% 左右。2004 年后,我国高新技术产业效益指标开始出现大的发展势头,高新技术产业内部各具体产业领域的产值利税及销售收入的十年变化趋势如图 8.5 所示。

8.1.4　我国高新技术产业全员劳动生产率分析

从全员劳动生产率指标来看,我国高新技术产业竞争力较发达国家以及我们邻近的韩国都存在较大差距(见表 8.5)。

表 8.5　部分国家全员劳动生产率一览表

（美元/人）

年份 国家	1990	1999	2000	2001	2002
中国	528	1320	1428	1540	1646
美国	45762	64494	67296	68296	69997
德国	41930	51535	45719	45203	48257
日本	47610	65694	69794	61266	58716
韩国	12867	17184	19209	17574	19399

资料来源：国家统计局编，《2004 国际统计年鉴》。

全员劳动生产率用人均增加值来表示，它不仅反映经济效益，也反映生产力水平，综合表现了一个产业的技术水平、经营管理水平、职工技术熟练程度和劳动积极性。目前，从全员劳动生产率上看，我国整体上是稳步上升的，我国高技术产业与制造业的其他领域比较具有相对较高的劳动生产率，但仍大大低于世界高新技术产业发达的国家。如 2002 年，美国的全员劳动生产率高达 69997 美元，为中国的 42 倍之多。具体到高新技术产业，据《2004 年中国高技术产业统计年鉴》统计，2002 年我国高新技术产业的劳动生产率为 10800 美元，美国 2000 年为 117000 美元，日本 2001 年高新技术产业劳动生产率也高达 89900 美元，德国 2001 年为 52600 美元，都远远高于我国的高新技术产业劳动生产率，这说明我国的高新技术产业发展还处于初级阶段。

8.1.5　我国高新技术产业的贸易状况分析

1. 进出口规模与竞争力

进出口规模是衡量产业国际市场份额的重要指标，而竞争强弱通常用贸易竞争力指数和产业内贸易（IIT, In-tra-Industry

Trade)来表示。

表 8.6 1997—2006 年我国高新技术产品贸易额一览表

(亿元)

年份 项目	1997	1998	1999	2000	2001
出口额	1352.05	1676.58	2045.07	3066.57	3845.25
进口额	1980.66	2417.55	3112.48	4346.74	5306.88
贸易总额	3332.71	4094.13	5157.55	7413.31	9152.13
净出口额	-628.61	-740.97	-1067.41	-1280.17	-1461.63
TSC	-0.19	-0.18	-0.21	-0.17	-0.16

年份 项目	2002	2003	2004	2005	2006
出口额	5606.00	9134.28	14831	17636	23476
进口额	6859.81	9877.80	13628	15641	
贸易总额	12478.49	19012.08	28459	33277	
净出口额	-1253.81	-743.53	1203	1995	
TSC	-0.10	-0.04	0.012	0.045	

资料来源:《2004 中国统计摘要》。

由表 8.6 可见,近年来,我国高新技术产品的出口和进口额都得到了持续高速增长,2003 年我国高新技术产品出口 9134.28 亿元,比上年增长了 62.6%;进口额 9877.8 亿元,同比增长 44%。十年间,我国高新技术产业进出口变化趋势见图 8.6。虽然在进出口量上都有了很大的增长,但我国高技术产业的国际竞争力并不高。国际竞争力的高低可以用贸易竞争力指数(TSC)来衡量,贸易竞争力指数是通过对一个国家某类产品进出口额的计算,表明该国是某类产品的净出口国,还是净进口国,以及净进口或净出口的相对规模。该系数是国际上广泛采用的分析产品国际竞争力的指标,它的值等于出口与进口的差额除以进出口总额。TSC 的

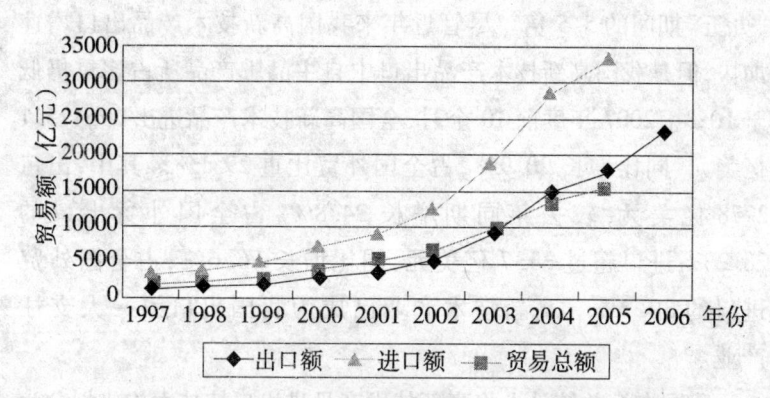

图 8.6　1997—2006 年我国高新技术产品贸易额对照示意图

值在 -1 和 1 之间,当 TSC 等于 1 时,表示完全出口特化,国际竞争力高;反之,若等于 -1,则表示完全进口特化,产品全部依赖进口,国际竞争力低。从 1997 到 2006 年间,我国高技术产业的贸易竞争指数呈现上升的趋势,但一直为负,说明逆差虽然在减少,但进口一直大于出口。2004 年我国高新技术产品进出口首次实现顺差,贸易顺差达 41.1 亿美元。2004 年进出口净增 973 亿美元,首次超过 3 千亿美元,在 2003 年出口净增 425 亿美元的基础上,2004 年出口净增 552 亿美元,拉动外贸出口增长 13 个百分点,国际竞争力贸易竞争指数(TSC)为 0.012。2005 年,我国高新技术产品贸易实现了两个"首次"突破:一是全年进出口额首次突破 4 千亿美元,达到 4159.6 亿美元,比上年同期(下同)增长 27.2%,占全国商品进出口总额的比重达到了 29.2%;二是全年出口首次迈上两千亿美元台阶,达到 2182.5 亿美元,比上年净增 527.1 亿美元,占全国商品出口额的比重 28.6%,比上年增长 0.7 个百分点。2005 年我国高新技术产业国际竞争力贸易指数(TSC)为 0.045,"十五"期间我国高技术产品出口总额 6084.2 亿美元,是

"九五"期间的5.5倍。尽管近年来我国高新技术产品出口增速加快,但是我国高新技术产品出口中自主品牌产品所占比重仍低于10%。2007年度前10个月,全国高新技术产品进出口5115.1亿美元,同比增长20.9%,占全国外贸比重29.1%。其中,出口2778亿美元,较去年同期增长24.8%,占全国外贸出口的28.2%;进口超过2337亿美元,同比增长16.6%,占全国外贸进口的30.2%。高新技术产业已成为我国出口第一大支柱产业。

我国在海关统计上将高新技术产品进出口按技术构成划分为计算机与通信技术、电子技术、计算机集成制造技术、航空航天技术、光电技术、生物技术、材料技术以及其他技术九个类别的产品。根据我国高新技术产品2005年进出口数据,按照TSC指数计算公式计算这九大类别和全部高新技术产品的贸易竞争力指数:生命科学技术为0,计算机与通信技术0.049,光电技术0.354,生物技术0.307,其他技术0.206。除上述外其他均为负值,由此说明我国高新技术产业竞争力在各领域的差异。

产业内贸易(IIT, In-tra-Industry Trade)是指某一时期内一国同时出口和进口属于同一产业的商品。在当代国际经济活动中,这种现象已相当普遍。目前,世界上大约有1/4的工业品贸易是以产业内贸易的形式出现,国际上通用的产业内贸易指数是Grubel和Lloyd(1975)提出的,测量产业内贸易指数的公式为:

$IIT_i = 1 - (X_i - M_i)/(X_i + M_i)$

其中,X_i和M_i分别表示一个国家在一定时期内产业i的出口额和进口额。当没有产业内贸易时为0;当进出口完全是产业内贸易时为1。产业内贸易指数的大小与产业内贸易的重要性程度相一致,即该指数与产业内贸易变化关系表现为正相关。指数越接近1,说明在生产专业化方面的相互依赖程度越高,产业内分工程度越高,产业内贸易越发达,一定程度上表明产业国际竞争力和产品国际竞争力较强。1999年我国高新技术产品的产业内贸易指数为0.793,到2004年为0.987,2005年为0.951,从时间序列看呈逐年增大的趋势,产业内贸易发展水平较高,这表明从总体上看我国高新技术产业具有产业内分工的特征。从组成高新技术产品的分类来看,各分类产品的产业内贸易发展不平衡,计算机与通信、生命科学、光电、生物技术产品的产业内贸易指数较高,而电子、计算机集成制造、航空航天等产业内贸易指数较低。高新技术产业之所以具有较高的产业内贸易指数,一是高新技术产品具有异质性,技术越发展,导致同种产品的系列化不断发展;二是高新技术产品市场是不完全竞争市场,具有规模经济的特征;三是高新技术产业国际分工进一步深化,专业分工协作精细,存在大量的产业内分工和企业内分工。我国高新技术产品产业内贸易指数从总体上看之所以较高,是因为我国产业结构调整取得显著成效,加强了对引进外资的产业引导,大量的跨国公司向我国制造业尤其是高新技术产业直接投资,加快产业转移,在高新技术产业内形成了与发达国家、新兴工业化国家和地区的水平型分工,许多企业还参与到跨国公司的内部分工中。我国高新技术产业虽然参与了国际高新技术产业分工,但在分工层次结构上大都处于加工制造环节,因此,我国高新技术产品的贸易方式以加工贸易为主,包括进料加工、来料加工和来件组装。我国高新技术产品加工贸易比重1993年是70.2%,2005年是90%以上。正因我国在全球高新技术产业链分工中处于生产制造环节,这也使我国高新技术产品出口中具有自主知识产权的高新技术和创新产品少,缺乏品牌竞争力。

出口的主要高新技术产品是贴牌生产的,有大量的低端产品和中间产品。2003年我国出口规模最大的15种高技术产品中,有8类以上是中间产品,2004年扩大到9类。高新技术产品在我国国内的加工链较短,相应地加工增值环节少,增加值率较低,加工装配模式决定了在对外贸易中只能赚取微薄的加工组装费,而高利润部分被拥有核心技术、掌握市场资源的跨国公司赚取,高新技术产品在国际市场的盈利能力较差。两头在外,大进大出的传统贸易方式在我国高新技术产业领域依然存在,它将严重制约我国高新技术产业发展。

从上述对我国高新技术产品的贸易竞争力指数TSC和产业内贸易指数IIT的分析来看,我国高新技术产品的国际竞争力总体上呈逐年提升的发展趋势。但高新技术产品的国际竞争力不高,仍然处于一个较为被动的地位,我国高新技术产品的国际竞争力仍有待进一步提升。

2. 高新技术产品的贸易地位与出口密集度

高新技术产品的贸易地位通常以高新技术产品进出口在对外贸易中的比重来表示,1997年到2003年我国高新技术产品进出口在对外贸易中的比重见图8.7。由图可知,1997年到2003年我国高新技术产业进出口额以及进出口在对外贸易中的比重都处于上升阶段,进口额虽大于出口额,但从总体上看,出口上升幅度大于进口上升幅度。我国对外贸易结构已经得到了较大的改善。2003年高新技术产品进口占外贸总进口中的28.9%,出口所占比例不断上升,达到25.2%。2004年后,我国高新技术产品的贸易地位又有了显著提升(见表8.7),截至2006年,高新技术产业进出口不但是我国进出口的支柱产业,而且是我国经济增长的三大动力源之一。

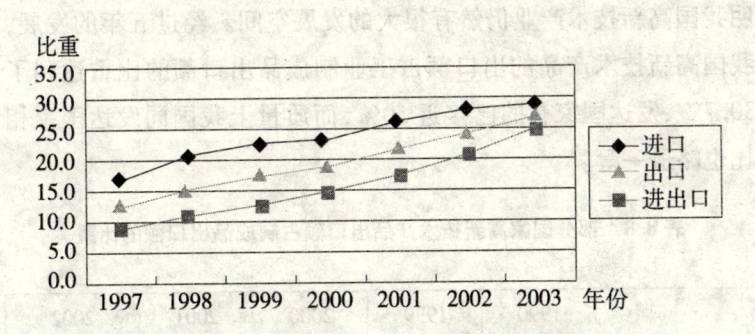

第8章 我国高新技术产业竞争力单项指标评价

图8.7 高新技术产品进出口在对外贸易中的比重示意图

表8.7 2004—2006年高技术产品进出口贸易额一览表

项目 \ 年份	2004	2005	2006
高技术产品进出口贸易总额(亿元)	3267	4160	5288
占商品进出口贸易总额比重(%)	28.3	29.2	30.0
占工业制成品进出口贸易总额比重(%)	32.8	33.9	34.8
高技术产品出口贸易总额(亿元)	1654	2182	2815
占商品出口贸易总额比重(%)	27.9	28.6	29.0
占工业制成品出口贸易总额比重(%)	29.9	30.6	30.7
高技术产品进口贸易总额(亿元)	1613	1977	2473
占商品进口贸易总额比重(%)	28.7	30.0	31.2
占工业制成品进口贸易总额比重(%)	36.3	38.6	40.9
高技术产品进出口贸易差额(亿元)	41	205	342

出口密集度是指高新技术产品的出口额占制成品出口额的比重,从国际比较角度上看,我国高新技术产品的出口额占制成品出口额的比重仍低于高新技术产业发达国家,韩国和美国的比值都在30%以上,而我国2002年刚超出20%多一点(见表8.8),这说

明我国高新技术产业仍然有很大的发展空间。经过五年的发展，我国高新技术产品的出口额占工业制成品出口额的比重达到了30.7%，发达国家有的已接近50%，而质量上我国同发达国家相比也略逊一筹。

表8.8 部分国家高新技术产品出口额占制成品出口额的比重

(%)

	1990	1999	2000	2001	2002
中国	—	16.8	18.6	20.6	23.3
美国	33.0	34.2	33.5	32.5	31.8
德国	11.1	15.9	17.7	17.8	16.6
日本	23.8	26.3	28.4	26.3	24.5
韩国	17.8	31.9	34.8	29.6	31.5

3. 高新技术产品出口内部技术领域分布

高新技术产品出口内部技术领域分布结构主要反映高新技术产品出口的比例构成和结合状况,体现高新技术产业内部出口主体的构成。从1995—2006年我国高新技术产品出口一览表中不难看出,我国高新技术产业所有领域均出现了出口大幅度增长的局面,说明我国高新技术产业竞争力整体得到了提升,电子及通信设备制造业和电子计算机及办公设备制造业构成了高新技术产业的出口主体。航空航天制造业的国际竞争力与我国的航天大国地位并不相称,医药制造业的出口数值同我国世界人口第一的事实也不匹配,医疗器械与仪器也说明了同样的问题。通过表8.9我们可以清晰地看到我国高新技术产业内部各领域竞争力的差别。

表8.9 我国高新技术产品出口一览表

(亿元)

年份 行业	1995	2000	2002	2003	2004	2005	2006
合计	1125.23	3388.38	6020.02	9098.27	14830.90	17635.97	23476.46
医药制造业	127.32	167.93	203.95	300.23	343.40	439.28	538.69
1. 化学药品制造	110.12	139.22	163.83	226.85	252.60	312.75	367.85
2. 中成药制造	10.29	15.09	19.19	11.70	15.70	25.22	33.70
3. 生物、生化制品的制造	1.68	10.06	14.34	23.92	26.80	55.26	68.94
航空航天器制造业	16.44	31.23	45.64	54.52	42.40	77.76	121.10
1. 飞机制造及修理	15.30	27.53	41.41	54.26	41.70	77.33	119.75
2. 航天器制造	1.13	3.70	4.23	0.26	0.70	0.44	1.35
电子及通信设备制造业	712.24	2157.78	3286.87	4401.77	7259.90	9409.95	12130.76
1. 通信设备制造	116.32	439.28	820.54	1018.28	1891.00	3084.64	4034.69
2. 雷达及配套设备制造	1.66	6.05	8.67	10.75	4.10	14.25	23.63

续表

年份 行业	1995	2000	2002	2003	2004	2005	2006
3. 广播电视设备制造	2.74	4.24	19.74	27.82	92.20	66.67	99.08
4. 电子器件制造	91.55	367.72	503.42	837.68	1664.20	1819.58	2379.64
5. 电子元件制造	196.22	644.39	930.46	1181.64	2019.50	2548.66	3417.04
6. 家用视听设备制造	262.05	590.33	918.17	1219.59	1502.50	1707.55	1916.11
7. 其他电子设备制造	41.69	105.78	85.87	106.01	86.50	168.61	260.57
电子计算机及办公设备制造业	219.15	904.12	2320.31	4137.31	6845.70	7194.57	9997.70
1. 电子计算机整机制造	75.31	239.82	1010.11	1805.23	3527.70	3160.92	5264.05
2. 电子计算机外部设备制造	129.24	538.21	1154.80	2053.79	2964.60	3593.32	4211.71
3. 办公设备制造	14.60	126.10	155.40	278.29	353.50	440.32	521.94

续表

年份 行业	1995	2000	2002	2003	2004	2005	2006
医疗设备及仪器仪表制造业	50.07	127.30	163.25	204.44	339.40	514.42	688.22
1. 医疗设备及器械制造	22.68	49.86	54.95	57.26	100.80	114.52	168.02
2. 仪器仪表制造	27.40	77.44	108.29	147.18	238.60	399.89	520.20

注:1995年的数据口径为全部独立核算工业企业,2000—2006年的数据口径为全部国有及年销售收入在500万元以上的非国有工业企业。

8.1.6 我国高新技术产业的技术能力分析

高新技术产业技术能力主要包括新产品开发能力与新产品销售、产业装备及关键技术和产业技术费用支出能力。产品开发能力越强,产业装备及关键技术越先进,产业技术费用支出越大,高新技术产业的竞争能力就越能得以提升。

新产品开发能力有五项指标组成:新产品开发项目数,新产品开发经费支出,新产品产值,新产品销售收入和新产品实现利润。自1997年到2006年十年间我国新产品开发的五项指标统计见表8.10。

表 8.10　新产品开发能力分析

项目＼年份	1997	1998	1999	2000	2001
新产品开发项目数（项）	9312	9873	10752	10986	12196
新产品开发经费支出（亿元）	52.6	70.8	94.4	117.8	134.5
新产品产值（亿元）	1084.8	1401.2	1720.7	2667.3	2957.2
新产品销售收入（亿元）	805.2	1207.3	1525.7	2483.8	2875.9
新产品实现利润（亿元）	106.3	123.6	145.6	226.6	217.6

项目＼年份	2002	2003	2004	2005	2006
新产品开发项目数（项）	12196	16713			
新产品开发经费支出（亿元）	169.0	207.6	258.8	415.7	510
新产品产值（亿元）	3514.3	4692.2	6092.5	7034.8	8493.26
新产品销售收入（亿元）	3416.1	4515.0	6098.9	6914.7	8248.9
新产品实现利润（亿元）	291.3	352.1			

资料来源：根据国家统计局公布数据整理汇编。

1. 新产品开发能力分析

由表 8.10 我们可以看出，由于对新产品开发经费投入的不断增加，我国高新技术产业新产品近年来的产值、销售收入和实现利税都在不断攀升。2003 年新产品总产值为 4692.2 亿元，占高新技术产业总产值的 16.68%，实现利润 352.1 亿元，占高新技术产业实现利润总额的 36.3%。从 2003 年到 2006 年我国高新技术产品总产值、新产品开发经费支出、新产品销售收入等指标平均增长均在 20% 以上。如果按行业划分，电子及通信设备制造业总产值最高，占整个新产品产值的 61.49%，其次是计算机及办公室设备制造业，占 23.97%，排名最后的为医疗设备及仪器仪表制造业，仅占 2.6%。同时，各产业销售收入和实现的利税排名和总产值排名相一致。

2. 关于高新技术产业装备及关键技术分析

由于各分领域的装备差异和获取资料的限制,再加上篇幅制约,本书以电子及通信设备制造业为例分析如下:①在程控交换机方面:经过近20年的引进、消化、吸收和创新,从90年代初巨龙04机的诞生,到华为08机、中兴10机和金鹏601机等拥有自主知识产权的程控交换机的相继问世,标志着中国在程控交换机方面已经拥有了参与国际竞争的实力。②移动通信方面:以大唐、华为和中兴等企业开发出第二代GSM数字交换机已经开始入网使用并逐渐成熟。同时,窄带CDMA的研究和市场投入也已经取得相当进展。但由于国内集成电路研究开发和产业发展水平总体上与发达国家相比有较大差距,伴随生产线引进或合资而引入的技术尚不能支撑自主开发,国内自主开发的手机产品还无力与国外品牌产品相竞争。此外,第三代移动通信系统技术的研究开发在中国还是空白。③卫星通信方面:中国目前的国际通信和国内地面通信网不能够覆盖的边远地区的通信主要依靠租用国际卫星组织的卫星来实现。但是大型卫星地面站和VSAT通信站的设备主要依靠进口,国内在系统集成、监控技术方面具有一定能力。中高速数据通信和互联网等设备主要依靠进口,国内虽有少量自行研制的替代进口的产品,但是规模效益和质量与进口产品相比尚存在较大差距。④传输设备方面:中国在电缆和光缆数字传输系统方面密切跟踪国外先进技术水平,通过引进消化吸收国外先进技术和自主开发,研制成功了"4×2.5千兆比特每秒双向154公里无中继波分复用光纤传输系统",达国际先进水平。目前PH系列从2—565千兆比特每秒,SDH系列从2.5—4×2.5千兆比特每秒等都有自主产品。数字微波传输设备和通信卫星主要依赖于进口。⑤新技术装备方面:异步传输模式(ATM)系统国内已经有样品,在接入网产品方面也有一些初步进展,但是尚未形成与发达国家相关产品竞争的能力。在近年来增长最快的网络产品如路由器、服务器和第三代交换产品方面,国内基本上处于空白阶段,需要在技术开发、产业规模等方面不断开拓创新。

8.2 竞争潜力评价

8.2.1 创新活力

创新活力是高新技术产业的基石,创新活力与国家科技整体实力有很强的联系,创新活力指标主要有两项,一项是专利申请与拥有发明专利数,它是创新活力的直接表现,另一项是间接表现指标,本书以国际检索三系统收录论文量来衡量。

1. 专利申请与拥有发明专利数

从1997年到2006年的10年间,我国高新技术产业专利申请与拥有发明专利数均取得了长足发展(见表8.11),其中申请专利数以40%的速度增长,发明专利以近30%的速度增长,专利申请与拥有发明专利数居前三位的是医药制造业、电子及通信设备制造业、计算机及办公设备制造业。10年间我国高新技术产业专利申请与拥有发明专利数变化过程及趋势见图8.8。

我国专利面临的一个严峻形势是,我国自有专利主要以外观设计和使用新型为主,发明专利占比重较小,而外国在华专利结构中,占比重最大的则是发明专利;在发明专利中,我国自有专利仅占三分之一,剩余三分之二全部被外国把持。这一状况反映了我国科技发展缺乏核心技术和关键技术。例如1997年至1999年,我国受理的医药制造业、航空航天器制造业、电子及通信设备制造业、计算机及办公设备制造业四大高新技术产业的专利申请中,

表 8.11 1997—2006 年我国高新技术产业专利申请与拥有发明专利数一览表

名称	(件)	1997	1998	1999	2000	2001
高新技术产业合计	申请数	713	1076	1482	2245	3379
	发明专利	341	771	845	1443	1553
医药制造业	申请数	257	275	283	547	735
	发明专利	134	224	232	414	308
航空航天器制造业	申请数	79	109	93	79	99
电子及通信设备制造业	申请数	243	476	751	1099	1679
	发明专利	94	238	326	589	828
计算机及办公设备制造业	申请数	34	81	139	263	558
	发明专利	13	47	69	131	115
医疗设备仪器仪表制造业	申请数	100	135	216	257	308
	发明专利	62	80	161	170	197
名称	(件)	2002	2003	2004	2005	2006
高新技术产业合计	申请数	5590	8270	11026	16823	24301
	发明专利	1851	3356	4535	6658	8141
医药制造业	申请数	999	1305	1696	2708	2383
	发明专利	484	459	902	1134	1965
航空航天器制造业	申请数	176	282	155	328	510
	发明专利	126	141	73	192	228
电子及通信设备制造业	申请数	2956	4890	6986	11022	16708
	发明专利	1068	2100	2453	4268	3807
计算机及办公设备制造业	申请数	953	1243	1334	1863	3221
	发明专利	38	271	711	473	1174
医疗设备仪器仪表制造业	申请数	506	550	855	902	1479
	发明专利	135	385	396	591	967

国内仅占 23.3%,国外占 76.7%;在生物工程领域,美国拥有的专利占世界专利总量的 59%,欧洲占 19%,日本占 17%,包括中国在内的其他国家只占 5%;在药物领域,美国拥有 51% 的世界专利,欧洲为 33%,日本为 12%,包括中国在内的其他国家仅为

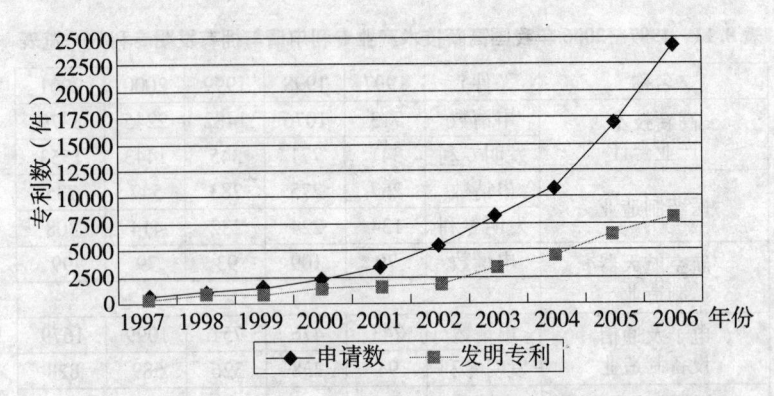

图 8.8 1997—2006 年我国高新技术产业专利申请与拥有发明专利数

4%。目前,外国企业特别是跨国公司和企业集团正以大量的发明专利申请作为抢占中国市场的前导,使他们的技术优势变成竞争优势,然后再开发市场以取得市场优势,这使得我国高新技术产业的发展和结构越来越受到发达国家的专利制约。

2. 三系统收录论文量

表 8.12 列出 1995—2006 年间国外三系统收录我国论文总数及在世界上的位置,从表中可以看出,我国收入三系统的论文总数每年都在稳步上升,在国际上的地位也呈上升趋势,这说明我国科技创新能力正在不断加强。2006 年,我国的 SCI、EI 和 ISTP 论文总数达到了 17.2 万篇,占世界论文总数的 8.4%,比 2005 年的 15.3 万篇增加了 12.4%,所占份额较 2005 年上升了 1.5 个百分点。按照国际论文数量排序,我国跃居世界第 2 位,10 年间我国进入国际三大检索的论文情况变化过程及趋势见图 8.9 所示。论文总数位居前 5 位的国家分别是:美国、中国、日本、英国、德国。但是,我国论文被引用次数均低于世界平均水平,而且各学科篇均被引用次数与世界平均水平的差距变化较大。这反映了我国各学

科论文整体质量不高和学科的科研水平不均衡等问题。

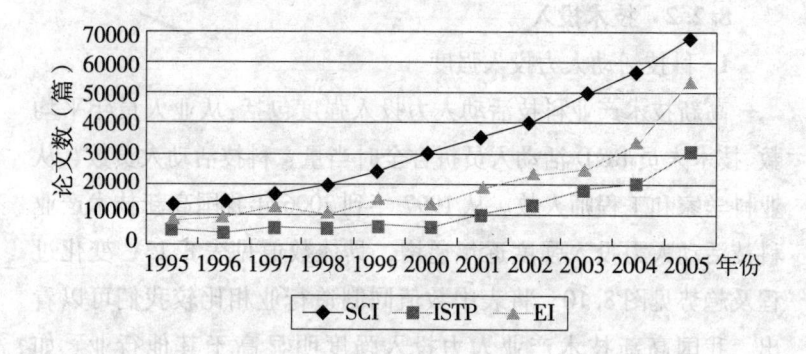

图 8.9　1995—2005 年国外三系统检索工具收录我国论文总数

表 8.12　国外三系统检索工具收录我国论文总数及在世界上的位置(1995—2006)

名称	项目	1995	1996	1997	1998	1999	2000
篇数合计		26395	27569	35311	35003	46188	49678
三系统发表论文篇数	SCI	13134	14459	16883	19838	24476	30499
	ISTP	5152	3963	5790	5273	6905	6016
	EI	8109	9147	12638	9892	14807	13163
三系统发表论文排名	SCI	15	14	12	12	10	8
	ISTP	10	11	9	10	8	8
	EI	7	6	4	5	3	3

名称	项目	2001	2002	2003	2004	2005	2006
篇数合计		64526	77395	93352	111356	153374	17.2万
三系统发表论文篇数	SCI	35685	40758	49788	57377	68226	
	ISTP	10263	13413	18567	20479	30786	
	EI	18578	23224	24997	33500	54362	
三系统发表论文排名	SCI	8	6	6	5	5	
	ISTP	6	5	6	5	5	
	EI	3	2	3	2	2	

资料来源：根据国家统计局等资料汇编。

8.2.2 技术投入

1. 科技活动人力投入强度

高新技术产业科技活动人力投入强度包括：从业人员年平均数、技术人员 R&D 活动人员折合全时当量、科技活动人员数、从业科学家和工程师人数。从 1997 年到 2006 年我国高新技术产业科技活动人力投入强度逐年递增，具体数值见表 8.13，变化过程及趋势见图 8.10。将表中数值同制造行业相比较我们可以看出，我国高新技术产业人力投入强度明显高于其他行业。如 2003 年，我国高新技术产业从业人员中工程技术人员所占比重为 8.68%，比全部制造业 4.87% 的水平高出 3.8 个百分点。同时，我国科技活动人员占所有高新技术从业人员的比重为 5.83%，其中科学家和工程师等核心人才所占比重为 3.82%，这些都大大高于其他制造行业。

从 R&D 人力投入方面看，我国从事 R&D 活动的人员在量上很大，但我国每万人中从事 R&D 的活动人员数在 2001 年只有 13 人，远远低于高新技术产业发达国家。日本每万人中从事 R&D 活动人员数在 2002 年高达 128 人，将近我国的 10 倍。其中，从事 R&D 活动的科学家和工程师等核心人才，2001 年我国每万人中只有 10 人，而美国有 90 人，日本更是高达 97 人。这说明，我国虽然具有科技人力资源优势，但目前的产业结构和经济增长方式在很大程度上制约了经济、社会发展对 R&D 核心人才的有效需求，导致了我国高新技术产业 R&D 能力不足。

2. 产业技术费用投入

产业技术费用支出能力包括技术改造经费支出，技术引进经费支出，消化吸收经费支出和购买国内技术经费支出。以1995

表 8.13　高新技术产业科技活动人力投入强度

(千)

年份 人力投入强度	1997	1998	1999	2000	2001
从业人员年平均数	4304.5	3926.9	3844.7	3899.8	3983.5
工程技术人员	364.7	357.4	358.6	360.7	380.9
R&D活动人员折合全时当量	96.1	70.9	92.6	91.6	111.6
科技活动人员	263.7	253.9	267.4	260.9	273.6
科学家和工程师	145.3	118.4	128.7	151.1	169.4

年份 人力投入强度	2002	2003	2004	2005	2006
从业人员年平均数	4238.9	4772.8	5868.8	6633.4	7444.9
工程技术人员	406.5	414.1	345.9	468.7	509.7
R&D活动人员折合全时当量	118.5	127.9	120.8	173.2	189.0
科技活动人员	273.9	278.0	290.0	347.1	394.0
科学家和工程师	173.5	182.4	182.3	240.4	263.8

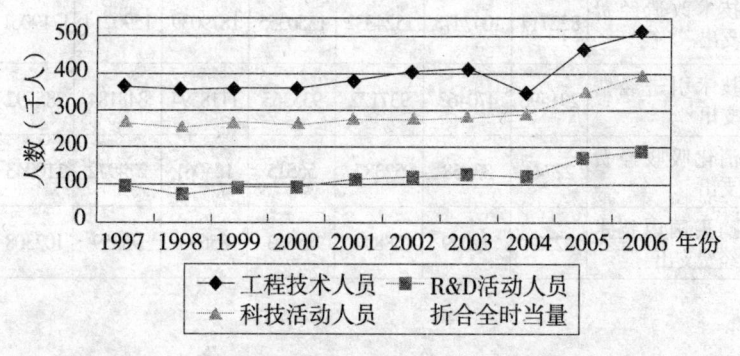

图 8.10　高新技术产业科技活动人力投入强度

年为基数，2000年到2006年我国高新技术产业主要技术费用支出情况见表 8.14。技术改造经费支出年平均增长14%，这个速度远小于高新技术产业的发展速度，甚至小于制造业的增长速度；技术引进经费支出额基本维持不变，一方面说明我国对国外先进技术引进力度不够，另一方面说明我国自身技术发展迅速；消化吸收经费支出总体增长较快，这主要是高新技术园区近年来二次创业对企业的激励效果所致；购买国内技术经费支出近年保持较大增长，反映出国内技术市场的发展成熟，也体现了我国高新技术产业自主创新能力的增强和企业对国内技术的认可。从我国经济发展情况和发达国家高新技术产业技术费用支出的增长两方面来看，我国高新技术产业主要技术费用支出总体增长不高，意味着我国高新技术产业长远竞争力受限，这也说明我国高新技术产业在技术竞争力方面的政策激励有待于加强。

8.14 高新产业技术费用支出一览表

（万元）

年份 投入费用	1995	2000	2002	2003	2004	2005	2006
技术改造经费支出	822714	1047478	1524332	1550355	1879039	1590214	1719061
技术引进经费支出	291596	470463	937122	935365	1118594	848184	785792
消化吸收经费支出	22744	33658	52387	56515	125061	274972	110043
购买国内技术经费支出	42534	72099	58894	85663	85693	95359	102308

3. R&D 经费支出

R&D 经费内部支出是高新技术产业发展的重要保障，也是高新技术产业竞争力的重要构成要素。我国高新技术产业 R&D 经费内部支出近年来逐步增加，这说明我国政府越来越重视 R&D 的经费投入力度，也反映企业对技术创新的重视。以 2003

年为例,我国高新技术产业 R&D 经费内部支出 222.5 亿元,占整个制造业 R&D 经费内部支出的 32.8%。在高新技术产业内部,医药制造业、航空航天器制造业、电子及通信设备制造业、计算机及办公设备制造业、医疗设备及仪器仪表制造业的 R&D 经费内部支出占整个高新技术产业的比例分别为 12.4%、10.0%、62.2%、11.6%、3.7%,可见,产品生命周期较短的电子及通信设备制造业占有绝对优势。具体见表 8.15。

表 8.15 R&D 经费内部支出

(万元)

年份 行业	1995	2000	2002	2003	2004	2005	2006
合计	178474	1110410	1869660	2224468	2921315	3624985	4564367
医药制造业	42785	134669	216359	276684	281812	399510	525856
1. 化学药品制造	32695	88357	134195	167986	175814	273832	354237
2. 中成药制造	7199	29227	62399	61129	76256	91512	128358
3. 生物、生化制品的制造	2705	16571	16772	15241	16769	22955	30592
航空航天器制造业	65067	137932	222912	222590	252502	277969	333418
1. 飞机制造及修理	52669	119250	201389	214613	216143	239156	285261
2. 航天器制造	12399	18682	21523	7977	36359	38813	48157
电子及通信设备制造业	51289	679441	1121617	1385038	1885462	2347164	2768854
1. 通信设备制造	19967	397600	715857	776362	1063161	1196585	1313245

续表

年份 行业	1995	2000	2002	2003	2004	2005	2006
2. 雷达及配套设备制造	5625	7003	17190	13477	19305	24472	55566
3. 广播电视设备制造	811	2036	5578	5791	17017	18105	29932
4. 电子器件制造	11736	85820	106007	210417	277802	328721	409283
5. 电子元件制造	6614	79182	71014	126241	188352	257997	431186
6. 家用视听设备制造	6446	86682	188346	225142	315050	500884	506453
7. 其他电子设备制造	91	21118	17627	27608	4776	20401	23189
计算机及办公设备制造业	5473	115541	248386	257491	395999	434480	729251
1. 电子计算机整机制造	3753	101235	149946	172072	224040	211999	408545
2. 电子计算机外部设备制造	1358	12777	85120	78311	152633	207560	306546
3. 办公设备制造	363	1529	13320	7108	19325	14921	14160
医疗设备仪器仪表制造业	13860	42827	60386	82665	105541	165862	206989
1. 医疗设备及器械制造	1526	7494	12211	10884	19482	34481	52409
2. 仪器仪表制造	12335	35334	48176	71781	86059	131381	154580

注：数据口径为大中型工业企业。

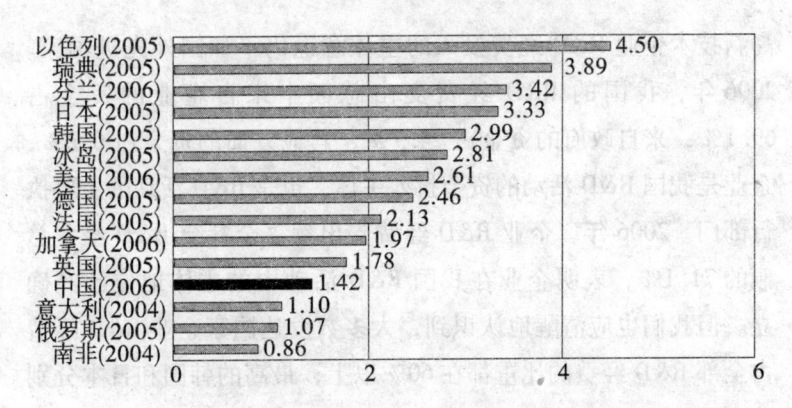

```
以色列(2005)  ████████████ 4.50
瑞典(2005)    ███████████ 3.89
芬兰(2006)    ██████████ 3.42
日本(2005)    █████████ 3.33
韩国(2005)    █████████ 2.99
冰岛(2005)    ████████ 2.81
美国(2006)    ███████ 2.61
德国(2005)    ███████ 2.46
法国(2005)    ██████ 2.13
加拿大(2006)  █████ 1.97
英国(2005)    █████ 1.78
中国(2006)    ████ 1.42
意大利(2004)  ███ 1.10
俄罗斯(2005)  ███ 1.07
南非(2004)    ██ 0.86
```

图 8.11　部分国家 R&D 经费支出总额与 GDP 之比（%）

虽然近年来 R&D 经费比重在逐渐上升，但与发达国家和新兴工业国家相比，我国的 R&D 经费投入仍然不足，亚太经合组织（OECD）出版的《主要科学技术指标》公布了 OECD30 个成员国和中国、俄罗斯、阿根廷、南非、以色列、新加坡、罗马尼亚、斯洛文尼亚 8 个非 OECD 国家 R&D 投入的数据显示。38 个国家的 R&D 经费占世界 R&D 经费总额的 95% 以上，2005 年我国 R&D 经费支出额占 38 个国家 R&D 经费支出总额的 4.3%。高水平的 R&D 投入强度是一个国家具有较高创新能力的重要保障。但是从图 8.11 可以看出，我国与世界发达国家的水平还有较大差距。绝大多数发达国家的 R&D 经费强度都在 2% 以上。2006 年，我国的 R&D 经费强度仅为 1.42%，在发展中国家中处于首位。

从 R&D 经费的来源看，2000 年我国有 57.6% 的 R&D 经费是企业自己投资的，但有 33.4% 是靠政府投入的。而美国 1999 年的 R&D 经费，政府只投入了 31.2%，德国（2002）为 32.1%，韩国（2002）为 25.4%，日本（2002）更少，只有 18.2%，剩下的基本上都是由企业自主筹措的，这说明当时我国高新技术企业 R&D 经费投入的主体意识仍不如国外先进国家。2006 年，我国的 R&D 经费支出总额中来自企业的资金占 69.1%，来自政府的资金占 24.7%，其他方面的资金占 6.2%，企业是我国 R&D 活动的资金投入主体，也是 R&D 活动的主要执行部门。2006 年，企业 R&D 经费支出额占全社会 R&D 经费总额的 71.1%，表明企业在我国 R&D 活动中的主体地位已经确立。但我们也应清醒地认识到，大多数发达国家企业 R&D 经费占全部 R&D 经费的比重都在 60% 以上，最高的韩国和日本分别达到 76.9% 和 76.5%；美国为 70.3%。在高新技术产业领域我国与发达国家比相差更远（见表 8.16）。

表 8.16 部分国家高技术产业 R&D 经费占工业总产值比例（%）

产业 国家	高技术产业	飞机和航天器	医药制造业	办公、会计等	广播、电视及通讯	医疗、精密仪器仪表
中国（2006）	1.30	4.23	1.70	0.62	1.53	1.61
美国（2003）	12.50	12.49	11.54	10.02	10.78	18.72
日本（2003）	9.96	4.70	11.21	22.03	5.92	14.73
欧盟（2002）	8.11	—	10.32	4.04	9.28	5.71
德国（2002）	9.37	—	—	4.17	11.80	7.28
英国（2003）	10.64	12.21	22.88	0.63	8.65	3.51
法国（2002）	7.69	6.19	8.80	3.70	10.40	6.50
意大利（2002）	4.32	9.47	2.28	1.46	6.19	4.29
加拿大（2002）	11.14	6.00	10.40	11.88	13.98	—
西班牙（2002）	4.82	9.90	5.50	4.20	3.10	2.40
韩国（2003）	—	—	1.66	0.78	6.33	2.82
瑞典（2002）	16.98	15.50	21.70	11.10	17.80	8.90
丹麦（2003）	14.07	—	17.69	9.27	9.52	12.12
挪威（2002）	7.85	2.70	5.50	4.40	14.20	5.40
芬兰（2003）	11.74	—	—	3.20	12.80	5.70
爱尔兰（2002）	1.45	—	2.23	0.25	5.21	1.38

注：数据来源：国外数据来自亚太经合组织《结构分析指标 2005》。

从高新技术产业的 R&D 经费投入对高新技术产业的贡献来看，我国高新技术产业的 R&D 经费投入对高新技术产业的工业增加值比例和发达国家相比，由于 R&D 的投入较少，每年由于研发所创造的工业增加值也较少，2002 年我国的 R&D 经费占高新技术产业增加值的比例只有 5%，而 2000 年美国同项比例为 22.5%，日本更是高达 26.3%。2006 年我国的 R&D 经费占高新技术产业增加值的比例为 5.3%，具体到五个主要高新技术产业，我国只有航空航天制造业的 R&D 经费占工业增加值比例超过 10%，其他四个产业均在 5% 偏下，而国外发达国家和新兴工业化国家的各个产业同项比例基本都在 20% 以上，可见我国高新技术产业的 R&D 经费投入对高新技术产业的贡献还是很低（见表 8.17）。

8.2.3 比较优势

比较优势包括高新技术产品的劳动生产指数、出口价格指数和资产负债率。我国作为发展中国家，劳动力资源丰厚，高新技术产业中高素质的人力资源虽然匮乏，但相对于发达国家劳动力价格低廉，因而我国高新技术产业的劳动生产指数低，产品价格竞争优势明显。在出口价格指数方面，我国高新技术产品的出口量很大，但出口商品的价格相对低，因而高新技术产品出口价格指数相对较低，但因近年来我国经济发展势头良好，人民币升值加快，故而，从时间上看，高新技术产品出口价格指数具有上升趋势。关于高新技术产业的企业负债问题，因行业的差别而有所不同。从时间来看，因早期我国资本市场发展慢，企业融资困难，因而企业整体负债率较低。最近几年，由于资本市场相对繁荣，企业融资条件有所改善，企业负债率上升，依据高新技术开

表 8.17 部分国家高技术产业 R&D 经费占工业增加值比例（%）

产业 国家	高技术 产业	飞机 航天	医药 制造业	办公	广电通	医疗仪器
中国（2006）	5.73	14.86	4.70	3.84	6.41	5.23
美国（2003）	29.01	30.82	20.71	32.99	26.87	42.10
日本（2003）	25.74	12.47	23.75	95.67	15.19	32.71
欧盟（2002）	24.19	—	26.50	20.89	34.57	12.86
德国（2002）	24.16	—	—	17.19	37.61	15.14
英国（2003）	27.58	31.37	51.29	2.47	27.53	7.24
法国（2002）	28.59	29.45	27.19	15.81	57.20	16.11
意大利（2002）	10.97	18.23	6.01	8.24	17.63	9.03
加拿大（2002）	34.85	15.14	27.16	64.96	53.68	—
西班牙（2002）	16.29	26.14	17.29	24.09	16.16	6.38
韩国（2003）	18.24	—	4.40	4.42	23.35	10.67
瑞典（2002）	62.53	34.90	38.40	26.04	552.95	22.93
丹麦（2003）	30.15	—	32.96	22.85	31.37	24.82
挪威（2002）	21.33	5.70	13.77	37.16	44.88	13.79
芬兰（2003）	28.08	—	—	13.84	30.11	15.97
爱尔兰（2002）	5.09	—	4.16	2.72	11.70	

发区的统计，我国高新技术企业的平均负债在 36%～47% 之间。总体而言，我国高新技术产业竞争的比较优势处于上升阶段。

8.3 竞争环境评价

竞争环境指标中有关贸易环境在竞争实力中对涉猎的具体指标已作了分析，从指标中基本可以判断出贸易环境的优劣，因而本节重点评价产业环境、产业孵化环境和产业支持环境。

8.3.1 产业政策环境

世界高新技术产业发展实践表明，不论是发达国家还是发展中国家，高新产业无不是在国家产业政策的大力扶持下形成与发展起来的。高新技术产业是高风险、高投入产业，国家只有在税收、信贷、风险投资、财政支持等诸多方面给高新技术产业发展以优惠政策，才能吸引各方资源，提高产业的竞争力。

与发达国家完善的高新技术产业政策体系和健全的政策制定法律依据相比较，我国目前还没有关于高新技术产业发展的全国性立法。我国政府虽在资金投入、税收、进出口、原材料供应等方面实行特殊的产业倾斜政策，国务院和一些地方立法机构也先后制定了扶持高新技术产业发展的有关规定和地方性法规，为高新技术产业的发展奠定了坚实基础，但是，单靠政府的行政指导还是不够的，还必须通过国家立法的形式进一步稳定高新技术产业政策，对高新技术产业进行重点保护，完善高新技术产业发展的法律环境。

8.3.2 产业技术支持环境

高新技术产业是知识密集、技术密集型产业，因此，高新技术的发展需要社会有大量的知识、人才储备以及一大批研究型大学和科研机构为其提供知识信息、高素质的人力资源、高价值的科研成果。

美国政府制订了 2000 年教育计划，强调要加强美国的科学和工程技术教育；日本政府把建立高度发达的教育体系作为高科技产业发展的重要措施之一，强调培养人的创造能力和创新精神。印度政府主要通过各种公立的院校、私营的商业性培训机构、吸引海外留学人员回国创业和工作这三种途径开展人才培养，造就了大批的信息技术和软件人才。为吸引国外优秀人才，日本政府从1993年开始设立工程师研修计划，为企业招聘国外技术系学生和年轻技术人员；美国、加拿大、澳大利亚等国为了吸引国外优秀人才，几次修改移民政策，促进技术移民。

与国外的高新技术产业人才相比，我国的高科技人才却严重缺乏。一方面是因为"十年动乱"造成一代高科技人才的断层，使我国高科技人才短缺；另一方面是高科技人才流失严重，我国八九十年代培养的技术人才目前有相当一批在国外留学和工作。我国第一批从事"863"计划的年轻科技人才，现在仍在国内的已所剩无几。另外，对有限人才的利用效率不高。中国长时期封建传统文化强调的"学而优则仕"，重文轻技，缺乏创新进取的精神，正如人们常说"在中国，一流人才从政，二流人才从商"。高科技人才的缺乏，给我国高新技术产业的发展造成了致命的障碍。在技术支持环境中，我国的整体科技发展水平也不如西方发达国家，教育水平落后更是致使创新成果不尽如人意。高新技术产业发展环境在某种意义上取决于创新文化，由于我们对知识经济的理解和认识不足，由于科教文化的落后，至今我国尚未建立起创新文化氛围。

8.3.3 金融支持环境

高新技术产业需要追加大量的资金投入，因此，良好的金融支持环境能极大地促进一国高新技术产业的发展。发达国家为扶持高技术企业发展，采取了如提供政府信贷、信贷担保、建立专门科技信贷银行等鼓励措施，成效显著。我国目前金融业发展还不成熟，用金融手段支持高技术产业作用也很小。很多高技术企业缺乏足够资本金,很难申请到贷款,鼓励大、中、小企业发展的政府优惠信贷和信贷租赁机制都未建立。

风险投资是高新技术产业资金来源的重要途径之一。美国到上世纪80年代末,以民间为主的风险投资公司约500多家,风险投资市场超过240亿美元,支持高技术企业3000多家。我国虽然在国发〔1991〕12号文件中规定有关部门可在高新区建立风险投资基金,近年来风险投资基金也得到了长足的发展,但与国外相比,风险投资对高新技术产业的贡献度还远远不够。

8.3.4 税收优惠政策环境

许多发达国家都规定根据企业技术创新费用投入大小,部分减免企业的公司税或所得税,以鼓励企业向高技术方向发展。如美国国会1981年通过的《经贸复兴税法》,规定纳税人凡是当年研究与开发支出超过前3年的研究与发展支出平均值的,其增加部分给予20%的税收抵免,该项抵免可以向前转回3年,向后结转15年。日本政府先后制定了《促进基础技术开发税制》、《增加试验研究费税额扣除制度》等税收政策支持高新技术研究与开发活动。英国政府于1983年制订《企业扩展计划》,为诱导中小企业投资高新技术,规定对创办高新技术企业者,可免税60%的投资额,对新创办的高新技术小企业免100%的资本税,公司税从1983年起由38%改为30%,印花税由20%减至1%,起征点由2.5万英镑提高到3万英镑,取消投资收入的附加税。税收的减免,大大加大了国外创办高新技术企业的动力,促进了高新技术产业的快速发展。

我国对高新区高技术企业所得税、关税等方面给予优惠,如曾规定高新区内高技术企业可减为按15%的税率征收所得税,新办的高技术企业自投产年度起免征所得税两年，但由于高新企业在投产初期利润甚微，此条款给企业带来的实际利益并不明显。

8.3.5 产业孵化环境

高新技术园区基础设施雄厚、高科技人才云集、高新技术企业密集，是高新技术企业的孵化器。研究表明，高新技术园区能够创造良好的孵化环境，促使高新技术企业不断繁衍和集聚，同时，高新技术园区集优惠政策、先进技术和优美环境为一体，最能体现一个地区对高新技术企业的孵化能力，其发展状况也在很大程度上反映出高新技术产业的竞争能力。

我国高新技术产业孵化器起源于20世纪80年代中后期。1987年，中国诞生了第一个高新技术产业孵化器——武汉东湖创业服务中心。经过15年的发展，高新技术产业孵化器在数量上持续增长，孵化能力不断增强。据2003年底的统计，全国已有包括创业服务中心、留学人员创业园和大学科技园在内的各类科技企业孵化器489家。目前，中国已经形成具有较大规模的孵化器队伍，数量位居世界前茅，列发展中国家之首。经过孵化器这个"高新技术企业摇篮"培育的高新技术中小企业得到了很好的发展，不仅成熟的毕业企业大批涌现，为我国高新技术产业发展提供了源源不断的后备力量，而且一批毕业企业已经成为高新技术产业发展的中坚。孵化科技企业已经成为我国高新技术产业发展中的重要环节。

随着我国改革开放的不断深入和孵化器实践的不断深化，在孵化器这一新生事物的运行中，也出现了新体制、新机制与原有体制和机制之间的碰撞，理论和现实之间的矛盾，观念和理解之间的差异,政策性、事业型孵化器普遍存在体制上的缺陷,对孵化器管理人员的约束和激励机制尚不健全,一些地方重数量、轻质量,数量增长快,服务功能滞后,相当一部分孵化器管理人员缺乏企业管理的经验和能力,对入驻企业缺乏判断和识别能力,孵化器物业建设出现"豪华"倾向,这些都导致孵化器建设和运营成本上升,对创业企业和孵化器的发展不利。

8.4 单项指标评价结论

综上我国高新技术产业竞争力的单项指标评析,可以得出结论:自 1995 年以来,特别是 1999 年以后,我国高新技术产业得到了长足迅猛的发展,高新技术产业的企业数、产值、增加值、进出口贸易额、实现的利税额等都得到了较大的增长。五个主要高新技术产业中,电子及通信设备制造业在各方面都独占优势,电子及通信设备制造业增加值占整个高技术产业增加值的比重达 50.9%,比上年增长 27.5%,相对而言,医疗设备及仪器仪表制造业和航空航天器制造业在各方面所占比重都较低。2006 年我国高技术产业的总产值达到 41996 亿元,比上年增长 22.2%,对全部制造业总产值增长的贡献为 13.4%。2006 年高技术产业增加值突破 10056 亿元,比上年增长 23.7%。

在与国际比较方面,我国高新技术产业的劳动生产率远远低于发达国家和新兴工业化国家,美国的高新技术产业劳动生产率甚至高达我国 40 倍之余。我国高新技术产品的出口创汇能力仍然强劲,高新技术产品进出口占工业制成品进出口的比重远低于美国和日本。在 R&D 投入方面,我国 R&D 经费投入占 GDP 的比重近年来才超过1%,而高新技术产业发达国家都在3%左右,每万人中从事R&D活动的技术人员以及科学家和工程师等核心人才都远低于美、德、日、韩;在R&D的应用方面,我国对基础研究投入相对较少,不能从根本上提高我国高新技术产业的R&D能力。在高新技术产业竞争环境方面,我国政府虽然采取了一系列倾斜政策,但这些政策无论是在风险投资,还是在税收、产业技术支持、高新区的产业孵化和人力资源培育方面都是收效甚微,和国外相比仍有一定的差距,急需我们去改善和提高。

第9章 我国高新技术产业竞争力综合评价与发展预测

本章首先介绍了熵值评价方法,论述了熵值评价法对高新技术产业的适用性,应用此方法对我国高新技术产业1990年到2005年的综合竞争力进行了评价,得出了我国高新技术产业综合竞争力近年来不断提升的量化评价结论,分析了影响我国高新技术产业发展的因素,这些因素包括经济发展水平及国际化程度、风险投资发展水平、科技进步与技术创新能力、产业政策等;然后结合灰色预测模型和科技贡献率分析方法,通过1999到2004年的数据预测我国高新技术产业的发展前景,指出我国高新技术产业发展前景光明,但与发达国家相比任重而道远。

目前国内外关于多指标综合评价的方法有多种。根据权重确定方法的不同,这些方法大致可分为主观赋权法和客观赋权法两类。从熵值法的物理意义来理解,信息熵描述了样本数据变化的速率,在综合评价中由此得到的指标权重描述了指标数值变化的相对幅度。一般认为,熵值法能够深刻地反映出指标信息熵值的效用价值,其给出的指标权重值比得尔菲法和层次分析法有较高的可信度。因此,熵值法求得的指标权重代表了该指标在指标体系中变化的相对速率,而指标的相对水平则由样本标准化后的接近度来决定。

9.1 高新技术产业竞争力熵值评价方法

9.1.1 熵与熵值函数

熵(Entropy)原是统计物理和热力学中的一个物理概念,在热力学中熵指一个热力系统在热功转换过程中,热能有效利用的程度,一个热力系统的熵值大,表示系统的能量可利用的程度低;熵值小,表示能量可利用的程度高。在一个孤立热力系统中,系统会自发地不可逆地向熵增方向转化,一个开放的热力系统,只有外部对系统做功(输入能量),其熵才会向熵减方向进行(俗称负熵过程)。

在统计物理中,熵是分子运动无序度的度量,熵值大,表示系统分子运动的无序度高,在孤立系统中,分子运动的无序度会由低状态向高状态自发进行,要想使系统由高无序状态向低无序状态转换,必须有外力作用。从微观角度,系统的熵值可从分子排列方式的统计中得出。例如假设系统内有两种物质(二元系统),A 物质有 n_1 个分子,B 物质有 n_2 个分子,该系统的熵值可由波尔兹曼(Boltgman)公式计算: $E = K \cdot \text{Ln}\Omega$ (9—1)

其中,Ω 是系统中两种物质分子的微观排列方式,$\Omega = \dfrac{(n_1 + n_2)!}{n_1! \cdot n_2!}$。根据斯梯林公式 $\text{Ln}n! = n \cdot \ln n - n$,则:

$$E = K \cdot \text{Ln}\left[\frac{(n_1 + n_2)!}{n_1! \cdot n_2!}\right] = K(n_1 + n_2)\text{Ln}(n_1 + n_2)$$

$$- K(n_1 \text{Ln} n_1 + n_2 \text{Ln} n_2)$$

$$= - K\left[n_1 \text{Ln} \frac{n_1}{n_1 + n_2} + n_2 \text{Ln} \frac{n_2}{n_1 + n_2}\right] \quad (9—2)$$

E 是系统 $(n_1 + n_2)$ 个分子的总熵值,除以分子总数,得到系统的单位熵值:

$$e = \frac{E}{n_1 + n_2} = -K\left[\frac{n_1}{n_1 + n_2}Ln\frac{n_1}{n_1 + n_2} + \frac{n_2}{n_1 + n_2}Ln\frac{n_2}{n_1 + n_2}\right]$$

(9—3)

令 $y_1 = \frac{n_1}{n_1 + n_2}$、$y_2 = \frac{n_2}{n_1 + n_2}$ 分别为系统中 A 物质和 B 物质的占有率,则系统的单位熵值为:

$$e = -K(y_1 Ln y_1 + y_2 Ln y_2) \qquad (9—4)$$

扩展到多元(m 元)系统,则其单位熵值函数为:

$$e = -K\sum_{i=1}^{m} y_i Ln y_i \qquad (9—5)$$

9.1.2 信息系统的熵值函数

在综合评价中,应用信息熵评价所获系统信息的有序程度和信息的效用值是很自然的,统计物理中的熵值函数形式对于信息系统是一致的。一般认为,熵值法能够深刻地反映出指标信息熵值的效用价值,其给出的指标权重值比得尔菲法和层次分析法有较高的可信度,但它缺乏各指标之间的横向比较,又需要完整的样本数据,在应用上受到限制。但对于高新技术产业竞争力问题来说,根据统计资料可以满足样本数据的要求,因此本书尝试采用熵值法进行综合评价。

在信息系统中的信息熵是信息无序度的度量,信息熵越大,信息的无序度越高,其信息的效用值越小;反之,信息的熵越小,信息的无序度越低,其信息的效用值越大。

9.1.3 综合评价中的熵值法计算过程

假定需要评价的对象具有 n 个评价指标,有 m 年的发展状况,则按照定性与定量相结合的原则取得多对象关于多指标的评价矩阵 R:

$$R = \begin{bmatrix} x_{11} & x_{12} & \cdots & x_{1n} \\ x_{21} & x_{22} & \cdots & x_{2n} \\ \cdots & \cdots & \cdots & \cdots \\ x_{m1} & x_{m2} & \cdots & x_{mn} \end{bmatrix} \tag{9—6}$$

其中 x_{ij} 表示第 i 年第 j 项指标的数值。

1. 数据标准化处理

假定评价指标 j 的理想值为 x_j^*,其大小因评价指标性质不同而异。对于正向指标,x_j^* 越大越好,记为 $x_{j\ \max}^*$;对于负向指标,x_j^* 越小越好,记为 $x_{j\ \min}^*$。因此,我们可以根据评价指标的性质,从初始数据矩阵 X 中找到评价指标的极值作为理想值,还可以根据横向对比,从其他渠道获得评价指标的理想值。定义 r_{ij} 为 x_{ij} 对于 x_j^* 的接近度。

对于正向指标,$r_{ij} = \dfrac{x_{ij}}{x_{j\ \max}^*}$ \hfill (9—7)

对于负向指标,$r_{ij} = \dfrac{x_{j\ \min}^*}{x_{ij}}$ \hfill (9—8)

定义其标准化值,得 $f_{ij} = \dfrac{r_{ij}}{\sum\limits_{i=1}^{m} r_{ij}}$ \hfill (9—9)

其中,$0 \leq f_{ij} \leq 1$,由此得数据的标准化矩阵:$f = \{f_{ij}\}_{m \times n}$

\hfill (9—10)

2. 指标信息熵值 e 和信息效用值 d

第 j 项指标的信息熵值为：

$$e_j = -K \sum_{i=1}^{m} f_{ij} \ln f_{ij} \tag{9—11}$$

式中，K 为正的常数，与系统的样本数 m 有关。对于一个信息完全无序的系统，有序度为零，其熵值最大，$e=1$，m 个样本处于完全无序分布状态时，$f_{ij} = \dfrac{1}{m}$，此时，$K = \dfrac{1}{\ln m}$ $\qquad$ (9—12)

某项指标的信息效用价值取决于该指标的信息熵 e_j 与 1 之间的差值：

$$d_j = 1 - e_j \tag{9—13}$$

3. 评价指标权重

在 (m,n) 型评价模型中，第 j 个指标的熵权 w_j 可以定义为：

$$w_j = \frac{d_j}{\sum_{j=1}^{m} d_j} \tag{9—14}$$

利用熵值法估算各指标的权重，其本质是利用该指标信息的价值系数来计算的，其价值系数越高，对评价的重要性就越大（或称对评价结果的贡献越大）。

4. 样本的评价

用第 j 项指标权重与标准化矩阵中第 i 个样本第 j 项评价指标的接近度值 r_{ij} 的乘积作为 x_{ij} 的评价值 y_{ij}。即：

$$y_{ij} = w_j \cdot r_{ij} \tag{9—15}$$

则第 i 个样本的评价值为：

$$y_i = \sum_{j=1}^{n} y_{ij} \tag{9—16}$$

显然，f_i 越大，样本的效果越好，最终比较所有的 f_i 数值，即可得到评价结论。

9.2 我国高新技术产业竞争力综合评价分析

9.2.1 原始数据的选定

在选用竞争力评价指标时,主要选择了竞争实力指标、竞争潜力指标和环境指标三个方面,通过对三方面指标的综合考虑对高新技术产业竞争力进行综合评价(选取理由见第5章)。通过粗糙集法(略)对指标进行筛选,将国际市场占有率(C_{121})、显示性比较优势指数(RCA指数 C_{124})、出口价格指数(C_{232})、资产负债率(C_{233})、产业装备水平(C_{132})、产业关键技术水平(C_{133})、劳动力成本指数(C_{231})省略。最后,因为竞争环境指标虽下设5个分指标,

表9.1 原始数据表

	C_{111}	C_{112}	C_{113}	C_{114}	C_{115}	C_{122}	C_{123}	C_{125}
1999	0.17867	5.4806	0.19369	0.0397	0.0656	0.227	-0.2069	0.22071
2000	0.19783	7.0741	0.19551	0.0477	0.0923	0.233	-0.1727	0.27309
2001	0.20800	7.7691	0.18117	0.0403	0.0845	0.263	-0.1597	0.24613
2002	0.21616	8.8905	0.17890	0.0352	0.0809	0.281	-0.1005	0.26232
2003	0.22932	10.547	0.17896	0.0345	0.0913	0.289	-0.0391	0.31381
2004	0.20513	10.804	0.22835	0.0653	0.0991	0.299	0.0123	0.37254
2005	0.21682	9.9069	0.19199	0.0937	0.1205	0.306	-0.0494	0.42510

	C_{131}	C_{211}	C_{212}	C_{221}	C_{222}	C_{223}	C_{224}	C_{311}
1999	0.19510	845	46188	0.83	11.9	0.04849	0.06187	0.5
2000	0.24754	1443	49678	0.90	12.59	0.03216	0.04743	0.55
2001	0.23936	1553	64526	0.95	13	0.03047	0.04677	0.6
2002	0.23376	1851	77395	1.07	13.8897	0.03437	0.04947	0.7
2003	0.22119	2215	93352	1.13	14.764	0.03645	0.04598	0.8
2004	0.2164	2864	111356	1.23	15.859	0.03902	0.04243	0.9
2005	0.2099	4319	153374	1.34	19.165	0.04421	0.04001	0.95

但这属于定性指标,虽然近年来我国的高新技术产业竞争环境不断完善,但与国外相比,仍有一定的差距。[43] 通过向10个专家组分发调查表,通过回收后统计结果,我们用一个统一的指标,即竞争环境指标(记为 C_{311})来代替原有的5个分指标,其他原始数据来源于第6章单项指标和国家统计局公布的数据计算(具体过程略)。以上的处理方法便于综合评价时的计算,且对结果影响不大。

9.2.2 数据的无量纲化结果

表9.2 数据的无量纲化结果

	C_{111}	C_{112}	C_{113}	C_{114}	C_{115}	C_{122}	C_{123}	C_{125}
1999	0.1231	0.0906	0.1436	0.1114	0.1034	0.1196	0.1243	0.1044
2000	0.1363	0.1170	0.1450	0.1338	0.1455	0.1228	0.1296	0.1292
2001	0.1433	0.1285	0.1343	0.1131	0.1332	0.1386	0.1317	0.1164
2002	0.1489	0.1470	0.1327	0.0988	0.1276	0.1481	0.1409	0.1241
2003	0.1579	0.1744	0.1327	0.0968	0.1440	0.1523	0.1505	0.1485
2004	0.1413	0.1787	0.1693	0.1832	0.1563	0.1575	0.1586	0.1763
2005	0.1493	0.1638	0.1424	0.2629	0.1900	0.1612	0.1644	0.2011

	C_{131}	C_{211}	C_{212}	C_{221}	C_{222}	C_{223}	C_{224}	C_{311}
1999	0.1248	0.0560	0.0775	0.1114	0.1176	0.1829	0.1853	0.1000
2000	0.1583	0.0956	0.0834	0.1208	0.1244	0.1213	0.1420	0.1100
2001	0.1531	0.1029	0.1083	0.1275	0.1285	0.1149	0.1400	0.1200
2002	0.1495	0.1227	0.1299	0.1436	0.1373	0.1296	0.1481	0.1400
2003	0.1415	0.1468	0.1567	0.1517	0.1459	0.1375	0.1377	0.1600
2004	0.1384	0.1898	0.1869	0.1651	0.1568	0.1472	0.1271	0.1800
2005	0.1343	0.2862	0.2574	0.1799	0.1894	0.1667	0.1198	0.1900

9.2.3 指标的信息熵及权重

表 9.3 综合评价指标体系的权重表

指标	信息熵	效用值	权重
高新技术总产值占制造业的比重 C_{111}	0.998641	0.001359	0.006324
全员劳动生产率 C_{112}	0.988094	0.011906	0.055415
增加值率 C_{113}	0.998287	0.001713	0.007974
产值利税率 C_{114}	0.964566	0.035434	0.164918
资金利税率 C_{115}	0.992351	0.007649	0.0356
出口密集度 C_{122}	0.997012	0.002988	0.013906
贸易竞争指数 C_{123}	0.997453	0.002547	0.011853
新产品出口销售率 C_{125}	0.987384	0.012616	0.058719
新产品销售率 C_{131}	0.998532	0.001468	0.006831
专利与发明授权量 C_{211}	0.941661	0.058339	0.271528
三系统收入论文量 C_{212}	0.958093	0.041907	0.195046
R&D 经费占 GDP 比例 C_{221}	0.993451	0.006549	0.030479
每万人从事 R&D 活动的人员数 C_{222}	0.993813	0.006187	0.028797
消化吸收经费比 C_{223}	0.993584	0.006416	0.02986
技术开发经费比 C_{224}	0.995453	0.004547	0.021164
竞争环境 C_{311}	0.986768	0.013232	0.061585

9.3 我国高新技术产业竞争力综合评价结果

用第 j 项指标权重乘以标准化矩阵中第 i 个样本第 j 项评价指标的接近度值 r_{ij}，得出 x_{ij} 的评价值 y_{ij}，再将各行加总，得出第 i 年的总得分。

表 9.4 1999—2005 年我国高新技术产业竞争力综合得分

年份	1999	2000	2001	2002	2003	2004	2005
综合得分	0.39956	0.47088	0.48431	0.52937	0.59698	0.73601	0.95091

这里我们用柱状图来表示各年的综合得分，就可以看出我国高新技术产业竞争力的变化趋势。

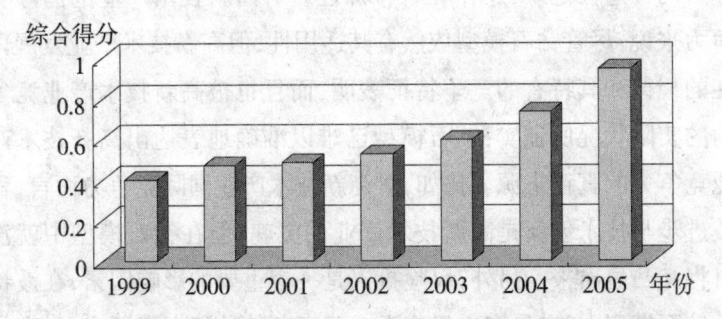

图 9.1 1999—2005 年我国高新技术产业国际竞争力变化趋势

由图可知，1999—2005 年我国高新技术产业竞争力是逐年上升的。1999—2002 年间上升幅度比较小，特别是经受 1998 年金融风暴后，全世界市场受到一定程度的冲击，导致 1999—2002 年我国高新技术产业竞争力的缓慢上升。但自 2002 年以来，我国高新技术产业竞争力综合得分上升较快，这和近两年来我国高新技术产品进出口贸易额大幅上升、产业环境改善、风险投资发展、科研力度加大等辅助因素发展较快相吻合。虽然在 2004 年上升幅度有所减少，但是并不影响整体上升趋势。我国高新技术产业竞争力综合得分仍然保持快速发展态势，说明我国高新技术产业从 2005 年后将进入高速增长的繁荣期，其持续的时间将取决于高新技术产业发展的内外环境，这一结论已被我国 2006 和 2007 年的高新技术产业发展实际所证实。

9.4 高新技术产业发展的前景预测

9.4.1 高新技术产业发展前景影响因素

波特的钻石模型为求解产业竞争力提供了一个通解,但是在矛盾的普遍性之外,还存在着特殊性。对高新技术产业的国际竞争力来说,尽管钻石模型依然有其适用性,但高新技术产业发展内在的规律和其特有的竞争特征表明,而且也被高新技术产业竞争力的实际状况所证实:钻石模型已难以准确地表达出高新技术产业竞争力的真正来源。比如,对高新技术产业国际竞争力而言,科技进步与技术创新是高新技术产业的灵魂,但在钻石模型中就没有将其凸显出来。另外,风险投资是一个重要的影响因素,在波特的钻石模型中,它最多也只淹没在要素条件的资本资源中,对高新技术产业的发展和竞争优势来说,风险投资所产生的影响不仅仅表现在资本的数量上,更重要的是一种制度设计,其精巧的制度安排是高新技术产业国际竞争优势的真正来源。[106]

根据高新技术产业内在的发展规律和竞争特征,本书根据云团菌生理论结合波特钻石模型,将一些对高新技术产业竞争力产生重要影响的因素凸显出来,另外加入科技进步与技术创新、风险投资、制度环境与高新技术产业政策、高等教育与科研机构等要素,构造高新技术产业竞争力制约因素的鱼骨模型(如图9.2所示)。不难看出,各因素对高新技术产业竞争力的影响程度和作用效果是不同的。

通过对其他产业竞争力影响因素的考察,并结合高新技术产业竞争力的内涵,本书认为国家经济发展水平与国际化程度、科技

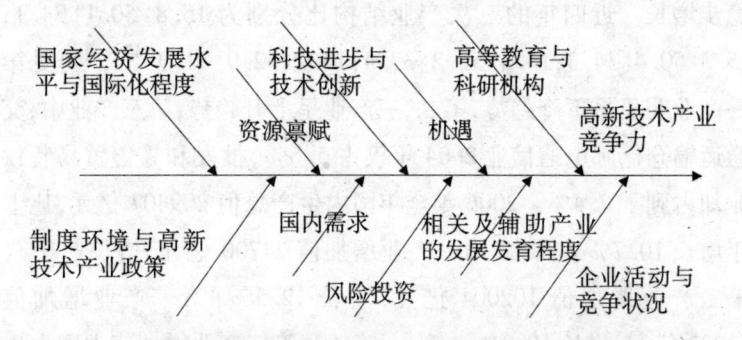

图9.2 高新技术产业国际竞争力影响因素的鱼骨模型

进步与技术创新、风险投资、制度环境与高新技术产业政策、高等教育与科研机构、企业活动与竞争状况六个方面的因素对我国高新技术产业竞争力未来的作用力比较强、影响程度较大。因此,本书将视它们为高新技术产业竞争力的关键性影响因素。同时高新技术产业竞争力的强弱还将受到其他方面的因素影响,如资源禀赋、国内需求、相关及辅助产业的发展发育程度和高新技术产业的发展机遇等也将会影响高新技术产业竞争力强弱和未来发展走向。高新技术产业发展离不开基本国情,钱纳里和赛尔奎因划分的三种典型经济发展阶段:初级产品生产阶段,人均GDP为140—280美元(1970年美元,下同),农业在GDP中的比重平均为37%;工业化阶段,人均GDP为560—1120美元,农业在GDP中的比重平均为18%;发达经济阶段,人均GDP为2100美元以上,农业在GDP中的比重平均为6%[38]。我国发展高新技术产业,提升产业级别必须符合经济的发展规律,产业的梯度演进应遵循时间的演化程序,跨越基础阶段的升级换代必然产生负效应,而错过了发展机遇也将导致产业的结构性退化,成为发展的障碍[118]。

近年来,我国经济发展迅速,GDP总量每年以8%以上的速度稳步增长。近四年的三次产业结构比分别为 15.8∶50.1∶34.1；15.3∶50.4∶34.3；14.4∶52.2∶33.4；15.2∶52.9∶31.9[45]。可见第一产业明显呈下降趋势，第二、三产业呈上升趋势，第三产业中，交通运输仓储邮电通信业 2004 年仅占 5.6%，批发和零售贸易餐饮业却占到了 7.4%。2006 年全年国内生产总值 209407 亿元，比上年增长 10.7%。其中，第一产业增加值 24700 亿元，增长 5.0%；第二产业增加值 102004 亿元，增长 12.5%；第三产业增加值 82703 亿元，增长 10.3%。第一、第二和第三产业增加值占国内生产总值的比重分别为 11.8%、48.7% 和 39.5%。我国目前已处于工业化阶段，但由于工业化的规模相对全部就业人口还较小，因此经济发展还略低于工业化阶段的起始水平，这也是我国推进工业化的一个特殊国情，是"十一五"期间经济发展的基本特征。从国际化方面看，2000—2005 年，我国进出口总额从 4742.9 亿美元猛增到 14221.2 亿美元，自 2002 年以来，我国对外贸易发展已经连续 4 年保持 20% 以上的高速增长，2005 年继续稳居全球第 3 位。2005 年我国一般贸易进出口 5948.1 亿美元，增长 21%。其中出口 3150.9 亿美元，增长 29.3%；进口 2797.2 亿美元，增长 12.7%。同期，加工贸易进出口 6905.1 亿美元，增长 25.3%。其中出口 4164.8 亿美元，增长 27%；进口 2740.3 亿美元，增长 23.6%。我国实际利用外资额从 2000 年的 593.6 亿美元增长到 2004 年的 640.7 亿美元，2005 年为 603 亿美元，比 2004 年下降了 0.5%；"十五"期间，我国利用外资和境外投资的长足发展，实际利用外资总额约 3800 亿美元，是"九五"时期的 1.3 倍。这都说明我国参与到国际经济中的比例越来越大，经济国际化趋势越来越明显。而高新技术产业作为高尖端技术，技术日趋专业化和复杂化，仅凭一国很难取得快的研究成果，高新技术的研制需要多国的经济技术交流和知识共享。所以,我国经济的日趋国际化为我国高新技术产业参与国际市场、分享国际研发资源提供了良好的条件。我国虽是世界经济的主要大国,但包括产业结构、产业规模、企业竞争实力、科技教育实力、金融支持体系等都无法同西方国家相比。高新技术产业目前的发展还是基于本国市场,针对全球一体化经济的发展迅猛势头,我国高新技术产业参与国际竞争还有相当大的差距。

我国高新技术产业发展必须符合我国的国情,现在的产业结构显示我国正处于劳动密集型产业转型期而非完成期[103]。在高新技术产业中,电子及通信设备制造业占据了绝对份额,第三产业中电讯业、科研服务业比重不高,高新技术产业内部发展不均衡,常规高新产品加工能力强,原发性创新不足,自有知识产权产品比重低。我国目前发展高新技术产业,应遵循产业演进规律,加强技术密集型产业的技术改造和高层次第三产业的发展,才能促进我国高新技术产业竞争力的提升。

对高新技术产业发展的前景预测,我国学者早已做了大量研究,首推的是林耿、李冬环[23]在《广州市高新技术产业的发展背景和前景分析研究》一文中,结合科技贡献率的定量方法预测我国高新技术产业的发展前景。但目前这些研究,主要是对个别省市的,还没有对全国高新技术产业发展前景的预测,各地方高新技术产业预测也仅仅是局限于局部发达省份。我国高新技术产业未来发展可设定为一个由最佳和最差状态构成的区域,最佳状态函数区和最差状态函数区之间是我国高新技术产业的发展空间,未来的发展可视为"灰箱",本书运用灰色系统理论对我国高新技术产业发展前景进行预测更具有科学性,能够正确把握我国高新技术产业的健康发展。

9.4.2 预测灰色系统 GM 模型

灰色系统理论的微分方程称为 GM 模型,G 表示 gray(灰色),M 表示 model(模型),GM(1,1)表示 1 阶的、1 个变量的微分方程模型。[21]

GM(1,1)建模过程和原理如下:

设原始数据列 $X^{(0)}$ 为非负序列

$$X^{(0)} = \{x^{(0)}(1), x^{(0)}(2), \cdots x^{(0)}(n)\},$$

其中:$X^{(0)}(k) \geq 0$,$k = 1, 2, \cdots n$

其相应的生成数据列为 $X^{(1)}$

$$X^{(1)} = \{x^{(1)}(1), x^{(1)}(2), \cdots x^{(1)}(n)\},$$

其中:$X^{(1)}(k) = \sum_{i=1}^{k} X^{(0)}(i)$,$k = 1, 2, \cdots n$

$Z^{(1)}$ 为 $X^{(1)}$ 的紧邻均值生成序列

$$Z^{(1)} = \{z^{(1)}(1), z^{(1)}(2), \cdots z^{(1)}(n)\}$$

其中:$Z^{(1)}(k) = 0.5 x^{(1)}(k) + 0.5 x^{(1)}(k-1)$,$k = 1, 2, \cdots n$

称 $X^{(0)}(k) + a Z^{(1)}(k) = b$ 为 GM(1,1)模型,其中 a、b 是需要通过建模去求解的参数,若 $\hat{a} = [a, b]^T$ 为参数列,且:

$$令 Y = \begin{bmatrix} x^{(0)}(2) \\ x^{(0)}(3) \\ \vdots \\ x^{(0)}(n) \end{bmatrix}, B = \begin{bmatrix} -z^{(0)}(2) & 1 \\ -z^{(0)}(3) & 1 \\ \vdots & \vdots \\ -z^{(0)}(n) & 1 \end{bmatrix}$$

则灰微方程 $X^{(0)}(k) + a Z^{(1)}(k) = b$ 的最小二乘估计参数列满足:

$$\hat{a} = (B^T B)^{-1} B^T Y = \begin{bmatrix} a \\ b \end{bmatrix} \qquad (9—17)$$

则称 $\dfrac{dx^{(1)}}{dt} + ax^{(1)} = b$ 为灰色微分方程 $X^{(0)}(k) + aZ^{(1)}(k) = b$ 的白化方程,也叫影子方程。

如上所述,则有:

(1) 白化方程 $\dfrac{dx^{(1)}}{dt} + ax^{(1)} = b$ 的解也称时间响应函数为:

$$\hat{x}^{(1)}(t) = \left(\hat{x}^{(1)}(0) - \dfrac{b}{a}\right)e^{-at} + \dfrac{b}{a} \qquad (9—18)$$

(2) GM(1,1) 灰色微分方程 $X^{(0)}(k) + aZ^{(1)}(k) = b$ 的时间响应序列为:

$$\hat{x}^{(1)}(k+1) = \left(\hat{x}^{(1)}(0) - \dfrac{b}{a}\right)e^{-ak} + \dfrac{b}{a}, \quad k = 1, 2, \cdots n$$

$$(9—19)$$

(3) 取 $X^{(1)}(0) = X^{(0)}(1)$,则:

$$\hat{x}^{(1)}(k+1) = \left(X^{(0)}(1) - \dfrac{b}{a}\right)e^{-ak} + \dfrac{b}{a}, \quad k = 1, 2, \cdots n$$

$$(9—20)$$

(4) 还原值:$\hat{x}^{(0)}(k+1) = \hat{x}^{(1)}(k+1) - \hat{x}^{(1)}(k)$, $k = 1, 2, \cdots n$

$$(9—21)$$

代入数据,还原值出来的数据即为灰色预测模型预测出的数据。

9.4.3 我国高新技术产业的发展前景预测分析

(1) 灰色预测

本书取 1999—2004 年 6 个样本数和高新技术产业当年价总

产值(P(亿元))、GDP(Y(亿元))、全社会固定资产投资额(K(亿元))、全社会年末从业人员数(L(万人))4个指标组成评价体系,原始数据如下。

表9.5 近年来我国主要经济指标值一览表

指标＼年份	1999	2000	2001	2002	2003	2004
高新技术产业当年价总产值	8217	10412	12263	15099	20556	27769
GDP	82068	89468	97315	105172	117390	136876
全社会固定资产投资额	29855	32918	37213	43499	55567	70477
全社会年末从业人员数	71394	72085	73025	73740	74432	75200

资料来源:《2005 中国统计年鉴》。

这里我们仅以高新技术产业当年价总产值为例,其每一步的计算过程如下:

原始数列:$X^{(0)} = \{x^{(0)}(1), x^{(0)}(2), \cdots x^{(0)}(5)\}$
$= \{8217, 10412, 12263, 15099, 20556, 27769\}$

其相应的生成数列:
$X^{(1)} = \{x^{(1)}(1), x^{(1)}(2), \cdots x^{(1)}(5)\}$
$= \{8217, 18629, 30892, 45991, 66547, 94316\}$

其紧邻均值生成序列:
$Z^{(1)} = \{z^{(1)}(1), z^{(1)}(2), \cdots z^{(1)}(5)\}$
$= \{8217, 13423, 24760.5, 38441.5, 56269, 80431.5\}$

$$\diamondsuit Y = \begin{bmatrix} 10412 \\ 12263 \\ 15099 \\ 20556 \\ 27769 \end{bmatrix}, B = \begin{bmatrix} -13423 & 1 \\ -24760.5 & 1 \\ 38441.5 & 1 \\ 56269 & 1 \\ 80431.5 & 1 \end{bmatrix}$$

对参数列 $\hat{a} = [a, b]^T$ 进行最小二乘估计,得:

$$\hat{a} = (B^T B)^{-1} B^T Y = \begin{bmatrix} -0.264 \\ 5954.946 \end{bmatrix}$$

则模型的白化方程为: $\dfrac{dx^{(1)}}{dt} - 0.264 x^{(1)} = 5954.946$

则其时间响应式为:

$$\begin{cases} \hat{x}^{(1)}(k+1) = 30771.1 e^{0.26403k} - 22554.1 \\ \hat{x}^{(0)}(k+1) = \hat{x}^{(1)}(k+1) - \hat{x}^{(1)}(k) \end{cases}$$

同理,我们可以求出其他几个指标的时间响应式:

GDP 的时间响应式: $\hat{x}^{(1)}(k+1) = 725828 e^{0.11126k} - 645249$

全社会固定资产投资额的时间响应式: $\hat{x}^{(1)}(k+1) = 134331.4 e^{0.20357k} - 104476$

全社会年末从业人员数的时间响应式: $\hat{x}^{(1)}(k+1) = 6932715 e^{0.01036k} - 6861321$

代入数值,各指标的预测结果如表 9.6 所示:

表9.6 2005—2010年我国高新技术产业主要经济指标预测值一览表

指标＼年份	2005	2006	2007	2008	2009	2010
高新技术产业当年价总产值	34815	45335	59034	76873	100103	130352
GDP	148999	166536	186136	208042	232527	259893
全社会固定资产投资额	83922	102869	126094	154562	189457	232231
全社会年末从业人员数	76013	76804	77604	78412	79228	80053

通过预测可知,2005年我国的GDP为148999亿元,对照我国2005、2006、2007年实际数据,三年实际数据与预测数据平均相差在10%以内。通过2005—2010年的预测值进行回归分析,可以通过Cobb Douglass生产函数反推科技进步系数。

(2)科技贡献率预测

本节先根据Cobb Douglass的生产函数 $Y = AK^{\alpha}L^{(1-\alpha)}$,两边取对数并对时间求导以得到总量的增长率,得到：

$$\frac{\Delta Y}{Y} = \frac{\Delta A}{A} + \alpha \frac{\Delta K}{K} + (1-\alpha)\frac{\Delta L}{L} \tag{9—22}$$

其中,A为技术水平,K为资本投入,L为劳动力投入,$\frac{\Delta Y}{Y}$表示产出的增长率,$\frac{\Delta A}{A}$表示技术增长率,$\frac{\Delta K}{K}$表示资本增长率,$\frac{\Delta L}{L}$表示劳动力增长率。

接着,我们采用Solow余值法计算科技进步速度,把上式进行变化,改写成：

$$\frac{\Delta A}{A} = \frac{\Delta Y}{Y} - \alpha \frac{\Delta K}{K} - (1-\alpha)\frac{\Delta L}{L} \tag{9—23}$$

并分别用小写字母表示：$a = y - \alpha k - (1-\alpha)l$,式中$a$为科

技进步速度。

当我们根据 1999—2004 年的数据,把 α 用回归分析计算出来,就可反推出科技进步速度 a 的值。

最后,我们用 E_A 表示经济增长速度中科技进步因素所占比重,它是反映科技进步对经济增长作用大小的一项综合指标。计算公式如下:

$$E_A = \frac{a}{y} \times 100\% \tag{9—24}$$

我们利用回归分析方法,根据 EXCEL 推算出 a = 0.10944,再代入上述公式,结合前面 2005—2010 年的各指标预测值,可以推算出 1999—2010 年的科技贡献率。计算结果如表 9.7:

表 9.7　1999—2010 年我国科技贡献率预测一览表

年份	1999	2000	2001	2002	2003	2004
科技贡献率(%)	78.48	87.24	61.26	57.92	70.75	79.53
年份	2005	2006	2007	2008	2009	2010
科技贡献率(%)	61.64	71.13	71.13	71.13	71.13	71.13

通过上面的分析我们可以看出,我国的科技贡献率基本保持在 71% 左右,说明我国依靠科技进步促进经济发展潜力巨大,高新技术产业发展前景良好。但计算中出现了 2005 年的科技贡献率下降的趋势,说明我国高新技术对经济的影响尚处于一个较高级的积聚时期,是一个加速发展时期的波动初始阶段,但随后年份计算出的科技贡献率出现了保持在 71.3% 的稳定状态,这可能是计算机 EXCEL 计算平滑数据在数据过大时出现的一些趋中现象所致,71.3% 的数值仍然可以说明我国的科技对经济的增长贡献作用很大,但与美国上个世纪 80 年代已经超过 80% 的科技贡献率相比,我国的高新技术产业发展还是任重而道远。

第10章 我国高新技术产业竞争力主要制约因素分析

本章阐述我国高新技术产业发展环境的利弊,对影响我国高新技术产业快速、良性发展的制约因素进行了分析。包括环境因素、规模因素、风险投资因素、创新体系因素、人才因素以及海外投资因素。通过分析确定我国高新技术产业发展的制约瓶颈,为提出我国高新技术产业发展对策和建议奠定基础。

10.1 我国高新技术产业经营环境

10.1.1 我国高新技术产业经营环境中的机遇

1. 有利于高新技术产业发展的政策体系已经初步形成

政策对高新技术产业发展具有引导激励作用,国务院、各地方各相关部门积极采取措施,贯彻落实中央提出的各项政策,并根据实践中的新情况、新问题,创造性地开展工作,陆续制定了一系列促进科技成果转化的具体政策。[28]目前,国务院相关部门围绕贯彻落实中央决定出台的配套政策超过40个,各地方党委和政府按照中央精神,结合自身特点,都制定了各具特色、具有较强可操作性的政策措施和办法。中央和地方出台的一系列政策措施,几乎覆盖了技术创新和成果转化的全过程,初步构成了有利于高新技术产业发展的政策体系。

2. 社会投资热衷于高新技术产业

根据云团理论可知,资金是高新技术产业发展的保障,继国务院批准设立科技型中小企业技术创新基金后,上海、广东、北京、山东等许多地方也都相继建立了扶持中小型科技企业发展的专项资金。证券市场进一步向高新技术企业倾斜,成功上市的高新技术企业越来越多。民间风险投资市场迅速发育,涌现出一大批科技风险投资公司和投资基金,资金总额估计超过百亿元。2003年高新技术产业新投资项目3005项,金额1423.13亿元;2004年3718项,金额1790.49亿元;2005年4460项,金额2144.09亿元;2006年4475项,金额2761.02亿元。快速增长的投资为高新技术产业发展奠定了基础,同时说明社会投资主体的投资偏好倾向于高新技术产业。

3. 科技孵化转化基础设施条件大大改善

孵化器是高新技术产业发展的苗床,目前全国规模较大的孵化器已达400多个,拥有孵化场地数百万平方米,孵化企业能力上万家,孵化器数量仅次于美国居世界第二。这些孵化器大体分为三类:一是综合性科技企业孵化器,其代表是创业服务中心,这是我国孵化器最早的组织形式,它从国家高新区兴起,正在全国范围内迅速扩散;二是专业性科技企业孵化器,它主要为特定技术领域的创业者提供服务,目前已有软件、集成电路设计、新材料、生物医药、光电信息等一批专业孵化器开始运行;三是面向特定创业群体的孵化器,包括为高校师生提供创业服务的大学科技园,为留学回国人员提供创业服务的留学生创业园,为企业职工提供创业服务的企业内部孵化器等。[29] 不同类型的孵化器为我国高新技术产业项目培育和人员创业提供了有力支持。

4. 科技人员创业意识增强

按云团衍生理论,创业团队建设是高新技术产业发展的重要因素。中央、地方一系列政策措施的出台和贯彻实施,大大激发了科技人员创新创业的积极性,大批科技人员开始带着技术成果走向社会、走向市场,通过自己出资、合伙或技术参股等形式创办高新技术企业,海外留学人员带着技术和资金回国创业的也日益增多。[30]与此同时,广大企事业单位积极转变观念,成果转化和产业化意识普遍增强,科研机构特别是转制科研机构抛弃小富即安的思想,纷纷根据发展高科技产业的要求,调整内部组织结构和运行机制,深化人事制度、分配制度等方面的改革,有不少已经在发展高新技术产业方面迈出较大步伐。过去科研与生产脱节的现象已经被产学研相结合、科技人员主动参与创业的局面所代替。

5. 经济全球一体化的机遇

21世纪,经济全球化浪潮不断推进,中国经济也在经济全球化的浪潮中逐步兴起。经济全球化是以市场全球化为前提的,以有效获取全球信息为条件,通过国际资本的频繁流动和投资的全球化,实现生产要素在全球的优化配置,从而获得更高的收益。在经济全球化进程中,通信技术、网络技术、运输技术的发展,为经济全球化提供了现实的物质基础,使经济全球化的进程不断加快。在全球化进程不断加快趋势下,高新技术开发区成为全球化的一个主要推动力量,因为高新区是大学、研究机构、风险投资、孵化器、高技术企业的一个有机融合体,它站在全球化的视角上推动经济发展。高新技术开发区推动全球化的同时,也要求高新技术开发区的自身发展走全球化的路线。美国硅谷的巨大成功就在于它吸引并有效融合了全球的人才、技术、资本,其他成功的科技园区如中国台湾的新竹、印度的班加洛尔以及爱尔兰的软件园都是如此。[26]全球化除了给高新技术开发区带来人才、资本等生产要素条件外,还给高新技术开发区提供了全球的市场。由于高新区的高投资、高风险性,只有面对全球市场才能使高投入、高风险产生高回报,才能推动技术创新的不断发展。我国高新区应该抓住经济全球化的机遇,提升自身的增值空间,完善企业的价值链条,将良好的人才智力资源和良好的配套条件相融合,为内部企业和高新技术开发区本身提供参与全球竞争的机会。使之在新的市场格局中寻找到企业定位,建立其核心竞争能力。

6. 产业转移的重要机遇

随着高新技术产业迅速发展和经济全球化的不断深入,世界产业结构正在发生深刻的变化。世界产业结构正在向高科技化、服务化的方向发展,如跨国公司的服务外包已成为全球经济的新景象。世界产业结构的重心正在向信息产业和知识产业转移,产业结构高科技化的趋势日益突出。发达国家为了抢占全球经济的制高点,在强化高新技术产业竞争优势的同时,通过国际生产网络的扩张推动了全球产业结构的调整。以跨国公司为主导的国际分工进程加快,促进了资本、商品、技术、人才及管理技能等生产要素的跨国界流动,形成了制造业的全球价值链,进而推动了全球产业结构的调整。产业转移不再是个别企业的孤立行为,而是在国际生产网络的基础上,形成了以跨国公司为核心、全球范围内相互协调与合作的企业组织框架。国际产业转移由产业结构的梯度转移逐步演变为增值环节的梯度转移。国家高新区要抓住这个难得的历史机遇,在对转移产业做好认真判断和筛选的基础上,积极承接国际产业转移,推动产业结构升级,使新产业不断涌现,同时,促进高新技术向传统产业渗透,努力利用高新技术改造传统产业。

10.1.2 我国高新技术产业经营环境中的挑战

1. 产业政策措施配套的挑战

我国虽出台了高新技术产业的相关政策,但是,我国的高新技术产业政策并不能够完全发挥其应有的效能。一是一些政策在执行中手续繁、周期长、不利于落实。如国家关于职务技术成果作价入股的政策,在执行中往往要经过复杂而且耗时的程序层层审批,使一些技术成果丧失了良好商机;二是有些地区政策执行中对非国有企业不能一视同仁。[69]如一些地方在集体科技企业进行公司制改组时,要求将国家给予的税收减免资金转为国有股,并参与企业管理和收益分配;三是有关政策缺乏配套操作措施。如中央明确要对高新技术产品实行增值税扶持,但除软件和集成电路外,对其他高新技术产品的扶持措施尚未落实。此外,关于科技中介服务机构、科技风险投资和风险担保等,都还需要更具体明确的政策规定。

2. 国际高新技术发展的挑战

从世界范围来看,国际高新技术产业发展可谓一日千里,我国目前在世界创新网络体系中的地位与发达国家甚至与一些发展中国家相比还不够高。20世纪90年代中期以来,在以信息技术为先导的科技革命推动下,发达国家高技术产业进入发展的快车道,给我国带来了有利的发展机遇更是严峻挑战。一是世界高技术产业加速发展,对我国产业结构优化升级产生不利影响。新科技革命,特别是发达国家高技术产业加快发展为发展中国家实现赶超和跨越式发展提供了可能和有利条件。但是,我们应清醒认识到形势发展对我国的不利因素,根据波斯纳模仿时滞理论,"路径依赖"效应和"技术锁定"效应使新科技革命很可能进一步锁定发展中国家国际分工体系中所处的不利地位,甚至使发展中国家国际分工地位继续恶化。二是世界高技术产业加速发展,使发达国家的非关税壁垒提高。国际贸易领域的重要发展动向是关税壁垒和传统的非关税壁垒不断弱化,而花样翻新的非关税壁垒,如技术标准壁垒、检验壁垒、认证壁垒和绿色技术壁垒等却越来越大行其道。产生这一新现象的重要原因是发达国家新贸易保护主义作祟,发达国家高技术产业发展越快,与发展中国家的差距越大,自主知识产权与核心技术的优势越明显,它就越有条件和能力使用这些新式壁垒来限制进口。近年,高科技加快发展的发达国家大幅度、大范围地提高了产品的卫生与环境安全标准,并以此为借口,将发展中国家出口的产品拒于国门之外。我国作为最大的发展中国家,出口创汇的拳头产业和产品,所遭受的挑战更为严重,通过高新技术产业维护国际地位是我们的重要课题。三是世界高技术产业加速发展,增加了企业技术引进的成本。在世界知识产权保护制度下,国际高技术产业发展速度加快,将进一步强化跨国公司技术供应的垄断地位,抬高发展中国家技术引进的门槛,增加其技术引进和技术创新的成本。我国多数产业的主导技术主要依靠国外,拥有自主知识产权和核心技术的产品和企业很少,高科技革命导致的产业发展越来越依赖于发达国家的技术支持,这无疑造成我国高新技术产业发展成本加大。根据国际经验,人口大国在人均GDP达到1000美元以后,引进技术将变得越来越困难,产业发展将从原来的外源性技术引进和技术仿制为主的发展道路向内源性的自主技术创新为主的发展道路转型。转型是否成功,对已习惯于仿制和技术引进的中国是严峻的挑战。四是世界高技术产业加速发展,使国内企业面临的竞争更为激烈,进而导致企业因竞争而分化加剧。随着全球高技术产业的快速发展,国内产业特别是高技术产业面临的国际竞争将更为激烈。这种竞争既可能来自发达国家及其跨国公司，也可能来自于与我国处于同一发展阶段的发展中国家和地区。在竞争日趋激烈的过程中，国内不同类型企业的分化重组不可避免。具有优越的技术创新资源和较高技术创新能力与效率的大型外资企业，在结合了我国廉价劳动力资源和渠道优势之后，其在我国境内的业务量和市场份额将随之发展壮大，而且其可能利用业务外包、核心技术垄断、产业联盟和收购兼并等，加强对我国本土企业的控制，增强对我国市场的控制力和影响力，而且不排除一些行业中形成或强化外资企业独家垄断局面的可能性。本土从事来料加工贸易和进料加工贸易等的国有企业和民营企业，除了极少数可以通过"干中学"，发挥后发优势，成为跨国公司外，大多数国有企业和民营企业将继续充当跨国公司及其在华子公司或松散或紧密的代工者、外包业务承担者、核心业务的配套者等次要角色，"两头在外，大进大出"的传统贸易战略很有可能在我国高新技术产业重演。一些技术竞争力不强、经营不善的国有企业和民营企业还可能被技术先进、资金雄厚的跨国公司所兼并收购甚至直接被市场淘汰出局。五是世界高技术产业发展节奏加快，我国现有的条件难以跟踪，已有的研发人员甚至有可能被跨国公司"强取豪夺"。

3. 企业自身的挑战

高新技术产业发展的根本在于企业自身的发展，目前我国高新技术企业的主体地位亟待加强。一方面企业技术创新能力弱，投入低，缺乏自主品牌和核心技术，主要依赖引进国外成套设备和关键设备。另一方面企业之间、产学之间合作从事高新技术系统集成和产业化的动力不足，科技成果转化速度慢，效率低。这使得我国高新技术企业在高新技术产业的国际分工中处于利润末端，受制于人的境况在短时间内难以改观。再者,我国高新技术企业的体制建设、经营管理等也存在许多问题。提高我国高新技术产业的国际竞争力,首先必须坚持以企业为技术创新的主体,同时要加强产学研结合,加强和完善高新技术产业的创新链,深化实施标准战略和知识产权战略,进一步推动经济体制和科技体制的深化改革,加强国际科技合作,完善高新技术产业的人才培养和激励机制。

10.2 我国高新技术产业自身条件制约

10.2.1 企业数量少规模小

我国高新技术产业的快速发展促进了产业结构调整,2006年,高新技术产业总收入超过 5.3 万亿元,增加值占 GDP 的比重达到 8%,2007 年高新技术产业总收入将超过 6.3 万亿元,预计 2010 年增加值占 GDP 的比重将超过 10%。网络产业、数字内容产业等高技术服务业快速发展,信息、生物等高技术广泛应用与渗透,传统产业加速优化升级,不断改变着社会生产生活方式。

随着我国高新技术产业对外开放不断扩大,国际高新技术制造业加速向国内转移,利用外资的规模和水平进一步提升。目前,跨国公司在我国设立了上千家研发机构,集成电路等技术密集型产业国际化发展成效明显。国内骨干企业"国际化战略"迈出了坚实步伐。一批关键技术取得重大突破,高技术产业的自主发展能力有所增强,产业化步伐明显加快。国家在高技术产业领域陆续组织实施了 41 个高技术产业化重大专项,建设了 2400 多项高技术产业化示范工程,完成投资 2000 多亿元,推动新一代移动通信、下一代互联网、数字电视、卫星导航、光电技术、抗虫棉等重大科技成果成功实现产业化,形成了一批新兴产业群。长三角、珠三角、环渤海三大区域的高技术产业规模占全国的比重达到80%以上,生物医药、航空航天、微电子、光电子、软件等产业基地正在加快发展,高新技术产业园区和经济技术开发区成为高技术产业的重要聚集地。

我国高新技术产业虽然发展速度快(目前产业规模跃居世界第二,出口总额跻身世界前两位),但大多数高新技术企业规模小、资金少、技术力量薄弱,与国外技术力量相比,所占比重很少。显然,我国高新技术企业无法同竞争力强、资金雄厚、市场占有率高的跨国公司相比,国际市场竞争能力差成为我国高新技术企业发展的一个重要障碍。从我国高新技术企业拓展市场方式来看,贸易方式仍居主导地位,尤其是在拓展国际市场过程中,出口贸易甚至是间接出口仍是最主要的拓展方式。美国的高新技术产业规模居世界第一,日本处于第二的位置。我国高新技术企业数量2005年仅18000家左右,总产值27769亿元,利润1245亿元,大型高新技术企业仅299家。美国同期高新技术企业至少24万家以上。我国高新技术产业增加值率同发达国家相比如图10.1所示。由于企业数量少,产业集群效应弱,致使高新技术开发区的辐射扩散功能不足,产业链环节间交易成本偏高。而企业规模小,则难以形成规模经济效益,不但在竞争中处于不利地位,而且由于抗击风险能力低、要素投入不足等导致持续竞争力不佳。

10.2.2 产业信息服务滞后

信息在知识经济时代是最重要的资源,全球性的信息化发展,使得企业能迅速了解国际市场变化情况。美国在20世纪60年代就基本进入了信息化社会,在信息化综合指标中,信息装备率指数

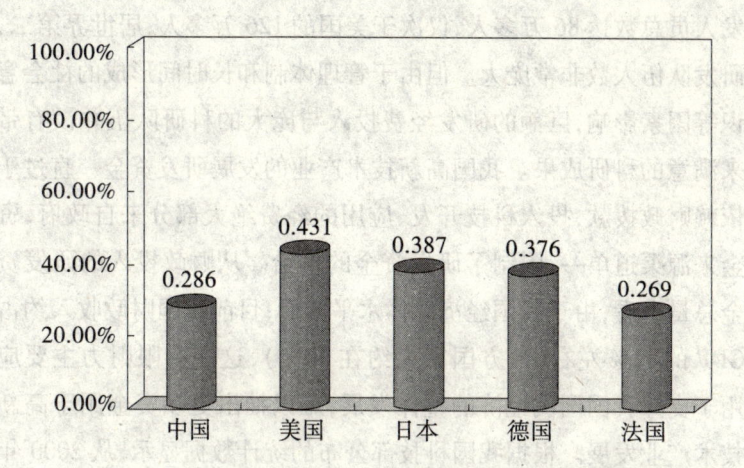

图10.1 中国高新技术产业增加值率同发达国家比较

中国：0.286 美国：0.431 日本：0.387 德国：0.376 法国：0.269

增长最大（约为 7.29 倍），其中计算机普及率增长最快（约为 28.79 倍）。[37] 计算机的迅速普及是当前美国信息化水平迅速提高的最主要原因。信息装备率的快速发展，为美国高新技术产业的发展提供了良好的物质保障。由于我国高新技术企业发展的时间比较短，信息服务网络尚未形成并发挥作用。这限制了我们对国外商情和商机的把握，使得我们对国外商情知之甚少，从时间上很难及时准确地反馈，从而制约了我国高新技术企业发展的进程。另外，相对于发达国家大量的免费公共信息服务，我国信息行业高度垄断、信息收费过高等也在一定程度上制约了我国高新技术产业发展。

10.2.3 产业人均研发投入资金偏小

我国高新技术产业的科研产出水平受到两个因素的制约：一是科研人员的数量；二是研发经费的投入。2005 年我国研发经费总额若按购买力平价计算名列世界第四。到 2005 年，我国各类研发人员总数达 86 万多人,仅次于美国的 126 万多人,居世界第二,研发队伍人数非常庞大。但由于管理体制和长时间形成的社会意识等因素影响,巨额的研发经费投入与庞大的科研队伍并没有带来满意的科研成果。我国高新技术产业的发展研发资金一直过于依赖财政拨款,投入科技开发、应用的经费绝大部分来自政府,资金来源渠道单一,限制了研发资金的供给。从财政投入的研发资金总量上看,由于我国经济总体水平落后,目前我国财政收入约占 GDP 的 11% 左右(西方国家大约在 30%),这一有限财力主要应用于支撑我国国民经济的整体发展,难以抽出更多资金用于高新技术产业发展。根据我国科技部公布的统计数据显示,从 2000 年到 2007 年我国科研经费财政支出占财政收入的比例正在下降,科研经费财政拨款在整个财政拨款的比重也正呈逐年递减的趋势。由于高新技术产业投入不足,我国高新技术产业科技成果与发达国家存在较大差距。2004 年我国对高新技术企业的发明专利授权量为 4535 件,是日本的 1/6、韩国的 1/2、德国的 1/3、法国的 2/5,名列世界第 12 位。这在一定程度上说明了我国高新技术产业研发成效不显著。究其原因主要在于人均研发投入少,科研体制相对滞后。形式上我国研发资金数额巨大,但真正投入高新技术产业的研发资金有限,高新技术企业主动投入的研发资金更是无法同发达国家企业相比。由于资金投入不足,致使新产品开发缓慢,科技成果难以产业化,有些高新技术产品与国际差距有拉大的趋势。

10.2.4 产业总体水平落后

我国高新技术产业的产值占工业总产值的比例、高新技术产品出口额在世界高新技术产品贸易总额中所占比例都低于发达国家的水平,这说明我国高新技术产业整体水平低,而其中的重要原因之一是产业总体技术水平落后。以高新技术产业中发展最好的电子信息产业为例,虽然我国电子信息产业发展迅速,但关键元器件一直受制于国外产品,特别是信息技术产品的专用芯片都是国外进口的。大额利润被外商赚取,我国企业只能获得其中的很小一部分利润,这反映出我国的科技总体水平大大低于发达国家。众所周知,科技成果转化是发展高科技产业的重要途径,是知识成为经济的重要环节。然而,目前我国高新技术开发区的高新技术企业应用的高新科技成果仅仅是我国科技成果的极少部分,科技成果的转化率十分低下,大量科技成果被束之高阁。根据有关资料,我国专利技术的实施率仅仅为10%,科技成果转化为商品并且取得规模效益的比例为10%~15%,远远低于发达国家60%~80%的水平。我国高新技术产业产值仅占工业总产值的8%左右,这一指标西方发达国家通常是30%~40%的水平。尽管我国也有一批专门从事高新技术转化的企业,但它们中的大部分处于艰难的经营之中。另外,我国科技人员占总人口的比例、科技投入的比例、科技产出的状况等等,与发达国家都有很大差距,有些指标甚至不如发展中国家,如果不采取有力措施,我国与世界先进水平的差距会越拉越大。

10.3 我国高新技术产业风险投资的制约

10.3.1 风险投资与高新技术产业

根据高新技术产业云团菌生理论可知,高新技术产业发展可以分为多个不同阶段,由于各个阶段和各个环节投融资的金融价值不同,对投融资需求的方式和数量也不同,从而导致对金融工具多样性的需求(见图10.2)。

1. 种子期(SeedStage)融资。企业尚未真正建立,处于技术研发阶段中后期,属于实验室成果,还没有真正的产品,但创业者能够确认产品在技术上的可行、有市场前景。此时财务处于亏损期,没有收入来源,无正式的销售渠道,只有费用支出,无直接的投资回报。筹集的资金主要用来支付各种研发费用。此阶段主要面临技术风险和能否开发出产品及产品能否被市场接受的市场风险,项目失败率很高,倘若技术开发遇到严重障碍,无法取得突破性进展时,投资者就会失去耐心,企业或项目就只能夭折消亡。[96]种子期的资金需求量较小,但投资风险很大,大企业、商业银行等对其缺乏投资欲望,因此很难吸引外界投资的介入。种子期的资金来源是:国家开发资金、企业开发资金和私人资本,其主要资金来源还是以自有资金、创业者自筹或私人投资者等私人资本为主,如个人积蓄、家庭和朋友、个人投资商、富有家庭的集团投资等。其中个人积蓄是最主要的资金来源。愿意进入这一阶段的投资者主要是政府机构或独具慧眼而又敢于冒险的非公开和正式的个人投资者即所谓的天使投资者(AngleCapitalists)。根据"大拇指定律",种子期和创业期的天使投资回报为20倍,但风险很高。

2. 创建期(StartupStage)融资。创建期投资主要用于形成生产能力和开拓市场,企业资金除了用于"中试"外,广告和其他推销费用也较多,由于当期销售收入有限,再加上企业此时尚不具备大批量生产的条件,产销量不大,单位制造成本较高,企业财务仍处于亏损阶段,但亏损额随产品销量的增加呈不断缩小的趋势。[71]这一时期的技术风险有所降低,但市场风险和财务风险则变得较为突出,以谨慎为原则的商业银行不愿意向其提供资金,但创建阶段的高新技术企业风险大,资金缺口亦大,这样高新技术企

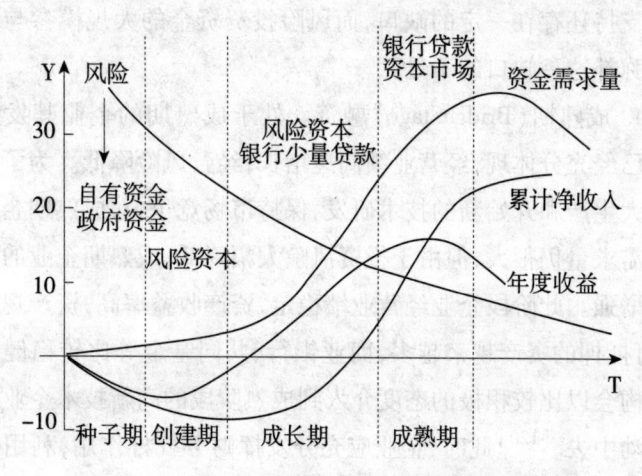

图 10.2　高新技术企业资本需求、收益及风险特征

业就必须依靠自身可行的经营计划、卓越的产品功能和市场前景来吸引风险投资资金的进入,从中获得急需的资金支持及经营、管理方面的辅导。而这一阶段也正是风险资本乐于进入、取得一定股权、为日后取得高额投资回报打下基础的关键时期,以期成为高新技术企业的战略伙伴或战略控股者。

3. 成长期(GrowthandExpansionStage)融资。产品已经进入市场,潜力也初步显现出来,技术风险大幅度下降,企业面临的主要风险已转移到管理风险以及规模化生产而形成的资金需求缺口的风险。此时企业销售收入、现金流量逐渐趋向稳定,但需要更多的资金以扩充生产规模和进行大规模的市场开发,不断完善产品和进一步开发出更具竞争力的产品。在此阶段企业经营业绩逐渐得到体现,但距离企业股票上市还有一定距离,然而已经能够从金融机构获得贷款支持。一些商业银行开始愿意向企业提供抵押担保贷款,由于商业银行等的贷款需要担保、抵押等,企业能够获得的资金支持还存在一定的缺口,而风险投资资金的大规模参与恰好能够弥补这一缺口的不足。

4. 成熟期(BridgeStage)融资。处于成熟期的企业其发展的潜力已经充分体现,经营业绩高速增长,经营风险降低。为了进一步扩大生产和开始新的技术研发,保持市场竞争力,成熟期企业的资金需求量仍很大,但由于投资风险大幅降低,成熟期企业的融资能力增强。此阶段企业经营业绩稳定,资产收益率高,资产规模较大,可抵押的资产越来越多,商业银行、共同基金等比较稳健的金融机构会以比较积极的态度介入到成熟阶段的高新技术企业的融资活动中去。[120]此时,企业应充分发挥财务杠杆作用,利用银行贷款或发行债券的方式获得所需资金。这个阶段可通过产权交易、场外交易等方式给风险投资提供良好的退出通道。

10.3.2 我国风险投资总量的制约

风险投资在西方国家运行的模式业已成熟,以美国为例,风险投资由专门从事风险投资的专家来操作,而不是政府和商业银行。因为专家既掌握风险投资的内在规律,而且也了解高新技术项目的发展规律,便于对项目进行正确的分析、判断、决策。1958年美国国会通过了《小企业投资法案》,据此成立了小企业管理局和小企业投资公司,小企业管理局通过发行债券或担保的方式为小企业投资公司提供资金支持。[27]小企业投资公司由小企业管理局颁发执照,除了募集资本投资外,还允许向 SBA 申请贷款用于投资,并能享受特殊的税收优惠,当时极大地推动了小企业投资公司的发展。美国的小企业管理局在培育风险投资机构的同时也为小企业投资公司和中小科技企业之间建立联系,为风险投资机构寻找有潜力的高新技术企业。另外美国还有许多区域性的技术协会,例如北美技术协会,美国科技促进协会等,它们都是非政府的民间科技交流机构,它们的会员中有许多是高新技术企业,也有很多风险投资公司成为它们的会员。协会成为风险投资的非营利中介机构,向风险投资机构推荐有潜力的成长性好的高新技术企业。发达国家风险投资退出模式主要分为以银行为中心的日德模式以及以证券市场为中心的美国模式。[116]日德模式是缺乏效率的,而以证券市场为中心的美国模式更加有利于风险资本的退出和风险投资业发展。美国的退出方式主要有三大类:公开上市、出售,以及资产清算。[122]从这些退出方式被采用的比例来看,根据对美国442项风险投资的调查,在这些风险投资的退出方式中,30%的风险投资通过IPO退出,23%通过兼并收购,6%通过企业股份回购,9%通过股份转卖,6%是亏损清偿,26%是因亏损而注销股份的。[104]公开上市通常是风险投资最佳的退出方式,这种方式可以使风险资本家持有的不可流通的股份转变为上市公司股票,实现营利性和流动性,而且这种方式的收益性普遍较高。我国风险投资研究院开始在145家风险投资机构间进行调研显示,截至2005年底,有139家风险投资机构的管理风险资本总量为946亿元人民币,可投资于中国大陆的风险资本总量达到441亿元人民币。其中,29家外资背景机构可投资于中国大陆的风险资本总量达22亿美元,约占全部可投资总量的40.57%,但这还远远不能满足我国高新技术产业快速发展的需求。从国内目前已经建立的风险投资机构的资金来源看,除外资投资机构外,绝大部分都是以政府为主要出资人,或是在政府的主导下创立的,私人、民间资本几乎没有,这种政府主导风险投资的发展模式不仅不符合风险投资自身的性质,不利于引进创新、激励与竞争精神,而且限制了我国风险投资的资金来源,并且基金规模明显偏小,远达不到分散风险、建立投资组合的目的。

10.3.3 我国风险投资其他方面的制约

1. 基本法律、法规尚不完善。风险投资在我国已实践多年，但没有相应的立法工作。而且在我国现有经济法律法规中，有许多地方与风险投资运作规则相冲突。虽然《投资基金法》、《风险投资法》已列入国家立法规划，但从总体上讲，法律法规不健全和不成体系的滞后效应，严重影响了风险投资的发展，也影响了高新技术产业的发展。

2. 产权制度不完善。很多高新技术企业来自于高校、研究机构或传统企业，它们与原单位的产权关系模糊，加上我国产权评估机构和产权交易市场不发达，使得我国高科技企业不能很自由地转换产权，这就阻碍了转让股份的道路。

3. 资本市场不健全，风险资本退出机制尚未形成。能否保证风险投资顺利地退出，决定了风险投资体系是否合理和完善。只有实现了进出畅通，才能实现保值增值，进入良性循环。但是目前我国的风险投资还不能达到这一要求。

4. 缺乏高素质的创业者。我国不但技术创新能力远远落后于发达国家，国内有些高新技术企业也名不副实，科研成果的市场化导向不强，同时也缺少具有战略眼光和创新精神的企业家。创业者的观念和素质是制约风险投资发展的重要因素，从观念的角度看，我国创业者的诚信意识、合作意识、团队意识相对薄弱；从素质的角度看，多数创业者出身以专业技术为主，知识面单一，偏信于以往成功经验，缺乏作为一名高新技术企业管理者的素质，甚至有些高科技企业存在家庭式管理，在观念和素质方面，均难于适应高科技企业发展的需要。

第10章 我国高新技术产业竞争力主要制约因素分析 291

5. 中介机构和监管机构有待加强。发展我国风险投资除上述制约因素外,在诸如会计、评估、法律等中介机构体系,监督体系等方面也存在缺陷。由于中介机构和监管机构缺位,加上专业水平低,其公正性和权威性受到质疑。

10.4 我国高新技术产业创新体系制约

10.4.1 高新技术产业创新主体制约

自主创新是一个国家打破其他国家或者外国企业技术垄断、摆脱对他国技术依赖的重要手段,也是一国提升本国及国内企业技术水平,增强国际竞争力的一个重要手段。高新技术产业作为国家主导产业,是国家技术提升的中坚力量,关系到国家经济发展的前途命运,也正因为如此,各国之间的技术竞争在高科技产业这一领域显得尤为激烈,因而高新技术产业解决自主创新问题具有特别重要的意义。

我国高新技术产业创新体系的主体制约因素是产权制度,高新技术企业作为独立法人,必须实现产权主体清晰,真正建立企业以追求利润最大化为动机的内在机制。高新技术企业的产权特征表现出不同于其他企业的特殊性,它不但要求产权清晰而且对产权流动性要求高。风险投资者投资于高技术企业的目的是为了获得高额风险报酬,而这是以产权能迅速变动为前提的,表现在产权结构上意味着对两权(特别是剩余索取权)的转让应该是自由的。[121]我国高新技术企业产权形成包括:①企业创办时上级单位投资启动资金,并且借助了该上级单位的无形资产,企业发展主要是靠创业者的自我积累和风险收益转换、滚动发展起来的。②企业创办初期没有明显的初始投资人,或者初始投资是创办者的个人积蓄,但由于当时政策不允许办私营企业,被迫注册为集体企业,并将初始投资作为借款还给了投资者,或者创业者通过商业借贷来开办企业。③"挂靠"的集体企业。即这些企业初始注册名义是上级,实质是民营或私营企业。由于当时经济体制、法律、市场等多方面的限制,我国有些高新技术中小企业从一诞生起就埋下了产权不清的隐患,产权不清成为制约其成长的最大障碍。一是初始产权的归属问题造成企业注册资金来源复杂,注册资金的名义投资者与实际投资者不符合,或者在企业发展过程中,投资者、经营者变化频繁,这些都使得"谁是投资者"的问题难以解决;二是上级单位注入了启动资金的高新技术企业,虽然初始产权是清晰的,但高新技术企业发展的特殊性质决定了其不能简单地按照"谁投资谁受益"原则来界定,由此企业资本增值部分的产权就产生了上级单位、创业者、经营者及企业职工多方位的利益冲突,进而使企业发展受阻;三是由于历史原因形成的"挂靠"企业的产权归属问题,这些企业都戴有"红帽子",实质上这些都是私营的合伙企业,要想进行产权改制,就必须"摘红帽子",但操作难度很大。[88]四是技术对于高新技术企业发展占有极重要的地位,高新技术企业的技术主要来自主办单位及创办人员原单位。这些技术多是国家投入大量资金,由科研院所和高等院校主要研制,经多年积累而来,其所有权自然很清楚,但受技术本身的特点、技术寿命及成熟程度等因素影响,技术产权难以量化。在市场经济指导下以产权制度创新来提高经营能力是高新技术企业参与国际市场激烈竞争的基本条件,只有产权清晰、职责分明,才能使我国高新技术企业在国际市场表现出十足的竞争力。

  我国高新技术产业的主体企业是国有企业,国有高科技公司治理结构存在诸多问题,如所有者缺位,从而造成股东大会和董事会的组织和功能难以健全,缺乏独立董事,监事会对经理层的监督不力,对经理层激励不足,经理人员与董事会权限不明,双方都有越权行为,经理人员的决策权受到干预,证券市场缺乏对公司的评价和监督作用等。[94]民营高新技术企业的治理结构问题不像国有企业那样突出,这是因为民营高新技术企业的所有者与经营者基本上是合二为一的,大多数民营高新技术企业尚未发生两权分离,但民营企业的人才激励制度尚待改善。

10.4.2 创新资金投入制约

20世纪90年代以来,世界进入"知识经济"时代,为促进经济社会协调发展,提升综合国力,维护国家安全,很多国家呈现出大幅度加大科技投入的趋势,其表现有以下几个方面:一是大幅度增加科技投入,研发经费占GDP的3%已成为主要发达国家和新兴工业化国家共同的投入目标,2002年美国研发经费就已占GDP的2.82%。欧盟在《关于使研发经费占GNP3%的行动计划》中,明确要求各成员国到2010年将研发投入增至占GDP的3%,2001年日本研发经费就为1279亿美元,占GDP的3.09%。韩国2001年研发经费总支出为125亿美元,占GDP的2.96%。印度通过科技投入倍增计划,确定到2007年研发经费占GDP的比例达到2%,巴西确定到2010年达到2%。二是政府科技投入大幅度增长,政府科技投入占GDP的1%成为主要发达国家的投入目标。三是政府科技投入与国家发展战略及目标紧密结合,投入领域与重点更加明确,美国强调全面领先,保持在所有科学知识前沿的领先地位。德国强调发展尖端技术,确定了四个投入目标,①原始创新的目标;②全国均衡发展的目标;③高技术领先的目标;④技术尖端目标。日本强调发展产业共性技术,期望50年内出现30名左右诺贝尔奖获得者。韩国强调发展产业共性技术,目标为2015年成为亚太地区主要的研究中心,在与七大国相当的领域内,确保科学技术的竞争力。印度与巴西强调局部领先,资金主要流向工业领域。

  发达国家高新技术产业研发经费支出占其增加值的比重较高,其中日本达到29%,美国为28%,而我国仅为5%左右。《2005年全国科技经费投入统计公报》显示,我国全社会研究与试验发展经费占当年国内生产总值的1.34%。全社会研发经费总支出中,各类企业支出1673.8亿元,所占比重为68.3%,比上年提高1.5个百分点;政府部门属研究机构和高等学校分别支出513.1亿元和242.3亿元,所占比重分别为20.9%和9.9%;国家财政科技拨款额达1334.9亿元,比上年增加239.6亿元,增长21.9%,占国家财政支出的比重为3.9%。2005年美国高新技术产业的科技研发经费达到3125亿美元,经费支出明显高于其他发达国家,而我国科研经费仅为299亿美元,不到美国该指标的十分之一,约为日本高新技术产业研发经费支出的十分之一,经费投入差距巨大(如图10.3所示)。

  与各国相比,我国高科技产业经费支出仅高于韩国,研发经费不足已经成为制约我国高新技术产业发展的重要因素。

  总体来看,我国全社会研究与试验发展经费投入继续保持快速增长态势,国家财政拨款稳定增加,企业自主创新投入的主体地位进一步巩固。按照《国民经济和社会发展第十一个五年规划纲要》提出的研究开发投入目标,到2010年,全社会研究开发经费与当年国内生产总值之比应达到2%。受我国经济发展的影响,这一指标同发达国家相比相差甚远。从企业投入创新资金来看,我国大多高新技术企业是中小企业,技术创新的风险较大,投资较

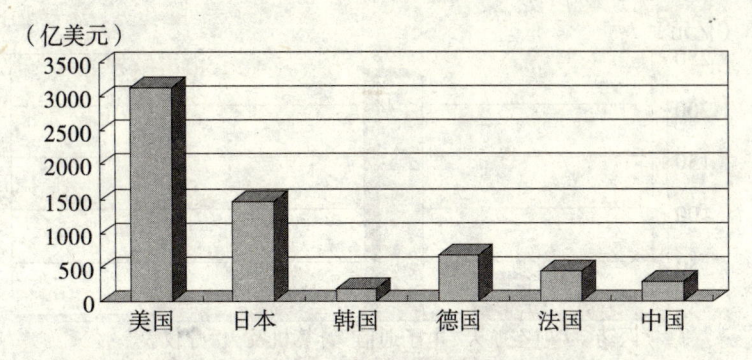

图 10.3　2005 年高新产业研发支出国际比较

多,成本较高,而成功率又较低,客观上技术创新动力不足。[37]资金来源不足严重制约了中小企业的技术创新。企业在研发投入中的主体地位不突出,高新技术企业重技术引进,轻研究开发,自主技术创新意识较弱。

10.4.3　创新经费分配制约

我国高新技术产业发展的一个显著特征就是发展的不均衡,在科研经费投入方面,各高新技术产业研发投入的差距也十分巨大。2005 年我国高科技 R&D 经费内部支出最高的是电子及通信设备制造业,支出额高达 234.7164 亿元,支出最低的是医疗设备与仪器仪表制造业,为 16.5862 亿元,不到电子及通信设备制造业研发经费的 7.1%,差距十分巨大。各高新技术产业经费支出对比如图 10.4 所示。

由图 10.4 不难看出,我国高新技术产业研发投入不平衡现象十分严重,电子及通信设备制造业的巨额研发投入也使得该产业在众多高新技术产业中发展速度处于遥遥领先的状态,造成了我国高新技术产业发展水平的严重不平衡。

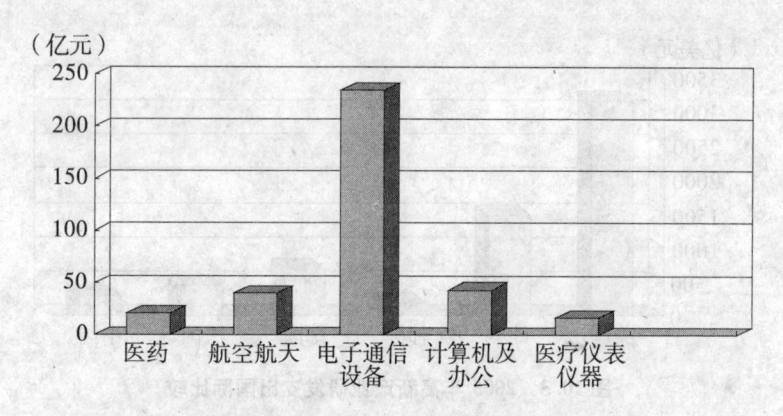

图 10.4　2005 年研发经费分配对比

此外,各高新产业无论是在技术改造上还是在技术的消化吸收方面,投入也都存在着不平衡现象,电子及通信设备制造业仍然是一枝独秀,处于遥遥领先的地位。具体对比情况如图 10.5 所示。

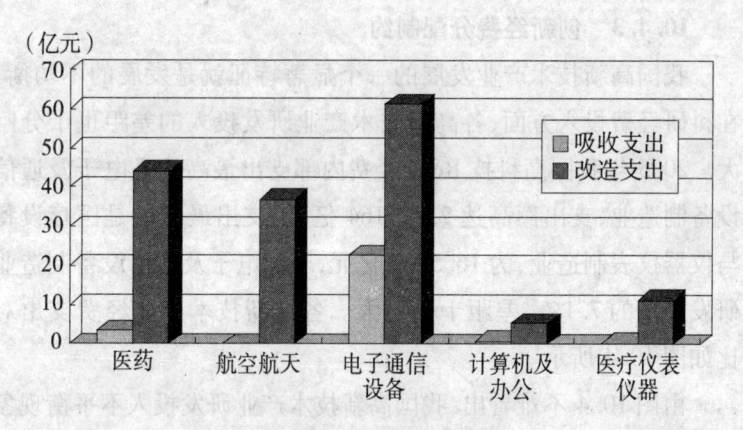

图 10.5　高新产业技术经费对比

尤其值得指出的是,电子及通信设备制造业消化吸收经费支出达到22.65亿元,而航空航天制造业仅为0.14亿元,医疗设备及仪表仪器制造业也只有少得可怜的0.33亿元,排第二位的医药制造业也只有约3.5亿元的吸收经费支出。技术消化吸收和技术改造经费投入的不均衡造成各高科技产业技术水平差异较大,从而造成各产业国际竞争力水平差距较大,不利于我国高新技术产业整体竞争力的提升。

10.4.4 知识产权保护力度制约

上世纪80年代以来,西方发达国家为了巩固其在世界经济中的强势地位,陆续采取了一系列加强知识产权创造、管理、运用和保护的重大举措。国际知识产权制度发展态势主要表现为:知识产权正成为各国增强国家经济、科技实力和国际竞争力,维护本国利益和经济安全的战略资源;知识产权制度国际化趋势加快,知识产权保护成为国家之间进行科技、经济、贸易和文化合作与交流的重要组成部分;随着信息技术、生命科学、海洋技术、新材料技术等高技术的快速发展,各国加强了知识产权的立法工作,知识产权保护范围不断扩大,保护水平和保护力度不断增强;知识产权正成为各国企业取得市场竞争优势的重要手段;知识产权申请或注册数量快速增长,掌握和控制关键领域和前沿技术中的知识产权成为各国竞争的焦点。

我国知识产权制度建立较晚,只有20多年的历史,但是发展速度较快。我国政府高度重视知识产权工作,把提高自主创新能力作为调整经济结构、转变经济增长方式、提高国家竞争力的中心环节,把建设创新型国家作为面向未来的重大战略选择,基本建立了体系完整的知识产权法律制度。我国知识产权事业在"十五"时期取得了显著的成绩,已经具备了实施知识产权战略的基本条件。"十五"时期专利申请总量为 1594762 件,是"九五"时期 643853 件的 2.5 倍,年均增长 22.8%;专利审批结案数量大幅增长,审批积压问题有所缓解。"十五"时期商标注册申请量显著增长;我国先后认定 400 多件驰名商标,2005 年底,我国电子通信产业共受理集成电路布图设计登记申请 950 件,登记公告并颁发证书 833 件。我国知识产权数量大幅增长,表明我国市场经济繁荣,投资环境改善,自主创新潜力巨大。现阶段我国知识产权保护方面的缺陷一是知识产权保护的法律滞后,在知识产权的保护领域,我们仅用二十几年的时间就走完了发达国家几百年的路程,但我国的知识产权保护水平同发达国家尚有较大差距。二是关于知识产权维权本质,就其本质而言知识产权是私权,同任何其他民事权利一样,知识产权在我国也存在滥用的问题。三是我国现行的知识产权立法显然是没有充分利用 Trips 协定中的对发展中国家有利的条款,突出表现在没有制定反垄断法,相配套的反不正当竞争法由于其立法宗旨和适用范围上的先天缺陷也无法对市场竞争中的知识产权滥用行为作出有力的规制。这种立法失衡现象已对我国企业造成了很大的消极影响。一方面,正是因为没有反垄断法,微软虽然在美国、欧盟、台湾、日本等地相继遭到垄断指控,在我国却安然无恙;另一方面,与反垄断法互为补充的反不正当竞争法,在"定位"上存在偏差,它更侧重于对知识产权进行"兜底"保护,而没有充分确立体现知识产权的立法思想。四是我国的知识产权保护具有移植方面的片面性,我国知识产权制度从零开始,以超乎寻常的发展速度迅速完成了所谓的与"国际接轨",政府过于强调宣传知识产权保护意识的重要性,而对权利大国的知识产权法中对权利的限制却没有学习掌握。发达国家在竭力推行知识产权保护国际统一化的同时,却在国内高筑知识产权壁垒,以阻止他国的产品冲击本国市场,如美国关税法与1988年综合贸易竞争法中的301、201、337、406等条款。由此可以看出,知识产权制度是有国界的,那种盲目跟随某些超级大国的知识产权观念走的做法不仅幼稚,而且对我国的经济发展也是极为不利的。

我国知识产权工作总体状况存在着与国家经济、科技和社会的发展要求不相适应,以及与面临的国际新形势的发展要求不相适应的问题。如知识产权工作的政策不够到位,与法律法规不够配套;知识产权管理部门分散,管理水平和效率有待进一步提高;企业掌握与运用知识产权制度的水平不高,缺乏应对知识产权纠纷的专门人才;拥有核心技术和关键技术领域的自主知识产权数量偏少、质量偏低;各级领导对加强知识产权工作的重要性认识不够,社会公众知识产权意识不强,等等。这使得我国的知识产权法律法规体系需要进一步完善,知识产权数量和质量需要提高,知识产权宏观管理力度需要进一步加强。

10.4.5 技术创新的中介服务制约

在创新行为主体协同关系形成之前,相互之间有一个搜寻、选择与被选择的过程。如果高新技术企业在技术创新过程中的某些方面力不从心,或某类资源缺乏等,则需要发挥中介机构的优势。目前我国技术创新中介服务机构主要包括生产力促进中心、创业服务中心、工程技术研究中心、情报信息中心、知识产权事务中心和各类科技咨询机构、常设技术市场、人才中介市场、技术产权交易机构等。创新中介服务的主要工作任务是:①信息服务。通过信息网络和各种媒体为企业提供国家政策法规、行业发展趋势、投融资渠道、科技成果、技术需求、企业管理、市场营销、人力资源等信息服务,帮助企业提高市场预测和快速反应能力,提高管理水平。②技术开发与推广。结合产业结构调整,有效地组织和利用各种社会资源,帮助中小企业研究开发新技术和新产品,并开展多种形式的新技术推广活动,传播和推广先进、成熟、适用技术,推动市场前景好、技术含量高、附加值高、产业关联度强、经济社会效益显著的技术向企业转移和扩散。③新技术交易服务。通过技术交易市场,提供交易过程中的政策咨询、专利代理、合同登记、交易合同认定以及知识产权变更登记等配套服务,形成一个高效和具有良好信誉的新技术交易服务体系。④资金服务。为中小企业的技术创新多渠道筹资提供服务。⑤组织创新政策、专业技术咨询和培训及其他专业化服务等。⑥完成政府部门和其他机构委托的工作。

我国技术创新中介服务机构对中小企业的技术创新起到了一定的推动作用,但他们多集中在大中城市,分布不均匀,且专业化水平低,彼此独立,协同程度低,服务功能单一。技术创新服务中介对我国高新技术产业的制约作用主要表现在:一是技术创新服务机构数量严重不足,不能满足中小企业的需求。由于中小企业数量很大,其涉及的产业门类又非常多,他们需要的技术服务是多方面的。现存的技术服务机构从数量到质量都不能满足中小企业的需求。尤其是企业需要的能够提供直接和专业技术服务的机构数量严重不足。[96] 二是技术创新服务机构的服务能力弱,人员素质低。我国目前的技术创新服务机构主要是由政府财政开支的事业单位,管理机制不活,缺乏动力。因此,从软件到硬件都不适应为企业提供高水平技术服务的要求。由于管理人员多,专业技术人员少,尤其是高水平的专业技术人员更少,对新技术、新工艺、新方法的接受能力较差,很难直接为企业提供有效的技术服务,以不懂专业又缺少高新技术产业运作经验的服务者来指导企业无异于盲人指路。三是创新服务机构的管理缺乏统一的组织和领导。目前社会上为企业提供技术服务的机构性质各异,归属不同。发改委系统、科技部系统、技术监督局系统、教育部系统,都有一批公益性、半公益性的技术服务机构存在,还有许多没有归属的商业化的技术开发公司,成果转化公司等。这些服务机构之间缺乏相互联系和合作,各行其是,不能发挥整体优势。更有甚者,经常出现无序竞争,往往发生收费过高,服务不好,诚信缺失的情况,使中小企业蒙受损失。四是技术创新服务体系建设的政府支持力度弱化。原国家经贸委曾十分支持企业技术创新社会化服务体系建设,并发布过一些指导性文件,对地方的公益性技术服务机构给过较多支持,包括资金的支持,各地的技术创新服务机构建设因此而取得一定成效。国家机构改革之后,由于工作职能的转移,影响了工作的连续性,客观上造成了弱化对技术创新服务体系支持的结果。

10.5 我国高新技术产业发展人才制约

10.5.1 人才总量与结构的制约

中国人口众多,但高科技人才却严重不足。从人才基数上看,我国是一个"人才大国",但在专业人才领域,我国则是"人才小国"(专业人才仅占从业人员比例的5.5%,不及发达国家的1/4),相关高级专业技术人才、高新技术人才、高层经营管理人才和高级金融保险类人才更是严重短缺。[92] 而且,近年来中国高科技人才外流严重。改革开放以来,随着对外开放进度的不断加快,大量人才纷纷出国或去外资企业,中国不少国有企业变成为外企培养人才的学校。据调查,1995年,在美国科学及工程项目的1200万工作人员中,有72%来自发展中国家。在美国硅谷20万名工程技术人员中有 6 万名为中国人。1998 年对中国最著名的两所大学——清华大学和北京大学的调查数据显示：涉及高科技专业的毕业生有 82% 和 76% 去了美国。人才断层，后继乏人是中国高新技术产业发展的潜在危机。目前在中国高新技术领域中，骨干和主力军仍然是文革前毕业的大学生。[95] 我国存在传统中低层次人才过剩，高层次技术和管理人才稀缺的矛盾和问题，我国高新技术产业领域的高层次人才奇缺表现有三：一是具有创造性的复合型人才或专才奇缺；二是有创新精神和企业家素质的管理人才奇缺；三是熟悉国际市场营销、大项目管理、金融财务、资本运作等领域的专业人才奇缺。缺少懂技术又精通生产经营管理的高新技术产业精英，无疑为我国高新技术产业发展造成前进障碍。人才是国际竞争的根本优势，是高新技术产业发展的必要条件，科研人员和经营者的素质起着关键作用。人才的严重缺乏已经成为限制我国高新技术产业发展的制约因素，而造成我国当前人才缺乏的原因主要是教育体制问题与人才流失。我国是人口大国，是劳动力的供应大国，甚至每年有大量高校毕业生找不到工作，但在高新技术产业领域却人才难求。

10.5.2 人才培养体制制约

由于历史以及教育体制等多种因素的共同作用，我国的教育没有为高新技术产业发展提供充足的优质人才资源，在很大程度上制约了我国高新技术产业的良性发展。我国目前的教育方式是以应试教育模式为主，重知识传播，轻能力培养，重继承轻创新。学生的动手能力、创新能力、团队合作精神严重缺乏，不能满足高新技术发展对人才素质提出的要求。[99] 现代科技的发展要求科技人员不但要具有一定的科学知识，更重要的是，现代科技工作者要具有较强的实践能力、创新精神与良好的团队合作精神。受我国传统应试教育的影响,我国大多数科技人员缺乏实践能力、创新精神与良好的团队合作精神,使得技术引进的消化吸收效果大大降低,由于缺乏技术创新能力,技术人员往往只限于对国外技术的模仿而不能再进一步开发创新,这使得我国技术的发展受限于引进的国外技术。相比之下,美国的教育体制培养出的人才更有利于促进高新技术产业的发展。美国政府视教育为国家发展的基础和人才培养的关键。国家财政对教育的投入十分巨大,州政府税收有40%左右用于教育。[111]美国年教育投入达3500亿美元,成为世界上教育经费支出最多的国家。美国本土人才开发机制的一个最重要的特点就是对人才个性化的培养。美国的学生从小就培养动口、动手及勤工俭学的能力,对于创新能力的培养重视以下方面:①善于观察,并能用类比、推理的方法表达;②敢于对权威性的观点提出疑问;③凡事喜欢寻根究底,弄清事物的来龙去脉;④能耐心听取别人见解并从中发现问题或受到启发;⑤能发现事物与现象间的逻辑联系;⑥对新鲜事物充满好奇心;⑦凡遇到问题总是喜欢在解决方法上另辟蹊径;⑧具有敏锐的观察能力和善于提出问题的能力;⑨总是从失败中发现成功的启示;⑩在学习上常有自己关心的独特的研究课题。同美国的教育制度相比,我国的教育还远远落后于美国,注重分数,轻视能力,培养出来的所谓人才往往是高分低能,这样的人才很难满足我国高新技术产业发展的需要。

10.5.3 人才流失制约

美国高科技的快速发展靠的是美国众多的人才。美国人口是世界的1/22,却拥有全世界研究生的1/2,本科生的1/3,科技人员的 1/4。更值得注意的是,美国的高科技人才 80% 活跃在企业中,与生产联系密切。除了我国的教育体制不利于高新技术产业发展需求之外,高级人才的流失也成为制约我国高新技术产业发展的重要因素。据调查,出国留学的中国留学生,毕业后大多选择了留在国外工作生活。以在美国留学的中国留学生为例,中国留美博士生毕业后大部分选择留在美国寻求发展。[41] 如 1988—1996 年期间,大约 85%(约 14000 人)的中国理科与工科博士毕业生打算留在美国,48% 的中国博士生在获得学位时就已经在美国找到工作。计划留在美国的中国留美博士生数量远多于其他国家。本国优秀的智力资源大量外流,高等智力资源严重匮乏。而支持高新技术产业良性快速发展的主要动力恰恰是这些高级人才。员工的高流失率已成为困扰大多数高新技术企业的严重问题。对北京、济南、青岛 3 个城市小型高科技企业的问卷调查表明,在被调查的开业三年以上的公司中,在同一企业工作 3 年以上的员工占 51.55%,工作 1~3 年的员工占 31.80%,工作 1 年以下的员工占 16.65%。其中同一公司工作 3 年以下的员工占总员工的 44.45%。据统计:中关村 IT 公司(主要是互联网企业)的人才流动率在 20% 以上,而其他行业只有 10%,表明我国高新技术企业的员工处于高速流动中。人才高流动率给高新技术企业人才的培养和使用带来风险。一是掌握核心技术或商业秘密的人才流失导致核心技术或商业秘密泄露,给企业带来经济损失。二是掌握某种专门技能的人才流失导致企业关键岗位空缺,影响企业的整体运作。三是人才的流失使企业必须重新招募和培训新员工以满足对人员的需求,增加企业人力重置成本。四是动摇企业人才队伍人心,影响在职员工的稳定性和创新能力。高新技术企业人才的流失如不加以控制,最终将影响企业持续发展的潜力和竞争力。

10.6 我国高新技术产业融资制约

高新技术产业的一个重要特征就是需要巨额的资金投入,充足的资金是一个企业进行科技创新的根本保证,由于我国高新技术产业还处于发展的初级阶段,资金实力相对较弱,尽管其发展势头迅猛,产业规模不断壮大,国家对高新技术产业的投资力度也在不断加强,但由于我国资本市场本身存在缺陷以及国家财政政策倾斜的侧重不同,许多高新技术企业技术创新所需的资金紧缺,从而制约了高新技术产业的发展。

10.6.1 国家财政资金制约

我国的财政资金比较紧张,每年研究开发投入资金额仅占 GDP 的 0.6% 左右,与发达国家 3% 的比例相距甚远。有限的国家财政资金,大部分用于国家政策重点支持的项目。由于受经济水平的限制,我国财政资金在相当长一段时间内无法大幅增加科技投入,这将直接影响高新技术产业的研发投入资金来源。而且政策性的拨款和资助属于无偿的资金注入,国家财政资金对企业补助涉及产品出口还要受反补贴关税限制。另外,政府财政性支持过多,会造成企业依附性增强,破坏市场公平的竞争秩序,因此高新技术企业的发展不应过分依赖政府财政的支持。从高新技术产业的运行机制来看,企业的技术创新要经过从发明到商品化的发展过程。在技术创新的每一个环节,政府的财税政策都会对其产生影响。对发明人所取得的特许权所得、转让所得提供的税收优惠待遇,对开发、设计等的风险准备金实行的税后扣除,对未正式投产前的中间试制阶段免征中试产品税,加速设备折旧或建立技术准备金的方式税前予以扣除,对企业开发的新产品予以税收减免等,所有这一系列的政策导向,都从利益机制上激励企业进行技术进步和技术创新。另外,从各国政府对科学研究的一般做法来看,基础研究的大部分和应用研究的一部分,都是通过政府直接投资或联合投资等形式来完成的,如果把企业的技术创新与前期的基础研究、应用研究结合起来看,政府财税政策的积极促进作用就会更为明显。但近年来,我国政府对企业的直接拨款或投资越来越少,企业技术创新、技术进步所需的资金主要依赖于自身的积累和银行贷款。政府通过间接方式如税收的让渡、贴息政策为企业技术创新资金的融通便利也在减弱。

10.6.2 信贷融资制约

由于我国资本市场不够发达,企业主要还是以向银行借款的信贷融资方式解决自己的资金需求,以此种方式融资约占我国目前企业融资总额的80%以上,高新技术企业也是如此。据上海银行对上海高新技术企业融资情况的调研,在高新技术企业的融资结构中,以银行贷款作为主要融资渠道的企业占72%。一般来讲,为了保证银行信贷资金的完整,提高借款的经济效益,减少风险,金融机构都制定了一系列严格的贷款调查、审查、审批程序,高新技术企业在贷款时需要参照执行。绝大多数中小型高新技术企业不能达到信用贷款标准,均需提供担保,而高新技术企业有形资产占资产的比重小,可提供的担保资产少,银行因此一般不愿提供银行贷款,这是造成高新技术企业贷款难的主要原因之一。

我国在经济发展中侧重于重视改善大型企业的生存环境,而对中小企业发展尤其是中小高新技术企业的融资问题没有引起足够的重视,造成了中小高新技术企业融资难的困境。主要表现:一是以银行信贷为依托的间接融资渠道存在较大障碍。在西方国家,银行信用是中小高新技术企业融资的重要渠道。如美国,37%的小企业从商业银行获得融资,其余资金的供给者是金融公司、租赁公司和其他非金融机构。我国的商业银行在为中小企业贷款服务方面存在较多障碍。主要原因有:首先,中小高新技术企业数量众多,一次性贷款的数额较小,与银行对大型企业或项目的贷款业务相比,中小高新技术企业贷款会明显增加银行的业务量和经营。其次,中小高新技术企业的市场风险大,资金占用时间长,商业银行一般不愿承担此类贷款风险。另外,商业银行对企业提供贷款需要严格的担保程序,而中小高新技术企业在创业过程中,往往资产质量不佳、负债率高,难以提供合适有效的担保方式。二是政府对中小高新技术企业融资的政策扶持力度不够。西方国家政府扶持中小高新技术企业融资的政策措施有贴息贷款、政府优惠贷款、银行贷款信用担保等。我国政府为了支持中小高新技术企业的发展,先后出台了一些支持高科技中小企业融资的政策,但力度相当有限。一方面,针对中小高新技术企业的贴息贷款、优惠贷款有限,另一方面在中小高新技术企业信用担保体系建设方面也显得滞后。为了解决高新技术企业向银行贷款难的局面,政府常常出面协调,由此产生政府担保贷款、政府贴息贷款、出口信贷。具体措施包括设立科技型企业创新基金、建立科技型企业融资担保体系等。

10.6.3 资本市场制约

资本市场融资分直接上市融资和间接上市融资,直接上市融资在筹集资金以及合理配置资源方面,资本市场有着不可替代的功能。国外高新技术产业的成功发展极大地依赖于资本市场。通过资本市场融资,既可以利用资本市场的多次筹资功能满足高新技术企业的资金需要,又能使企业建立符合现代企业制度要求的公司内部法人治理结构,从而步入成熟健康的发展轨道。高新技术企业通过资本市场发行股票、股权回购等一系列的资产经营活动,为风险资本的退出和增值提供了有效途径,从而加速产业化的进度,然而我国上市融资的"高门槛"标准,使得进入股市融资的高新技术企业微乎其微。具备主板上市条件的高新技术企业只占我国高新技术企业总数的0.88%。许多拥有先进的技术,其产品有广阔的市场前景,但却因成立时间短、规模小、无盈利记录等无法满足主板市场上市标准,而为支持高新技术企业的发展,上市条件较低的二板市场至今在我国未问世。

间接上市的主要原因是避开高新技术企业所在地监管机构和证券市场所在地监管机构的双重审查。具体做法是:高新技术企业以其他公司的名义收购一家上市公司,实现控股后,改选董事会及总经理,并决定该上市公司购买或置换高新技术企业原有的高新技术项目,将高新技术企业的资产置于上市公司的名下,尔后在证券市场上以配售新股或增发新股的方式进行股票市场的再融资。高新技术企业通过买壳实现上市是其进入资本市场最便捷的途径,也是成本较低的途径之一,如果运作得当可实现零成本收购。间接上市融资的缺点是:风险高,技术操作性极强,受国家宏观政策影响较大,需要企业具有持续发展、创新的能力,即具有科技含量高,营利能力强的投资项目,收购企业需要具有短期、大批量资金的融资及资本市场运作能力。但我国高新技术企业大都是中小企业,收购、买壳、置换无疑是望梅止渴。

我国资本市场落后的一个显著标志是市场信息滞后,由于信息的不对称使得资金的供给者与需求者之间信息沟通存在障碍,这就造成那些准投资者(握有大量闲置资金随时准备投资的个人或企业法人)无法及时了解到好的投资项目和资金需求信息。而另一方面,许多好的项目的所有者却因为无法及时获得投资而使得项目搁置,这种两难境地制约了我国高新技术产业发展。

10.7 我国高新技术产业国际化制约

国际化强度是产业竞争力的主要考核指标之一。近年来,国内高新技术大型企业加快了开拓国际市场的步伐,在境外生产性投资中发挥了主力作用,并取得了较好的成效。海尔、康佳、中兴通讯、格力、先科等高新技术企业,凭借其技术优势、产品优势和市场优势,率先"走出去",在国外投资办厂,如海尔在东南亚、美国和欧洲的冰箱生产加工项目,康佳在印度、墨西哥、印尼的彩电加工装配项目,金城摩托在哥伦比亚、阿根廷的摩托车生产项目,格力在巴西的电器项目,上广电在南非的电视机生产加工项目等。[90] 除了生产国际化外,有些高科技企业积极在美国和欧洲发达国家建立独资或合资的研究机构和技术中心,如海尔、万向、华立集团在美国和欧洲的设计研发中心,中兴公司在美国硅谷设立的科研机构等。他们密切关注世界科技发展的最新动态,获取最新科技信息,研制领导最新世界潮流的商品,促进了企业经营管理水平和产品档次的提高,直接提升了国际竞争力。

10.7.1 我国高新技术企业海外投资取得的成效

为充分利用国内外两个资源两个市场,通过不懈努力,我国高新技术企业近年来在国际市场取得了骄人的成绩,其主要标志是:

1. 成功建立国外营销网络

我国传统产品在国外市场的销售主要靠中间商完成,高新技术产品问世后仍继承了此做法。国内高新技术企业在国际市场上只有向中间商销售,没有属于自己的市场,只是被动地等国外客户的订单,这种销售方式使我国产品受制于人,而且获利有限。近年来,通过"走出去"直接投资,许多公司致力于构建国外的市场销售网络,积极寻找客户,迅速提高了企业在国际市场的份额。[74]如康佳集团在澳大利亚、印尼、印度、沙特、墨西哥、美国和香港地区设立的分公司,早在1999年就为母公司分销彩电70多万台;中兴通讯分布在世界的10多个办事处每年能为公司争取到3~5亿美元的海外订单。[49]高新企业在海外建立直销渠道,扩大了产品的销售,掌握了市场的主动权,提高了企业的无形资产价值。

2. 学习跟踪国外先进技术

国际投资新的变化趋势是研究开发和技术创新日益全球化,科技开发日益复杂,科技开发日益走向集约化,跨国公司间共同从事技术研发活动的现象也越来越普遍,跨国公司在境外设立的研发机构不断增加。随着我国高科技产业技术的发展,国内一些高科技企业纷纷到欧美等发达国家设立研发中心,充分利用欧美发达国家信息渠道多、资源丰富的有利条件,及时跟踪国际科技最新动态,直接利用国际先进技术,提升产品的技术含量。如康佳在美国硅谷建立的研发中心,不到一年即掌握了数字电视机的核心技术,公司据此推出的高清晰度数字电视机在拉斯维加斯国际电子展览会上引起轰动,当即赢得国外商家5000万美元的订单。一些境外企业的信息中心以最直接、最快捷的方式将国际市场最新的技术、产品质量、价格等信息源源不断地反馈给国内,母公司根据这些最前沿的信息,及时地调整生产、最大限度地提供更能满足客户需求的产品和服务。如海尔集团在洛杉矶、阿姆斯特丹、东京、里昂、蒙特利尔和美国硅谷建立了6个海外设计分部,帮助本部专门开发适合当地消费的家电产品,通过海外投资活动迅速提高了企业竞争力。科学技术的进步是科技增长的主导力量,高新技术企业是科技研发的主导力量,国外市场有着强大的技术资源,同时又聚集了许多高技术人才,有着雄厚的技术实力,海外设立研发中心可使我国企业分享世界技术进步成果。[59]

3. 学习国外管理理论与方法

通过"企业主动国际化"在境外投资,特别是在发达国家投资,许多高新技术企业学习到了发达国家先进的管理经验,并将其运用到国内企业,从而带动了国内高新技术企业的发展,加快了与国际惯例接轨,增强了企业的竞争力。

10.7.2 企业国际化制约的表现

尽管我国高新技术产业海外投资在近年来发展很快,取得了很大的成效,但在国际化进程中仍存在很多问题,这些问题限制了企业"国际化"规模的扩大、档次的提升和经济效益的提高。其制约主要表现在:

1. 审批制度制约

高新技术企业海外投资是否获得政府许可是其国际化的前提条件,我国企业海外投资审批制度的制约表现:一是审批内容有些不符合市场经济的成分,如项目的可行性分析是企业行为,政府部门不应审批过细的内容;二是投资限额的规定限制了企业的投资决策权;三是审批手续复杂,时间过长,导致一些项目因审批贻误了最佳投资时间而亏损;四是对民营企业和三资企业的海外投资按国有企业的管理办法层层报批,不利于其开展海外投资活动。审批制度制约使一些企业为避免麻烦,索性避开政府审批,或私自在海外投资，或利用海外投资申报数字与实际投资数的差额转移资产，或将国外投资收入截留用于再投资，如此限制了我国高新技术企业国际化进程。

2. 外汇管理制度不适应当前形势的需要

由于我国尚未完全实现资本项目下的货币自由兑换，高新技术企业难以开展大规模的海外投资，而现行的外汇管理政策规定限制了高新技术企业的海外投资活动。如《国家外汇管理局境外投资外汇管理办法实施细则》中第九条规定：境外投资外汇资金的汇出，应缴存汇回利润保证金之后办理。汇回利润保证金存入外汇管理部门在银行开立的专用账户。第十八条规定境内投资者应按投资回收计划向外汇管理部门办理留成手续，以自有外汇到境外投资的，自境外企业在当地注册之日起，5年之内全额留成；5年后，20%上缴国家，80%留给境内投资者。另外，在外汇风险审查与项目立项的先后问题上，高新技术企业也面临困难，外管局要求批准立项后才能作外汇风险审查，而发改委则要求企业在上报材料中应包括外汇管理部门的审查意见，部门间配合不协调致使企业无所适从，企业执行受难。

3. 企业自身素质的制约

根据商务部调查显示，我国企业，尤其是高新技术企业在对外投资过程中，主要面临以下问题：资金实力不足，承担风险能力弱；与同业对手之间的竞争，技术竞争体现少，价格竞争体现多；经营缺乏国际性人才是当前影响我国企业海外发展的最大障碍。过去我们单纯要求德、智、体全面发展的那种人才标准已经不适应当今时代发展的需要了，知识化、国际化、通才化将是今后我国高新技术企业需要的主流。[60]其中企业领导缺乏对海外企业的预见性是海外子公司经营失败的主要原因。海外投资设厂是高新技术企业发展到一定程度的必然结果,是直接参与国际市场竞争的一种有效途径,是更高层次的国际化方式。但我国绝大多数高新技术企业尚未意识到这点,缺乏海外投资的中长期计划。许多投资是高新技术企业的随机行为,企业缺少长期海外发展战略,致使海外发展后劲不足。宏观规划的缺乏,直接导致了高新技术企业对外投资动机不明,很多高新技术企业以建立一个办事机构为目的,而不是作为一个营利的企业投资。

第 11 章 促进我国高新技术产业竞争力提升的对策

本章针对我国高新技术产业发展的问题与制约因素,系统地提出提升我国高新技术产业竞争力的对策建议,包括高新技术产业政策的调整、科技创新体系的构建、高新技术产业人才队伍建设、科学布局高新技术产业园区、利用风险投资推动我国高新技术产业的发展、高新技术产业环境建设以及高新技术产业国际化推进对策等。希望这些对策的提出对于提高我国高新技术产业竞争力在政策制定上具有一定的参考价值。

11.1 我国高新技术产业政策调整对策

11.1.1 完善政策

高新技术产业政策指一个国家或组织在一定时期,为了提高整体国力,促进经济发展,保证国家经济和国防安全,以高新技术产业为对象对高新技术产业的各项行为施加直接和间接影响的所有政策、法令的总称。[57]20世纪80年代中期,我国开始了系统的高新技术产业政策研究,陆续颁布了促进高新技术产业发展的相关政策。面对世界高新技术产业的迅速发展,我国政府应抓住机遇,贯彻落实现有的法规和政策,完善高新技术产业的相关财政政策、税收政策、金融政策、信贷政策、知识产权政策、人才政策、国际贸易政策、政府采购政策、科技立项政策、科技成果奖励制度、科技成果评价体系等政策法规体系。建立基于高新技术及其产品研发与产业化政策支持体系,营造促进高新技术产业发展的良好政策环境,加强政府政策对高新技术产业发展的引导作用。[18]进一步完善对高新技术产业发展的税收优惠政策,一是从直接生产环节优惠向研究开发环节优惠转移,从生产贸易企业优惠向创新和产业化支持体系优惠转移,逐步建立起对商业化研究开发、高新技术创业企业和创新孵育体系的税收优惠体系。如对高新技术产业,可以采取固定资产的加速折旧,对从事科技开发的投资与再投资实行投资抵免,允许税前列支一定比例的科研开发费用和风险准备金等;二是改变税收优惠目前只对单位(如高科技企业、科研院所)和对科研成果的范围限制,而转向对具体研究开发项目或产业领域的优惠。通过对整个高新技术产业的普遍优惠,体现我国的产业政策目标;三是在高新技术产业实行由生产型增值税改变为消费型增值税,以鼓励高新技术企业扩大投资,提高产业化水平。

11.1.2 加强政策协调和落实

目前在行政性条块分隔的管理机制下,促进高新技术产业发展的政策难以高效发挥作用,为推进我国高新技术产业迅速发展,每出台一项政策和措施都要明确或责成一个部门来促进、协调和监督政策的贯彻落实。20世纪80年代以来,各国政府为了依靠高新技术提高本国的国际竞争力和国际地位,纷纷加强对科技发展的宏观指导和协调能力,大幅度调整科技体系结构,加强政府对科技体系的干预和促进作用,优化高新技术产业政策管理系统。[53]如美国、日本、法国、俄罗斯等国家都成立了由国家最高领导挂帅的科技领导机构,在这些机构的统筹安排下,调整和制定国家高新技术产业政策,并且协调和监督高新技术产业政策的执行。目前,我国的高新技术产业政策管理体制还不完善,国家发改委、科技部等政府管理部门对高新技术产业发展都具有相应的指导权,但是各部门缺乏必要的组织和衔接,致使高新技术产业政策政出多门、协调性差,科技资源使用分散,严重制约着我国高新技术产业政策作用的有效发挥。另外,各级高新技术产业开发区在高新技术产业发展中的行政主体地位尚不明确,高新区内外新旧管理体制存在矛盾冲突。[51]高新技术产业政策管理体制是高新技术产业的顶层设计,对高新技术产业政策的有效管理具有重要的意义。在政策出台时,首先要求跨部门的政策由相关部门联合制定,以政府名义签发,或由人大常委会批准通过,以提高政策的协调性和权威性。其次是在制定政策时,注意实施中的反馈,有些把握不准的政策应先以征求意见稿的方式发布,根据执行情况及时修订。最后是需要跨部门落实的重大政策出台,要明确负责监督和协调的部门。在实施过程中,政府或相关部门授权高新技术成果转化服务中心应进行宣传、咨询、协调和监督,使政策落到实处,政策协调落实才能实现政策效应的最大化。

11.1.3 加强技术转移和引进政策建设

针对我国科研院所和大学数量众多、基础研究能力强的特点,应加大促进科技成果转化政策的建设力度。一是在政策上引导,把具有商业化前景的技术作为重点孵化技术,促进企业形成具有自主知识产权的核心技术。二是加强知识产权保护制度,鼓励职务发明人创新和转化技术成果。目前,我国大中型企业的研究开发能力不足,应鼓励大学和科研院所向企业转移其研究成果,鼓励企业引进大学和科研机构的科技成果。一方面,鼓励以企业为主,大学和科研机构组建产学研 R&D 联合体,加速技术创新。另一方面,高新技术企业的资本有机构成普遍较高,新技术、新工艺的不断采用,使科技产品成本结构发生了根本性的变化,直接材料成本所占比例不断降低,间接费用的比例大大增加,大量研究开发费用、技术转让费用等无形资产以及科技咨询费用等往往大于有形资产的投入,这些开支目前在企业纳税上都不属于抵扣进项税额的范围,[48]在政策上对其进行适度调整,能够进一步强化科技成果转化。另外,购置固定资产所含税款不能抵扣,也降低了企业技术改造的积极性。我国实行的"生产型"增值税实质上增加了高新技术企业和高科技产品的税负,直接影响高新技术企业的扩大再生产能力,阻碍了企业技术设备的更新。在高新技术产业税收政策上,对技术引进项目应实行减免抵扣,要缩小税基,扩大抵扣范围,鼓励企业增加研究开发投入,对企业与院校联合研究开发应给予特殊的税收优惠政策。

11.2 完善我国高新技术产业科技创新体系

11.2.1 科技创新体系支撑高新技术产业

在高科技迅猛发展的当今时代,高新技术产业的迅速发展影响着人类的生活和生产力式,高新技术产业成为推动经济增长的重要力量。在高新技术产业的发展中,科技创新不仅是高新技术产业的主要推动力量,也成为高新技术产业发展的主导因素。具体表现在以下几个方面。①原发性创新对促进高新技术产业发展的作用日益增强,科学与技术的结合更趋紧密,科学基础研究和高新技术的发展几乎同步,原发性创新成果直接推动了高新技术产业的发展。[29]②随着科学技术的交叉与融合,高新技术产业的发展更加依靠创新,前沿技术的重大突破呈现出群体突破的特征,具体表现为学科之间的交叉融合导致新的技术群及相应产业群的崛起,因此在单项技术基础上的集成创新已经成为高新技术产业发展的重要趋势。③高新技术向传统产业不断渗透,成为提升和引领高新技术产业发展的关键性因素。[68]高新技术及产业发展有利于提升传统产业的发展水平,加速传统产业的高技术化。其表现:一是体现在促进传统产业的高附加值化。二是高新技术从传统产业发展出新品种和新兴产业。三是促进传统产业装备的现代化。④知识产权和技术标准成为高新技术产业发展的战略制高点。高新技术产业相对于传统产业来说,经济效益更多地取决于技术的创新和知识产权。技术标准逐渐成为专利技术追求的最高体现形式,并往往领先于产品的生产。[25]

11.2.2 完善科技创新体系对策

本世纪初是我国经济、科技发展的重大机遇期,也是我国高新技术产业发展的关键期,完善创新体系是推动我国高新技术产业持续快速发展的战略抉择。随着我国融入世界经济一体化进程的加快和全方位开放格局的形成,国内外科技与经济的竞争日趋激烈,高新技术产业发展正面临着前所未有的挑战和机遇。我国必须建设国家创新体系,加快发展高新技术产业,走新型工业化道路。各级政府及其主管部门必须高度重视创新工作,把完善创新体系建设放在重要议事日程,大力推动高新技术持续快速发展。要从根本上实现高新技术产业从质量向效益型转变,从投资驱动型向自主创新型转变,以科学发展观为指导,大力发展我国高新技术产业,完善我国高新技术产业科技创新体系可从如下方面着手:

1. 坚持以企业为技术创新的主体,强化企业在推动高新技术产业化中的主导作用。现代科技发展表明,重大技术的创新突破和产业化几乎都是企业所为。以企业为主体的技术创新体系已经成为发达国家和新兴工业化国家的特征和标志,在这一体系中,大部分科学家和工程师的研发活动经费来自企业。[44]因此我国高新技术产业发展必须以企业为创新主体,以市场为导向,引导企业加大科研开发的投入。同时还要通过市场推动企业间的并购和重组,促进中小企业的发展壮大,不断形成产业集群,加速高新技术成果的产业化。[52]

2. 加强产、学、研结合,不断完善高新技术产业链条。创新的终端是市场的回报,如不通过生产环节就无法实现创新。完整的科技创新链应包括研究、开发和产业化三大环节,加强产、学、研合作是提高技术创新能力和产业化的手段,也是建立健全产业化的模式。特别是在市场的创新活动中,要坚持以企业为核心,组织产、学、研联合创新。通过制定政策法规和充分利用政府资源促进产、学、研的结合,同时吸引金融机构参与,发挥各自的优势,完善创新产业化链条,以最快的速度形成技术突破和实现产业化。

3. 深化实施以标准、专利为核心的知识产权战略。国际标准体系创新的能力不断影响国家在全球经济中的利益格局和竞争能力,我们应加快制定国家技术标准政策,尽快实现以自主知识产权为核心的技术标准体系。同时增强具有自主知识产权和核心技术的能力,通过制定政策,鼓励企业自主开发具有自主知识产权的高新技术产品,提高我国高新技术企业和产品在国际上的竞争力。

4. 继续实施重大科技专项攻关,集成资源,实现重点突破。国家要从国际竞争的战略高度出发,从社会经济与国家发展的需求出发,以技术集成创新开发新产品、建立新产业为目标,从事原始型重大创新,实施一批重大科技专项。充分调动地方、部门、企业的积极性,合理运用资源。集中力量攻难关干大事,力争实现在科技领域实现重大突破,并取得产业化,为国民经济的发展提供强有力的竞争后盾。

5. 营造创新环境,扩大交流与合作,推动高新技术产业的跨越式发展。政府尤其是高新技术开发区应采取切实措施为高新技术产业的发展创造良好的环境。一是建立健全促进高新技术产业发展的投资政策、税收政策和金融政策,鼓励发展风险投资,形成技术与资本互利互动的有效机制。二是坚持以人为本,完善高新技术产业的人才培养和激励机制。三是加强国际科合作,充分利用两种资源两个市场,提高我国技术创新的起点、水平和效益。[76]同时要改变产业发展过度依靠外来技术的局面,在重视科技与智力引进的基础上加强消化与创新,提高自主创新能力,实现高新技术的跨越式发展。

11.3 加快园区功能建设

11.3.1 加强园区规划

我国的高新技术产业近年来得到了飞速发展,为国家的经济发展与科技进步发挥了重要作用。我国高新技术产业的主体是高新技术园区,集群式发展是高新技术园区的典型特征。[40]但是在高新技术开发区的建设与发展中也暴露出了诸多问题,如:缺少科学缜密的可行性研究论证,盲目地圈地开发;各开发区不能突出自己的优势产业特色,盲目追随新兴产业,雷同现象十分严重;单纯突出某一类型企业,而不能以其为龙头,形成上下游相衔接的产业链;违反产业聚集规律,整体效应不能突出,缺乏可持续发展能力;

第11章 促进我国高新技术产业竞争力提升的对策

等等。有些高新技术园区要么是科技创新缺乏后劲,要么便是生态环境遭到破坏,开发区与区域、开发区与周边地区、甚至开发区同诸产业发展不能整体协调,个别高新技术开发区在某种程度上已失去了设置开发区的意义。[28]

我国幅员辽阔,人口众多,各地的自然、社会经济、技术和文化条件差异很大,这是我国高技术产业宏观战略布局必须首先考虑的客观现实。在目前我国资金技术等资源十分有限的情况下,应把有限的资金、技术投放在具备条件的少数地区进行重点开发,建立起高新技术发展的"增长极"。我国高新区发展布局的指导方针应是:积极稳妥,发挥优势;突出重点,因地制宜;分清层次,择优支持;南北兼顾,布局合理;实事求是,循序渐进。[31] 从我国高新区发展的现状、问题与前景看,我国高新区应当采取选择重点的布局战略,国家应做好全局性总体规划,分清层次,择优开发。在高新区发展布局上,应从以下三个方面加以考虑。

1. 建立国家高新技术产业发展的主增长极和次增长极。从高新区发展的状况来看,应以北京、上海、深圳的高新区为主增长极重点开发,推动环渤海高新技术产业带、长江三角洲高新技术产业带和珠江三角洲高新技术产业带的形成。西安和武汉应列为战略布局需要的次增长极,加大扶持与投资力度,推动形成中部和西部高新技术产业带。即在全国建立这五大国家级高新区,以它们为重点,带动其他省级高新区的发展,形成全国五大高新技术产业带。对这些地区要进行合理分工,以发挥各自的优势。北京应发展成为智力资源密集型的高新区,建设成为全国性的出成果、出产品和高新技术人才的培养基地以及教育、科技、高新技术产业一体化的高新区,成为高新技术的最大辐射源。上海、武汉、西安应充分发挥工业技术基础雄厚和智力密集的优势,建成以雄厚的工业技术基础为依托的高新区,在电子、生物工程方面大力发展耗能少、污染少、运量少、技术密度高和附加值高的高新技术产业,改造传统产业,带动第三产业的发展。深圳要充分发挥对外开放的优势,重点发展知识与技术密集产业,产品应主要面向国际市场,逐步形成有自己特色的高新技术和产品出口加工基地。

2. 要抓好武汉、天津、沈阳、南京、苏州、青岛、杭州、广州、重庆、成都等区域性示范区的发展。高新技术产业示范区在中央宏观政策指导和专项资金支持下,加大改革力度,创造良好环境,提高办区质量,以国际科技工业园区的标准进行建设,带动周边高新区的发展,实现高新区整体发展质量的大幅度提高。

3. 其余的原国家级高新技术开发区已演变为具有省区意义的高新区,要依靠各省区政府和经济集团的实力进行开发,形成省级高新技术产业增长极。坚持对原有省级高新区或地方高新区进行全面整顿,不具备发展高新技术开发区条件的省区应撤销设立高新区,在避免"遍地开花"式的重复建设所造成的资源浪费的同时,在发展方向上应做好这些省级高新区的合理分工,以便更好地发挥各自的优势,建成各具特色的高新区,以高新技术产业带动所在省区的经济发展。

在基本完成我国高新区布局的整体框架之后,还应该建立高新区的滚动式发展战略。

首先,对不同等级的高新区应制定不同的优惠政策,国家应将目前指定的针对高新区的特别政策以及资金、技术投入进行调整,重点对四个国家级高新区——上海、北京、深圳、西安进行全方位支持,鼓励其率先建立新的与国际接轨的投资金融体制和创新激励体制,促进高新技术资源和具有国际水准的高新技术企业向这四个高新区集中。[78]同时吸引国外高新技术企业进入这几个高新区,使之形成聚集效应。将其尽快建成在国际上有影响力的高新技术产业基地,以实现将有限的资源发挥最大的作用。在最短的时间内形成我国高新技术产业的主增长极,从而带动全国高新产业发展。[32]对省级高新区不能适用国家级的优惠政策,可由各省协调给予一定的优惠政策,且国家不应再给予资源上的投入,主要依靠政策上的扶持。

其次,建立淘汰机制。制定一套综合评价体系,定期对各级高新区作出评价,建立高新区的升降机制,对发展速度快、发展态势高的高新区,省区级高新区可升级为省级、国家级的高新区,而对发展不好、没有达到预期目标的高新区应予以降级,直至撤销,使之不能享受相应的优惠政策。

11.3.2 强化园区辐射与渗透功能

发展高新技术产业,必须优化产业结构。一要按照国家科技政策和产业政策的要求,引导各高新区的产业发展方向和投资重点,避免产业结构趋同化;二要从高新区的实际出发,突出重点,发展优势产业,优化产业结构;三要因地制宜,立足本地的资源和技术优势,开发各具特色、各有专长的高新技术,形成优势产业和拳头产品,促进高新技术产业化;四要加强高新技术对传统产业的改造,推动传统产业技术结构高级化。为此,要实施"点带结合"和"区地联动"的发展战略,[80]形成多层次的、各具特色协调发展的高新技术产业开发区群体。要从我国经济、科技和高新技术产业发展的现状出发,"点带结合"(指地理位置优越、科技资源最密集、工业基础最雄厚、交通运输最发达的地域,以国家级高新区为支撑,利用高新技术开发区的辐射功能建立高新技术产业带),"区地联动"(指以市场为导向,在政策推动下,通过机制创新、制度创新、模式创新等实现高新技术产品开发,利用国内外资源面向国际市场,以拳头产品为龙头,形成支柱产业,园区要与地方相配合),在产业发展中,要充分利用各种政策和法律手段,利用市场机制,促进高新技术产业的形成和发展,使市场需求的拉动和政府政策法律的推动有机地结合起来,积极鼓励和支持高新技术向传统产业渗透。各级地方政府部门要创造条件,支持优势高新技术企业以多种形式实现低成本扩张,做大做强,建设高新技术大企业大集团公司,要以产品为龙头,以企业为核心,依靠科技进步,加大用高新技术改造现有企业的力度,集中财力物力,抓好一批拳头产品和重点企业,发展新兴支柱产业,提高企业整体素质,达到"提升老企业,发展新产业,塑造大企业"的目标,改造传统产业的重点要放在国有大中型企业的振兴上,通过高新技术的辐射和企业经营机制的辐射,促进国有大中型企业向高新技术企业转换。只有相当数量的大中型企业逐步转变为高新技术企业,才能实现产业结构高级化,才能有效地促进高新技术产业化。这样既可以促进高新技术产业自身发展又加速了传统产业的升级改造。

11.3.3 加强配套体系建设

良好的投资环境是高新区快速发展的重要条件,加强基础设施建设、加强社会化配套服务体系建设是我国高新技术开发区的一项重要内容。良好的基础设施是高新区发展的基本条件,要继续加强基础设施建设,尽快改善高新区的投资硬环境,主要对策是多渠道筹集基础设施建设资金:一是从高新区财政收入和土地收益中尽量多安排一些资金投入基础设施建设;二是积极争取国家基础设施建设的财政资金和基础设施专项贷款;三是采取由企业投资建设并享有一定年限内的收益权的办法来促进基础设施建设,还可采取各种措施,鼓励进区发展的企业自带资金进行基础设施建设。建立健全的社会化的配套服务体系,能为高新区建立良好的投资软环境。良好的社会化配套服务体系包括生活服务、金融保险服务、信息服务、技术市场服务、法律咨询服务、会计事务所、资产评估事务所、销售和出口服务等。一要建设和完善高新区的信息服务网络,包括高新区政府内部信息网络和为高新区企业提供信息服务、进行网上招商引资的对外信息网络,并使区内所有有条件的企业和研究机构通过信息网络联结起来,形成高新区互联信息网,并进入国家火炬计划信息通讯网络;二要促进高新区社会化的中介服务健康发展。在营利性的服务领域,要重点发展和完善科技和人力资源、工程、会计审计、资产评估、产权交易、法律、技术经济和市场信息等方面的咨询和中介服务,进一步改善高新区的投资软环境;鉴于高新技术产业领域的服务业需要大量的知识型人才,高新区可以采取简化申办手续,提供税收优惠等措施吸引各类大专院校的专门人才到高新区开办各种专业化的高新技术产业服务公司和策划公司,促进高新区社会化咨询业健康发展;三要建立高新区金融保险支撑体系。

11.4 加强风险投资建设

我国发展风险投资的主要问题是:①政府主导风险投资的发展,抑制了民间资本的积极性。目前我国几乎所有的风险投资公司都是在政府的主导下创立的,并直属政府部门领导,这种政府主导风险投资的发展模式并不符合风险投资自身的性质。②风险投资蜕资渠道狭窄,投资风险无法社会化。[107]在风险投资的运作过程中,风险资本完成一次完整的循环必须依靠"套现","套现"

后的风险资本才可以进行新一轮的风险资本投资过程。风险资本蜕资的方式主要有公开发行上市、企业并购、管理层并购、破产清算等几种,不同蜕资方式的周期和收益各不相同。我国资本市场目前主要是为国有大中型企业服务的,很难顾及规模较小的风险企业,在主板市场缺乏有效的监管手段、风险较高的条件下,二板市场不可能一蹴而就,乐观的也要在2008年后才能推出二板市场。③风险投资的项目源头不足,可供风险投资转化的科研成果少。④风险资本规模偏小,融资渠道单一。我国风险资本的主要来源仍是政府财政拨款和银行科技开发贷款为主,没有调动起民间主体投资的积极性,投资主体单一。⑤风险投资发展所需要的市场环境还不完善。⑥风险投资所需要的人才严重不足。

11.4.1 投资主体多元化

风险投资具有强大的外部性和不确定性。一方面,风险投资的成功率平均只有30%左右。故有"成三败七"之说,风险投资一旦成功,就会获得极高的回报率。风险投资的外部性和不确定性必然会导致市场失灵,这要求政府采取适当的措施纠正风险投资领域的市场失灵。不确定性加剧了纯粹竞争市场条件下风险投资的成本——收益不对称性,使风险投资的供给进一步受限。[108]风险投资的不确定性还通过另一个更为直接的渠道减少风险投资的供给,也就是大部分市场主体都是风险回避者,面临不确定性的风险投资,自然会望而却步。因此,政府应采取措施纠正风险投资领域的市场失灵,增加风险投资的供给。政策上应该包括:以税收优惠、专利产品保护等手段促使风险投资的外部正效应内部化,确保风险投资企业的利益,实现风险投资家与风险企业风险共担、利润共享。在科技风险投资的资金来源中,政府科技风险投资应当主要起引导民间资金的作用,以提高风险投资企业的信誉,调动社会投入的积极性。

  风险投资主体是否多元化是一国风险投资业能否持续发展的基础。风险投资主体分为政府、机构和个人。从风险投资业的创始国美国的经验来看,风险投资的真正发展有赖于民间投资主体的形成。美国最初的风险投资主体主要是40年代一些富有的个人和非专业管理的机构资金,以投资于风险企业的种子期和初始期为主,即所谓的天使资本,天使资本为美国风险投资业的创立起到了积极的作用。但美国风险投资业的进一步发展却是20世纪70年代后期的事,当时的美国政府制定了一系列宽松的支持措施,允许养老基金、保险基金等机构投资者投资于新兴的风险基金,从而极大地拓宽了风险投资的资金来源,使美国风险的投资业步入高速发展的轨道。[123] 目前我国建立的风险投资基金大都是政府设立的,或有明显的政府背景。这作为风险投资起步阶段的政府引导、支持未尝不可。各国风险投资业早期都缺乏资金,需要得到政府的支持,[32] 但要使风险投资业得到大发展,则需要改变政府包办一切的现状,尽可能拓宽资金来源渠道。

  1. 减少政府在投资基金中的比重,加强市场监管。政府在风险投资的早期阶段是投资的主体,当市场发展到一定阶段,应通过扩大风险投资基金总体规模或采取政府资金部分有序退出的方式来减少政府资金的比例。在市场监管方面,根据国际经验,在市场经济条件下,政府对风险投资只能引导,不能作为投资主体。政府在风险投资中主要是打击侵权行为、败德行为,规范中介机构的行为和强化服务职能。

  2. 培育多元化投资主体,引导民间资本进入风险资本市场。风险投资业要真正成为科技成果转化和高技术产业化的资金支持体系,必须有雄厚的资本。因此,拓宽资金来源,实行投资主体多元化,努力使民有资本在风险投资中扮演重要角色,是发展风险投资的首要条件。结合我国国情,广开投资渠道,对已有的政府科技风险投资仍需保持和增加,特别是发挥政府风险投资在主导产业的作用及对其他投资主体的市场导向作用。原有的银行科技贷款已不能满足高科技产业的发展,要加强银企合作,国家政策性银行要加强对风险企业及风险投资项目的信贷支持,使之成为风险资本的一个相对稳定的来源。引导企业特别是大中型企业和企业集团要高瞻远瞩勇于投入,逐渐使企业投资成为风险资本的一个重要来源;要采取切实措施创造条件,吸引社会资本流向风险投资企业,使民营资本成为我国风险投资的主要来源。我国的民间资本数额巨大,2006 年 12 月底,居民储蓄存款已超 20 万亿元。如能从中拿出 1% 进入风险资本市场,那将是数百亿的资金。另外还可以引导机构投资者如社会保障资金、保险公司、证券公司、信托投资公司等的部分资金进入风险资本市场。拓宽资金来源,实行投资主体多元化,努力使民有资本在风险投资中扮演重要角色。

3. 继续吸收国际风险资本。我国在发展风险投资的过程中,一方面利用本国资金,另一方面由政府制定优惠政策吸引国外风险资本,这样做的好处是:能引入直接投资形式的大量国际资本;带来国外先进的创业投资管理经验;沟通与国际资本市场、高新技术市场的联系渠道;便捷地获取国际创业市场的信息;扩大与国际同业组织的交往。因此,在制定创业投资体系发展规划时,可针对外商投资机构的业务特点,提供优惠待遇,如:①外商投资的创业投资公司和参与设立创业投资基金经营时间达到规定年限者,其到期本金的货币兑换向境外转移可不受限制。②外商参与投资的创业投资机构,外资比重超过规定比例者,可不纳入国家外债指标管理范围,仅报有关部门备案。③授予某些高新技术领域的特许进入权。目前在我国活动的著名外国风险投资基金有IDG、日本软银、英特尔、高盛等。在发展风险资本的初期,引进国外风险投资基金充实我国的风险资本,既可拓宽资金来源,又可引进国外风险投资运作管理经验,培育风险投资家和风险企业家。外国公司在中国取得较高的收益,将对国内的潜在风险投资主体产生示范效应,从而吸收其进入到风险投资领域。[61]要积极鼓励国内高技术企业到海外证券市场融资。目前境外创业板市场如美国纳斯达克市场,加拿大温哥华证券交易所、伦敦证券交易所的二板市场、欧洲证券经纪商协会自动报价系统及香港二板市场等均看好中国大陆市场,这为高技术企业海外融资提供了难得的契机。除此以外,我国还要积极培育和发展高技术企业产权交易,促进高技术企业股权转让交易的正常运行。

11.4.2 组织形式多元化

根据美国风险投资经验,风险投资的组织形式主要有公司制和有限合伙制。在风险投资发展初期,风险投资大都采用了公司制这一传统的企业组织形式,而后期有限合伙制兴起,并逐渐成为风险投资组织制度的主流形式。

有限合伙主要是英美法系国家法律所规定的一种合伙形式。它指由至少一个对合伙事业享有全面管理权并对合伙的债务承担无限责任的普通合伙人,与至少一个不享有管理权但对合伙的债务仅以其出资为限承担责任的有限合伙人共同组成的合伙。在美、英等风险投资比较发达的国家中,有限合伙是风险投资基金最主要的结构形式。投资者作为有限合伙人,风险投资专家作为普通合伙人共同组成风险投资基金。投资者作为有限合伙人不直接参与基金的经营运作,并且仅以其投资额为限对基金的亏损及债务承担责任。而作为普通合伙人的风险投资专家,则直接经营管理风险投资基金,并以自己的所有财产对基金的债务承担责任。有限合伙制使风险投资家和风险企业家的利益在更大程度上保持了一致,从而极大地降低运营风险,减小了风险投资基金的运作成本和委托代理成本。

目前我国的风险资本组织形式以投资公司和公募基金为主,其中投资公司都是依据《公司法》设立的,其资金筹集、运作管理等与风险投资基金的要求有很大的差别,存在着严重的委托代理风险。同时由于在我国拥有一定资金数量的个人大量存在,因而可参照国外经验允许建立个人合伙制风险投资基金,并制定优惠政策和法规,鼓励这一群体的资金投向高新技术企业。因此我国应该将投资公司和公募基金作为起步阶段的过渡产品,而最终以有限合伙制作为未来风险投资基金的主导组织形式。[32]

11.4.3 完善退出机制

资本市场为风险投资提供了一条"安全通道"。风险资本蜕资的方式主要有公开发行上市、企业并购、管理层并购、破产清算等几种,不同蜕资方式的周期和收益各不相同,为了使我国风险投资的内在运作机制能够正常发挥,首先应认真研究深沪两地股票市场上的高科技板块的操作问题,同时要积极推进我国第二板市场建设。在市场经济条件下,风险投资者进入风险资本市场要以承担高风险为代价来取得高收益,因此必须为其提供可行的风险资本退出机制作为保障。从国外的数据来看,首次上市公开发行、股权回购与兼并、破产清算三种退出方式占风险投资回收比例分别约为30%、40%、30%。在我国,二板市场的设立指日可待,这

必将为风险资本的退出提供安全的通道,但其他两种方式也不能放弃,[39]完善我国风险资本的退出机制可从以下三方面着手:

1. 在二板市场尚未运转之前,充分利用现有的主板市场,同时结合国际经验和我国实际,积极创建二板市场。二板市场是风险资本的最佳退出通道,美国的 NAS-DAQ 市场便是最为杰出的典范,它孕育了像微软、英特尔、DEG、雅虎等一大批著名的高科技企业。香港也于 1998 年底创立了二板市场。我国应总结各国尤其是香港发展二板市场的经验教训,建立适合我国国情的二板市场。在此之前,应充分利用现有的主板市场,进行"买壳上市"、"借壳上市"或"受壳上市"等操作,使大批高科技企业能走向主板市场,从而实现风险资本的退出。

2. 发挥产权交易市场的功能,开展企业兼并与收购。美国的经验数据表明,风险资本的退出方式有 40% 是通过兼并与收购股份转让给其他投资者实现的,若没有二板市场,这一比例会更高。目前我国各大中城市都建立了产权交易市场,可以考虑在这个市场为风险投资企业设立专门的股份转让交易场所。如美国在 NAS-DAQ 市场成立之前,大部分风险资本是通过股份转让方式实现退出的。

3. 建立适合风险投资企业的破产清算程序。风险投资企业可依照现有的企业破产清算法规执行相应的破产清算,但从实践来看,一个企业的清算需要的时间比较长,比较繁琐,并且经常会因为产权、债务等问题的制约使企业不能完成清算,阻碍了资本的正常退出,这显然不适合风险投资企业。所以要在现有的有关规定的基础上进行合理的调整,为风险投资企业的破产清算建立特定的程序。

11.5 打造高新技术产业人才队伍

未来时代的竞争是高新技术的竞争,而科学技术的竞争又主要是人才的竞争,要想取得竞争的优势,必须拥有一大批各类优秀人才,人才队伍不仅要包括专业技术人才,也包括决策型、经营管理型及适合外向型经济发展的复合型人才。只有发挥人才的智慧,并产生"群体效应"和人才的"马太效应"才能产生高新技术产业的巨大能量,推动高新技术产业发展。当前制约高新技术产业发展的重要因素是教育落后与人才短缺,根据高新技术产业发展的特点,本书提出以下5项措施。

11.5.1 优化教育资源 创新培养模式

高等院校是高新技术产业的人才原生地,时代发展赋予了大学新的功能,现代大学必须走出象牙塔,与国际政治局势、国家意识形态、政府的经济和军事政策紧密联系在一起,崇尚"学术自由"、志在"服务社会"。高校应实现科技创新与人才培养的有机结合,鼓励科研院所与高等院校合作培养研究型人才。支持研究生参与或承担科研项目,鼓励本科生投入科研工作,在创新实践中培养他们的探索兴趣和科学精神。高等院校应适应国家科技发展战略和市场对创新人才的需求,及时合理地设置一些交叉学科、新兴学科并调整专业结构。[85]加强专门人才的职业教育、继续教育,培养适应经济社会发展需求的各类实用高新技术专业人才。大学既要全面推进素质教育,提高师生科学文化素养,又要提倡理性怀疑和批判,尊重个性,宽容失败,倡导学术自由和民主,鼓励敢于探索、勇于提出新的理论和学说。激发创新思维,活跃学术气氛,努力形成宽松和谐、健康向上的创新文化氛围。国家在"211工程"的基础上,应重点打造研究型大学,针对高校创新性人才不足的现实,鼓励优秀教师在高校间横向兼职,实现优秀教师的资源共享。鼓励企业研发人员和科研院所的科技精英到高等学校兼职任教,同时,高校教师应深入高新技术企业,以所研究的专长直接服务于企业。创新教育既要强调学术自由,同时高校又必须得到企业支持,承担社会责任。一流大学要植基于本国而具有国际视野,学术独立的同时又能胜任建设性的合作伙伴,以培养造就合格人才为宗旨、以知识为基础、以教育为中心、以研究为推动力,以高科技武装高校并服务于企业和社会,通过人才培养体制创新造就高新技术人才队伍。

11.5.2 加强人才引进

人才流动是企业内部规模经济效益提高和学习曲线效应积累的主要方式。我国现在急需要在企业内营造尊重知识、尊重劳动、尊重人才、尊重创造的创新氛围;搞好企业现有人才的开发和利用,加强培训力度,不断扩充科技人员的领域,改善其知识结构,使之成为既有技术专长,又有市场眼光的创新型人才。针对高新技术企业人才专业结构失衡,地区差异悬殊的现实,一些高新技术企业应加大急需人才的引进力度。尤其要加强针对关键技术人才、技术创新管理人才和具备综合素质的人才引进。要强化激励机制,在制度上形成"事业留人"环境,鼓励高新技术企业和民营企业实行产权多样化、知识产业化,通过技术入股、管理入股、员工持股和股票期权、创业股等多种分配、奖励形式以建立相应的制度。实行技术发明人、企业管理者及企业职工的持股、股票期权、优先认股权等制度,使技术与管理转化为资本或股权,创造有利于创新人才脱颖而出的环境。形成人才引进、评价、鼓励和留用的机制体系,使企业的技术创新工作高效、持续发展。大中型高新技术企业应加大聘用高层次科技人才和培养优秀科技人才的力度,探索建立知识、技术、管理等要素参与分配的具体办法,吸引和招聘外籍科学家和工程师;建立健全人才使用和激励机制,留住并用好高层次人才。要深化企业内部分配制度,鼓励企业核心人才参股,用技术成果作价入股参与收益分配,建立公开、公平、公正的选拔任用机制。创造人尽其才、才尽其用的良好环境,积极营造人才发展的条件和空间,增加对优秀人才的吸引力。高新技术企业在发展还要树立良好的企业文化,积极营造尊重人才、鼓励创新的文化氛围,建立和完善包括生活保障、社会保险、职称评聘、子女人学、家属安置以及住房等方面的优惠政策,具备条件的企业要设立专项资金用于人才引进,增强企业吸引力,使海归派、外来人才愿意来、住得下、有作为。

11.5.3　提高企业凝聚力

高科技产业发展必须有稳定忠诚的员工团队。科技人员进入高新技术企业后,均成为企业培养的对象,培育人才的重要标准除了较强的专业背景和学历背景外,员工的团队合作能力、良好的沟通能力、较强的上进心和再学习能力更为高新技术企业需要。高新企业人力资源部应与科研部门紧密合作,挑选研发管理层中有多年管理经验且具有极强专业技术背景的资深人员组成适用的教学团队,构建适合于高新技术企业发展的系统的培训体系。高新技术企业是知识型员工的集聚地,高新技术企业员工在个人特质、心理需求、价值观念以及工作方式等方面都具有特殊性,其表现可概括为6方面:其一,高新技术企业员工具有相应的专长和较高的素质;其二,高新技术企业员工具有强烈的创造性,他们不满足于现状,求新、求变的思想使他们有别于传统产业工人;其三,高新技术企业员工具有较强的追求成功动机,具有很强的社会责任,更关注自身价值的实现;其四,知识型员工尊崇科学与真理,很少趋炎附势或人云亦云,因而表现出高傲性;其五,高新技术企业员工大部分不愿受制于人,通常表现出独立性;其六,高新技术企业员工具有"职业锚"优势,他们信守自己的职业,对职业的忠诚往往大于对企业的忠诚,因而表现出高流动性。因为高新技术企业员工的上述特点导致对其管理具有复杂性,保持其对企业的高度忠诚是高新企业人力资源管理的重要内容。知识型员工具有很强的创新能力,他能帮助企业在变化万千的市场经济环境中赢得优势,对高新技术企业而言,企业所拥有的智力资本=员工能力×员工忠诚度。高新技术企业员工的忠诚度有五方面的表现:一是具有学习型的潜质与毅力。作为在市场中生存发展的高新技术企业,必须打造高素质的员工团队。员工应把学习和自身素质的提高作为在企业内发展的重要条件,把个人的不懈努力同职业生涯发展相结合,忠诚企业必须修炼自己,提高自我能力、素养与水平,并且要把这种修炼提高的精神长期坚持下去。二是维护形象忠实品牌。对企业忠诚的员工是把个人得失同企业发展紧密捆绑者,他们以自己的言行处处维护公司利益,对外树立良好的公司品牌形象,不盗用公司名义做不良的事情,并主动与有损公司形象的行为斗争,对外不讲公司内部发生的不利事故,与同事、朋友交往时,宣传公司良好的人文环境与制度,做企业的忠实捍卫者。三是热爱事业恪尽职守。员工与企业的最佳关系是合作伙伴关系,这种关系的具体表现对公司而言是对员工的尊重和依赖,而员工对企业的忠诚则表现为对自己所从事职业的热爱,他们甚至把自己的兴趣和爱好同工作相结合，为工作竭尽全力，员工将爱岗敬业的精神同"职业锚理论"相结合，将自己的专长发挥得淋漓尽致。四是积极参与管理。高新技术企业的优秀员工在工作中积极思考，在努力做好现有工作的基础上，时常反思总结，不畏强权与现有格局，经常试着改善工作流程与工作方法，并对公司的发展有着良好、甚至是独特的见解，因为他们坚信产品品质的改善和服务水平的提高是没有止境的。五是具有"天职思想"和"士"的精神。"天职"思想起源于加尔文教派，他阐述了人们普遍具有的基本权利与义务，倡导和必备的思想是天道酬勤。高新技术企业员工的天职思想让他们牢记：既然来到了高新技术企业，既然走上了职业经理人之路就必须将自己置身于职场，以人格魅力和才能展现赢得发展。"士"的精神展现的是员工的一种斗志，孔子曰："行有所耻，使于四方，不辱使命，可谓士也。"孟子说：士者"穷不失义，达不离道"。高新技术企业员工忠诚的最高表现，就是他们不论在8小时内还是8小时外都对企业怀有"天职思想"和"士"的精神，工作的执著和对事业的奉献是衡量他们职业道德的标准。

一个忠诚而没有能力的员工对于企业的发展不会有太大的作用，可一个有能力但不忠诚的员工对企业的发展可能会造成很大的危害。高科技企业员工的败德行为会给企业带来严重的后果。因此，提高员工的忠诚度是每个企业，尤其是高科技企业必须关注的问题，提高员工忠诚度的有效对策包括：其一，做好员工招聘工作。招聘是保持员工对企业忠诚的第一关，高新技术企业员工流动性大，企业与员工的关系是双向选择关系，招聘时信息渗透有问题将留下员工日后不忠的隐患。因此，企业在招聘时必须尽可能了解掌握员工更多的信息，如体力和精力，热心与情感，诚恳与干练，信心与豁达，创新与合作，仪表与幽默，事业心与责任感，谦虚与协作,廉洁与正派,知识与业务,表达能力与创造力,观察力与分析力,综合能力与决策能力,应变能力与协调指挥能力,等等。同时,企业必须真实地将自身情况介绍给应聘员工,如工作性质、特点,岗位工作最低时间,职业生涯通道,学习与能力提高的可能性,发展空间,薪酬待遇,工作的独立性,等等。通过信息交流,企业与员工建立在彼此认可的基础之上是员工保持对企业忠诚的基础;其二,鼓励员工参与管理决策。员工在企业中的角色影响其对企业的忠诚度,如果员工真正感受到自己的确是企业的主人,就会对企业产生依赖,建立起共生共荣的关系,员工参与经营管理是建立此关系的有效手段。因此,管理者应下放权力。一是因为高科技企业的员工大部分受过高等教育,具备专业知识,员工具有较强自主性,他们不仅不愿受制于人,更难轻易接受上级的遥控指挥,他们更强调工作中的自我引导。二是知识型员工往往比管理者掌握更多的技术专业与实际问题,有可能作出更正确的决策。三是高科技企业的生命力就在于创新,下放决策权满足了知识员工被组织委以重任的成就感,使他们对工作抱有更大的热情,更具创造力。因此,管理者不应在经营管理上独裁,否则不仅会扼杀员工的创意和才能,更会扼杀他们的工作积极性,降低他们对企业的忠诚;其三,对知识型员工实行弹性工作制。由于高科技企业员工具有自主性,他们不愿受制于一些刻板的工作形式,如固定的工作时间和固定的工作场所,他们更喜欢独自工作的自由和刺激,以及更具张力的工作安排。因员工从事的是繁重的思维性工作,固定的工作时间与地点只会限制他们的创新能力。因此,组织应制定弹性工作制,在核心工作时间与工作地点之外,允许知识员工调整自己的工作时间及地点,以把个人需要和工作要求之间的矛盾降至最小。事实上,现代信息技术的发展和办公手段的完善为弹性工作制的实施提供了有利条件,弹性工作制目前已在许多著名高科技企业应用,并取得了良好的效益;其四,赋予工作挑战性。知识型员工更在意自身价值的实现,并强烈期望得到组织和社会的认可。他们不满足于被动地完成一般性事务,而是尽力追求完美结果,他们更热衷于具有挑战性的工作,把攻克难关看做一种乐趣,一种体现自我价值的方式。根据赫兹伯格的双因素理论,激励因素比保健因素更能提高员工的忠诚度,激励因素的构成体系很重要的部分是工作的挑战性,要使工作富有挑战性,可以通过工作轮换和工作丰富化来实现。工作丰富化是对工作内容和责任层次的改变,如增加工作的难度,赋予员工更多的责任,赋予员工自主权,将有关工作业绩及时反馈给员工,对员工进行必要的培训,强化考核,等等;其五,部分员工实行双重职业身份。在高科技企业的员工中,一部分人希望通过努力晋升为管理者,另一部分人却不愿成为管理者,只想在专业上获得提升,为了满足两种不同的需要,组织应该采用双重职业途径的方法。双重职业途径允许对组织有贡献的知识员工升迁到管理层或技术层,他们在每个层次上的报酬都将是可比的。双重职业身份把员工的兴趣和爱好与工作有机相结合,有利于员工职业生涯发展。努力建立员工和企业之间协调且可行的心理契约是现代人力资源管理的课题,沟通对于高科技企业提高员工忠诚度具有重要的意义。一是沟通能对员工起到激励作用,管理层通过与员工沟通反馈强化员工的积极行为,肯定工作业绩。二是沟通有利于员工的情绪表达,对于员工而言,工作群体是主要的社会场所,员工通过群体沟通来表达自己的挫折感和满足感,并满足了员工的社交需要。三是沟通满足了员工的知识和信息需求,在良好的沟通环境下,全体员工知识共享,信息交流畅通。知识员工既是知识和信息的提供者,又是知识和信息的吸收者,他们彼此学习,相互提高。关心员工从而获得员工对企业的长期忠诚是一种行之有效的方法。首先,企业应该关心员工的健康状况,由于高科技企业员工从事的工作以智力劳动为主,缺乏应有的锻炼和娱乐,企业应关心员工的健康,在工作之余为员工提供一些户外活动或者娱乐,使员工身体能够得到及时的"充电",以旺盛的精力和良好的身体投入到工作中。其次,应关心员工的家庭生活状况,要尽力帮助员工解决困难,尤其是涉及员工家中的婚丧嫁娶等事宜,让员工做到工作和家庭相互平衡,从而使员工有更多时间、更多精力从事工作。再者,高科技企业应关心员工的成长,在知识经济时代,高科技知识更新迅速,员工的知识与技能将随着时间的推移老化,企业除了提供必要的薪酬与福利以外,还应加大对员工培训和开发的投资,让员工心甘情愿地发挥出自己的全部才能和最佳水平来帮助企业实现战略目标;其六,为员工设计职业发展通道,就职业发展而言,员工选择留在一家公司有两个条件。一是公司里可以学到新的东西,增长知识和才干,二是公司有发展的空间,如果这两个条件一个都不能满足,一旦有机会员工就会选择离去。重视员工职业发展体现企业既关注自身发展又关心爱护员工,它可极大地提高员工的忠诚度。企业在制定政策时,既要考虑员工的利益,又要通过各种宣传方式让员工坚信公司确实关注他们的职业生涯发展,通过职业生涯设计增强员工对自身发展的渴望,增强他们对企业的依赖和信心。

11.5.4 培养国际化人才

国际化人才是人群中较为优秀的那部分,具有充分潜能,能够带来较大经济和社会效益。从操作定义上来讲,国际化人才是能够在不同国家生存与发展的:①具有专门技术并能够促进经济发展的专业人员;②能够开发新理念、新过程、新产品、新服务的创新、研究和创造人才;③能够将新理念、新产品、新服务转变为现实,创造财富、催生市场、扩大市场份额的企业家人才。适宜一个国家或者地区,而不能或不会到另一个国家生存与发展的人才,不能成为国际化人才。唯有在这个国家或者地区工作业绩优异、生活得开开心心,到那个国家也能游刃有余的,才能成为国际化人才。这包括硬、软两个方面。其中硬的、外显的素质能力包括:语言沟通能力(外语和计算机)、生活技能、工作能力、国际知识;软的、内隐的素质能力包括:个性、道德价值观、视野、环境适应能力、文化敏感度等。应当注意,这里所指素质和能力,是国际化人才素质和能力的基础部分,具有通约性或者共性。应当看到,在经济竞争激烈的年代,各国并不是对所有人都开放的,概而言之,对优秀人才采取欢迎态度,对一般移民采取谨慎甚至关门政策。各国为什么能够对人才礼贤下士,关键在于其对于人才能够带来巨大经济和社会效益的预期,这要求人才要有能够让所在国"趋之若鹜"、"为之倾倒"的知识和能力。如果人才拥有"独门武艺",拥有各国极其稀缺的知识能力,则发展和迁移的主动权在于人才本身,他更有可能获得按照自己意愿选择生活、工作在何处的自由。

人才是高新技术企业跨国经营的关键,国际市场竞争,归根到底是人才、信息的竞争。高新技术企业在经营中,不仅需要技术、金融、法律、管理等方面的专业人才,更需要有一支综合素质好、业务过硬、年富力强、身体健康、有战略眼光、熟悉现代管理理论、通外语的复合型人才,我国目前在这两方面都需改进。[42]为此,要注重跨国经营人才的培养,建立必要的跨国经营人才培训基地,利用国内的高校和培训中心,分期分批加快人才培养步伐。也可通过人才外派挂职锻炼,到国外著名跨国公司见习或到国内成功的跨国企业内任职锻炼的办法培养,逐步在实践中造就一支从事国际化工作的人才队伍。要着眼于各项事业的长远发展和国际化人才的总体需求,实施人才战略,构筑人才资源高地,推进人才国际化进程,开发利用好国际国内两个人才市场、两种人才资源,坚持以产业发展带动人才集聚,以制度创新激发人才活力,建立合理的国际化人才资源结构,人才专业结构、知识结构、年龄结构等与社会经济发展需要相适应的人才体系。政府应把人才国际化建设工作纳入各级党政领导班子工作目标责任制,定期考核。要真正解放人才、解放科技生产力,必须把解放思想落实到位。在国际化人才"柔性流动"中,政府应提供必要的制度保证和政策支持,要进一步完善居住证管理制度,根据人才"柔性流动"不改变国籍、不入户口的特点建立一套全新的人才"柔性流动"机制。为引进国外高级人才积极创造条件,加大多层级、多渠道、多种所有制单位引进外国专家的力度。

11.5.5 增加人力资本投入

高技术产业是一种"人本经济"[110],在各种生产要素中,人力资本起着决定性的作用。人力资本在高新技术企业产权化的趋势日益显现,而且还有进一步扩大的趋向,随着人力资本相对于物质资本的地位大幅上升,人力资本在高新技术产业发展中的作用明显增强。人力资本是知识经济增长的真正源泉,人力资本理论认为,人力资本在生产过程中通过内部效应和外部效应能促进经济增长,且人力资本投资收益率要远高于物质资本投资收益率。根据研究论证,每增加1亿元人力资本投资,可带来近6亿元GDP增加额,而每增加1亿元物质资本投资,仅能够带来2亿元GDP的增加额(见表11.1)。

表 11.1　高新技术产业各投入要素对经济增长的贡献率　（%）

年份	物质贡献率	人力资本存量贡献率	人力资本水平贡献率	技术进步贡献率
1992	28.22	39.03	24.16	8.59
1993	34.48	38.67	26.42	0.43
1994	35.25	35.75	27.01	2.01
1995	41.32	32.50	29.98	-5.28
1996	37.74	-25.20	21.20	66.26
1997	36.26	-14.82	20.39	58.17
1998	11.35	25.45	20.17	43.03
1999	46.50	66.75	43.79	57.04
2000	26.45	42.70	36.82	5.97
2001	56.42	67.38	54.16	47.96
2002	70.11	35.64	46.71	52.46
2003	-9.44	58.36	32.01	19.04

在人力资源开发中，一是要把高科技人才资源的开发纳入整个国民经济发展的规划，并制定适应高新技术产业发展的人才战略和规划。二是在开发中要坚持以高科技企业为载体，推动高科技人才资源的整体开发。三是要建立适应高新技术产业发展的人力资本培养机制，鼓励高新技术企业与高校联合培养办学，产、学、研相结合，加强产学研的联系和整合。四是高新技术开发区在对高新技术企业认证考核时，应设立高新技术企业人力资本投入考核指标，以此保证高新技术企业人力资本的投入。

11.6　大力发展相关科技计划

当今世界科学技术发展的特征，一是科技创新、转化和产业化的速度不断加快,原始科学创新、关键技术创新和系统集成的作用日益突出,高新技术产业的竞争已前移到原始创新阶段,原始创新能力、关键技术创新和系统集成能力已经成为国家间科技竞争的核心,成为决定国际产业分工地位和全球经济格局的基础条件。[113]二是科技发展呈现出群体突破的态势。尽管当代科技的构成不同、功能各异,但是它们大都根基于不同层次的理论与方法,这些理论相互联系,彼此渗透交叉,整个科技群体构成了协同发展的复杂体系。三是学科交叉融合加快,新兴学科不断涌现,学科之间、科学与技术之间的相互融合、相互作用和相互转化更加迅速,逐步形成统一的科学技术体系。四是科技与经济、社会、教育、文化的关系日益紧密,如何实现人与自然和谐发展,如何实现经济社会全面协调可持续发展等,不仅涉及自然科学的认知和技术支撑,同时涉及经济、政治、法律、社会发展、文化和教育等。五是国际科技交流与合作日益广泛。科学没有国界,技术的发展也必须着眼于全球竞争与合作,在经济全球化时代,任何一个国家都不能长期独享一项科学技术成果,也不可能独自封闭发展并保持科技先进水平。从国家战略层面发展科学计划正是满足世界科技发展特征的基本需要。

11.6.1　全面落实科学发展观

科学发展观的内涵就是坚持以人为本,树立全面、协调、可持续的发展观来促进经济社会和人的全面发展。全面贯彻落实科学发展观,必须以提高创新能力为根基,树立正确的科技价值观和发展观,在科学发展观的指导下,科技人员应树立爱国奉献、创新为民的科技价值思想,坚持树立"以人为本,创新跨越,竞争合作,持续发展"的发展理念,树立创新跨越的勇气和信心,提高我国科学原始创新、关键技术创新和系统集成能力,不断为我国全面建设小康社会、实现经济社会全面协调可持续发展作出重大创新贡献。在科学发展观的统配下,鼓励竞争,加强合作,实现科技资源的优化配置,提高科技资源的创新效益;加快建立"职责明确、评价科学、开放有序、管理规范"的现代科研院所制度和产学研分工明确而又紧密结合的创新体制,加强创新文化建设,保障科技创新持续发展。

11.6.2 科学制定与实施中长期科技发展规划

科技发展规划是高新技术产业持续发展的重要保障,在制定和实施科技发展规划时一定要把握好科学技术是第一生产力这一主题思想。21世纪,信息科学和技术发展方兴未艾,新科技革命迅猛发展,正孕育着新的重大突破,它将深刻地改变经济和社会的面貌。信息技术是经济持续增长的主导力量;生命科学和生物技术迅猛发展,将为改善和提高人类生活质量发挥关键作用;能源科学和技术重新升温,为解决世界性的能源与环境问题开辟新的途径;纳米科学和技术新突破接踵而至,将带来深刻的技术革命;基础研究的重大突破,为技术和经济发展展现了新的前景;科学技术应用转化的速度不断加快,造就了新的追赶和跨越机会。

推动高新技术产业发展,我国要站在时代的前列高瞻远瞩,迎接新科技革命带来的机遇和挑战。面对国际新形势,科技战略决策部门必须增强责任感和紧迫感,更加自觉、更加坚定地把科技进步作为经济社会发展的首要推动力量,把提高自主创新能力作为调整经济结构、转变增长方式、提高国家竞争力的中心环节,把建设创新型国家作为面向未来的重大战略选择。制定国家中长期科技发展规划,必须以实现经济社会全面协调可持续发展为主线,从总体上部署我国科技发展的重点,筹划我国科技总体布局和体制机制改革；要根据我国国情，量力而行，紧紧把握事关我国现代化全局的战略性的高新技术，抓住事关我国经济社会全面协调发展的重大公益性科技创新，抓住世界科技发展的重大基础与前沿问题，突出重点，优先部署，集中力量，力争在关键领域取得重大突破。以科技计划统领我国科技工作，加强制度创新，发挥市场经济对科技资源配置的基础性作用，充分运用市场竞争与合作机制提高科技创新的效率和效益，加强基础研究原发性科学创新，加强战略高新技术创新与系统集成，加强科技产业化和企业技术创新能力的建设。加强对科技的支持与投入，特别要使企业将科技创新作为发展的根本动力，从而使企业自觉成为技术创新和科技成果产业化的主体，从而推动我国高新技术产业向国际化前沿化方向发展。坚持有所为、有所不为，选择具有一定基础和优势、关系国计民生和国家安全的关键领域，集中力量、重点突破，实现跨越式发展。从现实的紧迫需求出发，着力突破重大技术，关键、共性技术，以科技发展计划作后盾支撑经济社会的持续协调发展。着眼长远，超前部署前沿技术和基础研究。运用高新技术创造新的市场需求，培育新兴产业，引领未来经济社会的发展。在高新技术产业战略规划目标中，至少应明确到2020年我国高科技产业发展的总体目标，把自主创新能力、科技促进经济社会发展和保障国家安全的能力增强，为及早进入创新型国家行列，在本世纪中叶成为世界科技强国奠定基础。

11.7 加强高新技术产业环境建设

11.7.1 正确把握环境构成要素

投资环境竞争力的强弱成为决定高新技术产业竞争力的关键

性因素之一,"十一五"规划确立了未来 5 年我国高新技术产业发展的总体目标。这一目标明确提出打造我国高新技术主导产业,把开发区"努力建设成为促进国内发展和扩大对外开放的结合体;成为跨国公司转移高科技高附加值加工制造环节、研发中心及其服务外包业务的重要承接基地"。高新技术产业作为国家创新体系的一个高端节点,其不同阶段的生产要素特征、产业组织形态以及区域表现形态等直接影响了高新技术产业及开发区的投资环境。随着国际资本争夺的日益激烈,我国高新技术产业开发区对资本的吸引力应逐渐从政策性吸引转向综合产业发展环境的吸引。它既包括基础设施等硬件环境,也包括政策、体制在内的软环境建设,还应该包括对企业能够形成足够吸引力的良好的产业氛围。好的投资环境的内涵应该包括在为区内企业塑造良好的运营氛围的同时,作为营利单位其本身的运作也应该是高效率良性循环体。我国高新技术产业的投资环境主要有六大构成因素:①政府与政策因素,主要包括政府的态度、政府的办事效率、政策的落实情况以及政策的连续性;②产业氛围因素,主要包括产业特色、产业配套、交通与物流以及市场需求;③要素的供给因素,主要包括人才供给与成本、土地供给与成本以及水、电供给与成本;④开发区服务水平因素,主要包括服务能力和公共设施;⑤创新环境因素,主要包括科研机构与科研人员、专利申请量;⑥社区与自然环境因素,主要包括所依附城市情况、与中心城市距离、治安环境以及自然环境。[65]要准确把握环境构成要素,任何含有偏见的或者单一的观点都将对我国高新技术产业发展造成不良影响。

11.7.2 环境建设措施

随着我国经济社会的发展,高新技术产业的硬件环境建设已取得了较好的成绩,但发展过程中还存在市场环境不规范,知识产权得不到有效保护,政策环境建设不平衡,管理体制和运行机制不完善,空间拓展与产业需求不相适应等问题。一是政府方面,要发挥组织协调功能,完善创新管理体制建设。我国除要加强高新技术产业立法外,应重点提高政府的工作效率,将政府单纯的管理理念模式转变为服务与管理相结合的模式,落实政策的连续性和整体匹配性。二是在软硬环境建设中,要特别把握软环境建设中的关键因素,加快政府职能转变,深化科技改革,把提升高新产业整体素质作为全局性、长期性战略。各级政府对园区管理要增加改革透明度、减少行政审批环节,避免过多的事务干预。三是应坚持有利于发展先进生产力、有利于政府管理创新、有利于高新区可持续发展的方针,发挥宏观导向功能,科学制定园区发展新战略。四是进一步加强科技发展的协调,结合我国国情,合理划分中央和地方经济社会事务的管理责权,成立国家高新区领导机构,以便强有力地做好国家有关部委之间的协调工作,将中央和地方的资源与优势有机地结合起来,进一步完善高新区政府管理模式。五是对高新园区的治理整顿。自1991年以来,国务院先后批准了53家国家级高新区,近年来,各地纷纷兴起"高科技园区热",为引进项目,许多地方政府打出国家高新区优惠政策的牌子,有的还出台了透支财政、"寅吃卯粮"的优惠政策,甚至出现土地上"零地价"送地,财税上"免费退税"的"既不要钱又不要税"的恶性竞争现象,这些行为既严重损害了国家高新区形象,又不利于高新技术资源的有效聚集,难以形成良性的产业生态链。因此,政府应抓紧落实清理整顿土地市场,确保高新区优惠政策在国家规定的高新区范围内执行,使高新技术企业向高新区聚集。六是进一步深化科技体制改革。据研究显示,目前在我国1万余家科学研究机构中,约

3千多家实行了企业化,占全部的33%,绝大部分非基础性研究的科研开发机构还游离于市场需求之外,难以开发出市场所需的科研成果,这表明我国企业科研开发的主体地位不强。七是加大对高技术企业的直接扶持力度。政府为高技术企业提供各种形式的资助,是激励高技术产业发展的最为直接的形式,进一步完善科技型中小企业技术创新基金,多方增加政府投入,通过贷款贴息、无偿资助和资本金注入等方式,对一些技术含量高、市场前景好、商业性资金尚不具备进入条件的中小企业项目给予资金支持,以促进其产业扩张。政府可协助进行市场的可行性研究,提供实验室和实验设备,提供管理指导和服务,并协助寻找投资伙伴,建立战略联盟等。八是加大政府创新文化建设,在市场经济全球化的形势下,推进高新技术产业化,必须要形成创新文化,政府的引导激励形成民族性创新氛围对高新技术产业竞争力的提升起着重要作用。除此以外,政府还可以通过直接订单影响市场需求环境的方法促进高新技术产业发展,没有市场需求,特别是"内需不足",就没有经济效益,高新技术的产业化也就很难实现。可以通过军用研制来分摊民用产业化的成本,以财政补息、税收优惠和政策性银行的金融支持来降低产品成本,使其技术及产品在价格上与国外同类技术及产品具竞争优势,以吸引国内用户。实行政策采购或国防采购,对高新技术产业化的初期阶段予以适度的市场保护和扶持,有效扩大"内需",这是国际上通行的做法。

11.8 加速推进高新技术产业国际化

随着经济全球化的发展和科学技术的进步,我国高新技术产业发展,不可避免地要走国际化发展的道路。在国际化背景下,跨国公司在世界经济中扮演重要角色,高新技术产业的国际化发展,对我国而言既是挑战也是机遇。一方面要使本国的企业走出国门,参与国际市场竞争,分享世界经济技术发展创新带来的利益。只有实现我国高新技术产业的国际化,才能够参与知识经济时代国际分工所形成的级差利得;另一方面,要促使本国市场的国际化,吸引更多的跨国企业参与我国的高新技术产业建设。为使高新技术产业中外商投资企业的行为更符合我们的目标,关键因素是形成竞争性的市场环境,要制定开放条件下的重大技术与产业发展战略,在少数关键技术领域,必须形成自主技术开发能力和自主产业发展能力。

11.8.1 重新定位国际化目标

党的十六大提出了 GDP 到 2020 年翻两番的宏伟目标,对高新技术产业工作提出了具体的要求和任务。如到 2020 年高新技术产品出口力争达到 4500 亿美元,占外贸出口总额的比重达到 45%。实现总目标要经过 3 个阶段:到 2005 年力争高新技术产品出口达到 1400 亿美元,到 2010 年力争达到 2500 亿美元,到 2020 年力争达到 4500 亿美元。[43] 从实践结果看,上述目标不足以体现我国高新技术产业的快速发展,2002 年我国的高新技术产业出口额就已达到 1500 亿美元,党的十七大以后,我国经济进入了新的快速发展时期,原有的目标偏低,按重新修订的目标,高新技术产业出口占外贸出口总额的比重应达到 50%,不但要有单纯的经济目标,更要有产业发展的质量目标。深入调查、科学论证,提出我国高新技术产业国际化目标体系对提升竞争力、引导产业持续健康发展具有重要意义。

11.8.2 做强做大产业链

高新技术产业的演变特点是：分工格局出现由垂直分工向混合分工转变，产业分工向产品工序分工转变，递次转移向直接投资转变，跨国公司在全球产业分工中的地位和作用进一步加强，高新技术产业国内分工国际化和产业集群化。我国高新技术产业发展既有机遇也有挑战。提升高新技术产业竞争力，要利用沿海开放城市区位、人才及城市环境的资源优势，把资源优势转化为发展优势，主动迎接国际经济一体化带来的机遇和挑战。在大力引进国外企业来我国创办高新技术企业的同时，积极支持并引导企业参与国际分工、合作与竞争，加快与国际经济接轨的步伐。发挥优势，重点突破，是实现高新技术产业快速发展的关键。我国企业发展高新技术产业必须把握世界高技术发展的趋势以及本地的具体情况，做到"有所为有所不为"，保证高新技术产业的健康发展。将重点放在拉长产业链条上，做大做强，扩大国内外科技合作交流，努力形成以重点领域高新技术产业为主导的发展架构，使之成为我国经济的主要增长极。大力发展开放型经济，构筑产业发展平台，吸引国际著名跨国公司来华投资高新技术产业，鼓励跨国公司在我国设立各种形式的研发基地，形成竞争性的市场环境，制定开放条件下的重大技术与产业发展战略，在少数关键技术领域，形成自主技术开发能力和自主产业发展能力。按云团理论，高新技术产业发展往往以某一点为契机菌生繁衍，一旦发现有做大机遇时，应集中一切可以动用的资源，采用激励、扶持等多种措施促进高新技术产业链的发展。

11.8.3 实施战略性贸易政策提升竞争力

高技术产业贸易已经成为影响国际贸易构成变化的最主要因素,是决定各国产业国际竞争力提高的主要原因。高新技术产业贸易影响着各国参与国际分工的水平和层次,对于一个国家产业结构的提升、技术水平的升级和充分吸收经济全球化带来的利益都有极其重要的作用。"战略性贸易政策"是指一国政府在不完全竞争和规模经济条件下,用生产补贴、出口补贴或保护国内市场等政策手段,扶持本国战略性工业的成长,增强其在国际市场上的竞争能力,从而谋取规模经济之类的额外收益,并伺机劫掠市场份额和工业利润。[115]在技术、知识密集程度最高、与国家利益和声望关系最大的高新技术产业中,战略性贸易政策是我国提升高新技术产业国际竞争力的有效工具。通过贸易政策与产业政策密切结合,两者互相协调,配合使用,可以将那些具有潜在竞争优势、有较大规模经济和外部经济利益的产品推向国际。从战略高度对这些目标产业进行保护与扶持,尤其要有意识地鼓励我国厂商大胆进入某些有待开拓的高新技术产业,某些填补进口空白的竞争性产业,以及某些为外国垄断资本把持的产业来培育高新技术产品出口。如航空航天产业、医药产业、环境保护产业、现代农业等。政府通过战略性贸易政策,给予必要的政策倾斜和扶持,使之在未来几年内成为高新技术出口产业新的增长点,继续保持我国高新技术产品贸易高速增长的势头,继续发挥对外贸易增长的引擎作用。

11.8.4 加强知识产权保护

加强我国知识产权制度建设,大力提高知识产权创造、管理、保护、运用能力,是增强我国自主创新能力、建设创新型国家的迫切需要,是完善社会主义市场经济体制、规范市场秩序和建立诚信社会的迫切需要,是增强我国企业市场竞争力、提高国家核心竞争力的迫切需要,也是扩大对外开放、实现互利共赢的迫切需要。我国一直高度重视知识产权保护工作,把保护知识产权作为改革开放政策和社会主义法制建设的重要组成部分。改革开放30年,我国在知识产权保护方面做了大量工作,在立法、执法及国际交流与合作方面均取得了巨大进步和长足发展。我国现有的知识产权保护法律体系主要由法律、行政法规和部门规章3个部分组成。其中,专门法律主要包括《商标法》、《专利法》、《著作权法》等;专门行政法规包括《商标法实施条例》、《专利法实施细则》、《著作权法实施条例》、《知识产权海关保护条例》、《计算机软件保护条例》、《集成电路布图设计保护条例》、《植物新品种保护条例》等;专门行政规章包括《驰名商标认定和保护规定》、《集体商标、证明商标注册和管理办法》、《专利实施强制许可办法》等。在不断建立健全知识产权法律体系的同时,我国也根据实际需要对相关法律法规进行了修改。特别是在加入世贸组织的过程中,为履行入世承诺,中国政府严格遵循世贸组织《与贸易有关的知识产权协定》(TRIPS)的有关规定对国内知识产权立法进行了修改和完善。在不断完善国内法律体系建设的同时,我国相继参加了一些主要的知识产权保护国际公约、条约和协定。如《建立世界知识产权组织公约》、《保护工业产权巴黎公约》、《关于集成电路的知识产权条约》、《商标国际注册马德里协定》、《保护文学艺术作品伯尔尼公约》、《世界版权公约》、《保护音像制作者防止非法复制公约》、《国际专利合作公约》、《商品和服务国际分类尼斯协定》、《为专利程序目的进行微生物存放的国际承认的布达佩斯条约》、《建立工业设计国际分类洛加诺协定》、《国际专利分类斯特拉斯堡协定》、

《保护植物新品种国际公约》、《与贸易有关的知识产权协定》。

我国已经成为世界知识产权大国,但还不是知识产权强国,我国目前在知识产权上缺少相应竞争能力,我国的知识产权建设形势非常严峻,知识产权保护不利,限制了我国高新技术产业的发展。知识产权保护是知识产权制度的核心,要充分发挥知识产权制度的作用,就要做到有法必依,执法必严,对非法的行为进行严厉的制裁,只有做到充分保护知识创造者和拥有者的合法权益,才能有效发挥知识产权制度的功能。一是要进一步完善法律法规体系,营造有利于高新技术企业发展的法制环境;二是要加大知识产权侵权打击的力度,开展经常性的全国知识产权保护活动,用法律手段捍卫知识产权;三是要提高高新技术企业运用知识产权的能力,提升企业的核心竞争力;四是要加强知识产权人才队伍的建设,培养出一批懂业务,会管理,熟悉知识产权法律的通晓国际规则人才,提升高新技术企业应对国际国内知识产权事件的能力和水平。高新技术产业区要设置专门的知识产权部门或配备知识产权专职人员,尤其是高新技术开发区管委会作为政府管理开发区的职能部门,应在开发区的层面上建立知识产权管理机构和服务机构,制定相应激励政策,为高新技术产业的知识产权保护提供必要的引导和服务。

11.8.5 掌握规则打破壁垒

按 WTO 组织的解释,技术贸易壁垒(Technical Barrierto Trade——TBT),是发达国家为阻止他国产品进入本国市场而设立的壁垒,是指一国以维护国家安全,或保护人类健康和安全,保护动植物的生命和健康,保护生态环境,或防止欺诈行为,保证产品质量为由,或以贸易保护为目的所采取的一些强制性或非强制性的技术性措施。这些措施成为其他国家商品自由进入发达国家市场的障碍。技术贸易壁垒体系包括技术标准与法规、合格评定程序、包装和标签要求、产品检疫检验制度、信息技术壁垒、绿色技术壁垒等内容,它具有广泛性、系统性、合法性、双重性、隐蔽性和灵活性、争议性等特点。世界高新技术产品贸易发展迅速,高新技术产品出口已成为我国出口贸易的重要增长点。但值得注意的是,在高新技术产业贸易额迅速增长的同时,贸易摩擦也不断增多,而非关税壁垒特别是技术性贸易壁垒则是引起贸易摩擦的主要原因。由于发达国家的垄断地位造成了其在实行贸易壁垒中的优势地位,高新技术产品所需要的规则、标准、协议基本上由发达国家制定,发展中国家只能遵守和执行,在新的国际产业分工中,发展中国家处于明显的从属地位,而且技术层次越高,这种从属性就越强,从属的持续时间就越长,因此而丧失的利益也就越多。发展中国家在高新技术产业及其贸易中处于不利地位,技术性贸易壁垒已成为高技术产业贸易保护的重要形式,而且是一种具有合法外衣的最难对付的保护措施。《技术性贸易壁垒协议》指出,任何政府不能搞歧视,制定的技术标准其贸易限制性不能超过合法目标的必要程度,但发达国家凭借其技术优势,不断提高产品标准。产品标准的提高增加了产品成本或运输成本,从而导致国际贸易中的技术壁垒抬高。企业为了达到进口国的标准,不得不投入额外的资金、技术、人力资源,增加有关检验、测试、认证等手续,从而发生一些额外的费用支出,使生产成本增加。发达国家利用其技术优势能够较好地克服这种困难,而发展中国家由于资金和技术等限制很难开发出合乎工业化国家进口标准的产品,更难以实现环境成本的内部消化。最近几年在认证和合格评定程序、条形码、计量单位以及电子商务标准方面遇到国外技术性壁垒,使我国外贸出口受到了极大损失,有些已进入国际市场的产品被迫退出,有的产品在当地被扣留或销毁。原因来自两方面:一方面是技术壁垒的标准不断增多,我国许多工业标准低于国际标准,在高新技术领域更是如此。现在很多国家实行认证制度,如美国的 UL、加拿大的 CSA、德国的 GS、欧盟的 CE 等,这些认证标志是电子产品、机械产品和电器产品输往上述国家和地区的通行证,没有得到认证,产品就进入不了这些市场。另一方面是技术标准要求越来越繁琐苛刻,增加了我国商品出口的难度。在应对国外技术性贸易壁垒方面:一是要组织专门的人力、物力研究对外贸易技术贸易壁垒体系,及时收集、整理、跟踪国外的技术贸易壁垒,建立技术贸易壁垒数据库。建立专门的技术贸易壁垒信息收集和咨询机构,承担技术法规、标准和合格评定程序的通报以及向企业传递有关信息,发布国外技术贸易壁垒的最新动态,研究主要贸易伙伴技术贸易壁垒对我国出口贸易的影响,及时采取积极防御措施,打破壁垒,扩大出口。二是要实施我国高技术产业可持续发展战略,实现高新技术产业"绿色化",制定财政、信贷、税收等方面的优惠政策,支持和鼓励高新技术产业的发展,设立"绿色产业基金",在商品生产方面要尽可能符合国际惯例,节约资源,减少污染,改进生产技术,逐步走上高效益、低消耗、低污染的可持续发展道路。要把高新技术环保产业培育作为提升出口产业结构的重点和带动国民经济发展的新的经济增长点。三是要选择真正意义上的高技术产业,跟踪并超越世界先进技术,瞄准有发展潜力的技术。只有掌握最先进的技术,才能成为国际技术壁垒的主导者。四是要尽快建立我国技术法规体系,积极采用国际标准,健全和完善认证制度,建立高效完善的国内技术贸易壁垒体系[89]。通过掌握规则,一方面保护好国内市场,另一方面不断开拓高新技术国际市场,提高高新技术产业国际竞争力。

后 记

在知识经济时代,以高新技术为基础的高新技术产业日益成为知识经济时代的主导产业。发展高新技术,使其产业化,是我国实现国民经济结构调整和产业升级的重要战略。本书首先从历史演进阶段、产业规模、产业结构、布局、技术竞争力和进出口状况等方面分析了我国高新技术产业的发展现状;然后通过分析影响我国高新技术产业发展的因素,并结合灰色预测模型和科技贡献率分析方法预测其发展前景,指出了我国高新技术产业发展的制约瓶颈,最终提出了发展高新技术产业的对策建议。通过分析,本书得出以下结论:

1. 高科技产业在一国范围内的发展具有周期旋回特征,在全球经济一体化背景下,在全球市场需求利益的诱使下,传统的产业发展理论已不能完满解释高科技产业的发展,高新技术产业的演进过程如天体的诞生一样以集群形式出现,以某种高新科技突破为契机、起点或中心,在超额利润、军事特需、尖端控制、重大社会需求等因素的促动下,资金、技术、人员、设备等相关要素在并未成熟的环境区域集聚,由小到大,由弱到强形成高新技术产业星际云团。云团发展一般经过初创结核期,成长期,扩张膨胀期,成熟期和最后的陨落期,陨落期实际是高新技术产业的衰落蜕变期。因高新技术产业具有七高一低的特点,因此高科技产业星际云团在运转中具有六种强劲驱动力和五种保障支持条件。

2. 高新技术产业已经成为我国经济的主要支柱型产业

自 1999 年开始至 2006 年我国高新技术产业年出口增长率超过 50%，其发展速度在世界占居首位，有力地改变了中国商品的出口结构。近五年来，我国高新技术产业以高于 GDP 增长近两倍的速度发展，产业规模和出口总额均跃居世界第二。2007 年全国高新技术产业总收入达到 6.3 万亿元，是 2002 年的 3 倍多，增加值占 GDP 的 8%；高技术产品出口额达到 3500 亿美元左右，比 2002 年翻了两番多，占全国外贸出口总额近 30%，是我国第一大出口行业。

3. 我国高新技术产业发展受诸多因素影响

无论是从产业规模、产业结构、布局分布，还是从技术竞争力、高新技术产品进出口情况来看，近年来我国高新技术产业发展迅猛，高新技术产业日益成为拉动国民经济增长的主导力量。但是仍然还有很多因素限制着我国高新技术产业的发展，主要有：我国经济的发展水平和国际化程度、风险投资的发展水平、科技进步与技术创新能力和产业政策等。要使我国高新技术产业今后更好发展，必须采取相关措施提升上面诸因素的整体竞争力。

4. 我国高新技术产业发展前景良好但任重道远

通过分析我国高新技术产业及主要国民经济的指标数据，结合灰色预测模型和科技贡献率，预测我国高新技术产业的发展前景，可以看出，我国的科技贡献率基本保持在 71% 左右，增长幅度迅速。这说明我国依靠科技进步促进经济发展很具潜力，高新技术产业发展前景良好。但与发达国家相比我国的高新技术产业发展还是任重而道远。

5. 我国高新技术产业竞争力发展取决于高新区建设

国家高新区已成为中国自主创新的基地，是我国高新技术产业的基础，国家高新区主要经济指标以年保持 30% 以上的增长率，远高于全国平均增长速度。国家高新区已经成为支撑国民经济持续快速增长的重要力量。2006 年国家高新区人均 GDP 为 21 万元，是全国人均 GDP1.6 万的 13 倍，接近了国际发达地区的水平，国家高新区平均万元 GDP 能耗 0.44 吨标准煤，仅为全国平均水平 1.2 吨标准煤的 36.7%，发展较好的高新区万元 GDP 能耗低于 0.2 吨标准煤是全国平均水平的六分之一，国家高新区在中国转变经济发展方式，促进国民经济又好又快地发展方面发挥了积极的引领和示范作用，提升了中国产业在全球价值链上的地位。

6. 高新技术产业持续健康快速发展必须提升竞争力

提升竞争力的有效对策主要体现在：国家产业政策的调整，推进高新技术产业国际化进程，加强高新技术产业环境建设，大力发展相关科技计划，开发培养高新技术产业人才队伍，加强风险投资建设，加快园区功能建设，加强我国高新技术产业科技创新体系建设八个方面。

高新技术产业竞争力是高新技术产业发展的关键，本著作研究的我国高新技术产业竞争力只是我国高新技术产业发展的重要课题之一，其他尚待研究的问题有很多。为推动我国高新技术产业健康快速发展，更好地探讨高新技术产业发展规律，作为后续研究，今后的研究重点将放在我国高新技术产业国际竞争力的层面上进行。

参考文献

[1]楚尔鸣、李勇．高新技术产业经济学．中国经济出版社,2005

[2]黄仁伟．中国崛起的时间与空间．上海社会科学院出版社,2002

[3]中国科技战略研究小组．中国科技发展研究报告．中央党校出版社,2001

[4]周永亮．中国经济前沿问题报告．中国社会科学出版社,2002

[5]国家体改委．中国国际竞争力发展报告．人民大学出版社,2002

[6]陈明森．产业升级外向推动与利用外资战略调整．科学出版社,2004

[7]王亚平．我国高技术产业发展50年的历程．中国脉搏,1999(10)

[8]马洪．世界高技术产业的发展趋势．世界经济,1999(12)

[9]孙久文．新经济时代高新技术产业布局研究．中共济南市委党校济南市行政学院济南市社会主义学院学报,2001(1)

[10]刘荣增．我国高新技术产业开发区发展态势评价．科技进步与对策,2002(11)

[11] 桑玲玲．我国产业结构演进与就业结构变迁的实证分析．武汉大学硕士学位论文,2005(5)

[12] 柳宏志．中国高技术产业现状分析及发展对策．东北大学学报(社会科学版),2000(7)

[13] 彭宜新、邹珊刚．我国高技术产业发展的国际化战略研究．武汉理工大学学报,2001(12)

[14] 吴灼亮、赵兰香．中国高技术产业竞争实力及其演进态势分析．中国科技论坛,2005(11)

[15] 高天光．高新技术产业发展政策创新研究．山西大学学报(哲学社会科学版),2005(1)

[16] 张会元．高新技术产业政策的国际比较及对我国的启示．中国职业技术教育,2005(2)

[17] 常亮、李纪宁．国际化对地方高新技术产业政策的影响与对策．科技成果纵横,2003(4)

[18] 许统生．美日发展高新技术产业的不同政策及其对中国的启示．求实,2004(11)

[19] 李建科、周云波．我国高新技术产业发展的现状与政策措施．天津科技,2005(4)

[20] 何添锦．我国高新技术产业布局现状分析．苏州职业大学学报,2003(2)

[21] 傅立．灰色系统理论及其应用．科学技术文献出版社,1992

[22] 孙有杰、范柏乃等．中国发展高新技术产业的障碍因素研究．技术创新,2003(10)

[23] 林耿、李冬环．广州市高新技术产业的发展背景和前景分析研究．地域研究与开发,1999(6)

[24]朱燕君.高新技术产业发展的约束因素及对策.重庆工学院学报,2004(8)

[25]吴国蔚.高新技术产业国际化经营.中国经济出版社,2002

[26]邓楠.以科技创新促高新技术产业发展.中国创业投资与高科技,2004(8)

[27]马歇尔.经济学原理.商务印书馆,1997

[28]安士伟、贾学锋.我国高新技术开发区空间布局研究.科技进步与对策,2004(7)

[29]吴晓波、曹体杰.高技术产业与传统产业协同发展机理及其影响因素分析.科技进步与对策,2005(3)

[30]张保胜.高新技术产业市场结构特征及其启示.安阳大学学报,2003(3)

[31]唐根年、徐维祥.中国高技术产业成长的时空演变特征及其空间布局研究.经济地理,2004(9)

[32]段忠东、侯方玉.高新技术产业发展中的风险投资制度创新研究.职教与经济研究,2005(3)

[33]匡晓明.中国高新区的开发与规划,"我国高新技术开发区建设需注意的几个问题".同济大学出版社,2003

[34]曼昆.经济学原理.北京大学出版社,1999

[35]约瑟夫·阿·熊彼特.经济发展理论.商务印书馆,1990

[36]王玉春.高新技术产业的资本保障战略研究.合肥工业大学出版社,2005

[37]张维迎.博弈论与信息经济学.上海人民出版社,2006

[38]程恩富.现代政治经济学.上海财经大学出版社,2004

[39] 弓孟谦. 资本运行论析——资本论与市场经济. 北京大学出版社, 2003

[40] 科斯. 企业、市场与法律. 上海三联书店, 2002

[41] 厉无畏. 中国产业发展前沿问题. 上海人民出版社, 2003

[42] 张玉斌. 区域优势：WTO时代地方政府的博弈策略. 江苏人民出版社, 2003

[43] 白和金. "十五"计划时期中国经济和社会发展的若干重大问题研究. 人民出版社, 2004

[44] 王缉慈等. 创新的空间——企业集群与区域发展. 北京大学出版社, 2003

[45] 杨景祥. 世纪之交的跨越. 中国统计出版社, 2004

[46] 于刃刚等. 河北经济波动与产业结构优化. 新华出版社, 2001

[47] 迈克尔 E. 波特. 国家竞争优势. （纽约）自由出版社, 1990

[48] 吴敬琏. 发展中国高新技术产业——制度重于技术. 中国发展出版社, 2002

[49] 陈剑峰、唐振鹏. 国外产业集群研究综述. 外国经济与管理, 2002(8)

[50] 蓝海林、蒋峦、谢卫红. 中小企业集群战略研究. 中国软科学, 2002(11)

[51] 魏守华、石璧华. 论产业集群的竞争优势. 中国工业经济, 2002(1)

[52] 魏守华. 企业集群中的公共政策问题研究. 当代经济科学, 2003(6)

[53] 魏守华. 集群竞争力的动力机制以及时政分析. 中国工

业经济,2004(10)

[54]吴向鹏.产业集群理论及其进展.四川行政学院学报,2004(2)

[55]张克俊.关于高新技术成果产业化的规律研究.财经科学,2005(2)

[56]郑胜利.论我国开展集群研究的理论和现实意义.当代经济研究,2004(9)

[57]赵良庆.美国克林顿政府科技政策的特点.科学学与科学技术管理,1994(5)

[58]和文凯、曾晓.高技术产业两种模式的比较,科研管理,1995(5)

[59]华宏明、郑绍镰.高新技术管理.复旦大学出版社,1995

[60]雷德森、黄敬前.高技术产业化道路探索.人民出版社,1995

[61]王晓梅.我国高新区建设研究.东南大学1995年硕士论文

[62]张小武.产业集群:发展地方经济的新药方.中国经济时报,2003(12)

[63]蔡齐祥、邓树增.高新技术产业管理.华南理工大学出版社,2001

[64]陈昭锋、黄巍东.高新技术产业化与政府行为创新.中国物资出版社,2001

[65]西安高新区"二次创业"研究课题组.西安高新区"二次创业"研究报告.2002

[66]顾朝林、赵令勋.中国高新技术产业与园区,中信出版社,2004

[67]戴魁早.我国高新技术产业增长影响因素的实证分析.湖南科技大学学报,2006(1)

[68]安纳利·萨克森宁.地区优势:硅谷和128公路地区的文化与竞争.曹蓬等译.上海远东出版社,1999

[69]陈柳钦.完善我国高新技术产业发展税收政策的基本思路.青岛科技大学学报,2004(4)

[70]彭京华.构建我国高新技术产业多层次融资创新体系.经济与管理研究,2001(3)

[71]王集超.建立我国高新技术产业开发投资基金的思考.东北财经大学学报,1999(5)

[72]林敏.风险投资与有限合伙.云南大学学报,2003(1)

[73]姜黎辉.不连续性技术创新与企业网络合作能力关系研究.工业技术经济,2006(7)

[74]方晓霞.中国企业国际化经营的现状及发展趋势.上海行政学院学报,2006(4)

[75]李京文.国外高新技术政策及其对我国的启示.经济学家,2003(3)

[76]张景安.关于我国高新技术产业发展的思考.中国软科学,2004(12)

[77]魏达志.深圳高新技术产业国际化的背景与实践.高科技与产业化,2004(11)

[78]夏金宝.论比较优势、绝对优势、竞争优势理论的实践意义.价值工程,2006(2)

[79]郭劲丹、孟壮吾.基于比较优势理论的中小企业成长的实现途径.企业技术开发,2006(6)

[80]李奇明、尹治梅、刘志高.国外高新技术产业政策的新趋

向.科技进步与对策,2002(4)

[81]马洪、王梦奎.中国发展研究:国务院发展研究中心研究报告选.中国发展出版社,2005

[82]卢俊义.风险投资与民营中小高科技企业的融资.市场周刊,2006(11)

[83]王江、李薇.基于产业内贸易的我国高新技术产品国际竞争力研究.中国经贸导刊,2006(23)

[84]韩伯棠、朱美光、孙长森、徐春杰.高新区"二次创业"发展途径研究.中国科技论坛,2005(1)

[85]周勇、王国顺、周湘.科技人力资本与高技术产业发展关系的实证研究.人口与经济,2006(3)

[86]林武汉.高新技术产业发展的制度创新.中国西部科技,2006(16)

[87]王春梅.高新技术产业集群创新体系框架模型实证分析.科技进步与对策,2006(7)

[88]彭智敏.中国高新技术产业的六大瓶颈.湖北社会科学,2000(2)

[89]张纪康.产业国际化:理论界定、跨行业和跨国比较.2000,(2)

[90]闫立罡、吴贵生.中国企业国际化模式研究.科学学与科学技术管理,2006(8)

[91]傅利平、李辉.对美国风险投资机制的分析与思考.科学管理研究,2003(6)

[92]曾觉吾、王威、赵希男.高新技术企业人才流失的成因分析及对策.东北大学学报,2005(1)

[93]吕春生.高新技术产业发展与政府职能定位.财经问题

研究,2003(12)

[94]尹利军.高新技术产业法律制度研究.闽江学院学报,2005(3)

[95]谢作渺、郭玮、敖素华.科技型民营企业国际化人才的缺失与对策.企业活力,2006(11)

[96]马金海.我国风险投资最佳退出方式分析.商场现代化,2006(28)

[97]李金龙、何滔.我国高新区行政管理体制的现状与创新路径选择.中国行政管理,2006(5)

[98]闫科培.以科学发展观促进高新区建设.中国高新区,2006(8)

[99]李智博等.中国高新技术产业增长中人力资本贡献研究.中国科技产业,2005(10)

[100]赵玉林、张倩男.高新技术产业化的风险分析与防范对策.武汉理工大学学报,2003(9)

[101]张敏.论高新技术产业与资本市场的对接.高新技术产业化,2001(6)

[102]陈显忠.商业银行拓展高新技术产业金融服务必要性分析.http://www.chinavalue.net.2007,3

[103]巴曙松.中国高新技术产业发展中的金融支持.城市金融论坛,2000(1)

[104]田霖.金融业的产业结构优化效应.金融理论与实践,2007(1)

[105]孟宪昌.风险投资与高技术企业成长.西南财经大学出版社,2003

[106]李拓晨.我国高新技术产业竞争力研究.哈尔滨工程大

学博士学位论文,2008(5)

[107]孟宪昌.风险投资与高技术企业成长.西南财经大学出版社,2003

[108]傅毓维等.风险投资与高新技术产业共轭双驱动机理分析.科技管理研究,2007(2)

[109]王雨生.中国高技术产业化的出路.中国宇航出版社,2003

[110]Patrick R. Mehr. *Focusing on large prospective customers in high-tech and industrial markets*. Industrial Marketing Management, Volume 23, Issue 3, July 1994:265-272P

[111]金碚.竞争力经济学.广东经济出版社,2003

[112]Lucas, R. E. Jr, *On the Mechanics of Economic Development*, Journal of Political Economics. 1988

[113]Ratti R Bramanti A, Gordon R. *The Dynamics of Innovative Region*, The GREMI Approach. Aldetshot: Ashgate Publishing Company,1997

[114]B. Ohn, *Interregional and International Trade*. Cambirdge, Mass; Harvard University Press, 1993:94-105P

[115]Balassa, B. *Trade Liberation and Revealed Comparative Advantage*. The Manchester School of Economic and Social Studies, 1965:92-123P

[116]D. Jorgenson and M. Kuroda, *Productivity and International Competitiveness in Japan and the U. S. By Bert G. Hickman*, International Productivity and Competitiveness, New York. Oxford. 1992:72-77P

[117]D. Salvatore, *Theory and Problems of international Eco-*

nomics. New York: McGraw-hill,1995,2:486 -492P

[118] Daly, D. J. 1993. *Porter's Diamonds and Exchange Rates.* Management International Review, Special Issue (2). 119 -134P

[119] Daniel F. Burton Jr. 1994. *Competitiveness: Here to Stay.* The Washington Quarterly. 17 -21P

[120] Dcbson, P. And Starkey, K. 1992. *The Competitive Advantage of Nations.* Journal of Management Studies, 29 (2): 253 -255P.

[121] Karin, I, Eiferman, R. *A model for launching a new high-tech industrial product: the case of advanced materials.* Technology and Innovation Management. PICMET' 99. Portland International Conference on. Volume 1,25 -29July1999,(1):448P

[122] Marcel van Birgelen, Ko de Ruyter and Martin Wetzels. *Conceptualizing and Isolating Cultural Differences in Performance Data in International High - Tech Industrial Markets.* Industrial Marketing Management, Volume 30, Issue 1, January 2001: 23 -35P

[123] S. H. Chuang, T. C. Chang, S. J. You and C. F. Ouyang. *Evaluation of wastewater reclamation processes in a high-tech industrial park.* Desalination, Volume 175, Issue 2, 20 May 2005:143 -152P

责任编辑:张京丽
装帧设计:徐 晖

图书在版编目(CIP)数据

我国高新技术产业竞争力研究/宋晓洪 著.
-北京:人民出版社,2008.9
ISBN 978-7-01-007343-9

Ⅰ.我… Ⅱ.宋… Ⅲ.技术产业-市场竞争-研究-中国
Ⅳ.F279.244.4

中国版本图书馆 CIP 数据核字(2008)第 147282 号

我国高新技术产业竞争力研究
WOGUO GAOXIN JISHU CHANYE JINGZHENGLI YANJIU

宋晓洪 著

人民出版社 出版发行
(100706 北京朝阳门内大街 166 号)

北京瑞古冠中印刷厂印刷 新华书店经销

2008 年 9 月第 1 版 2008 年 9 月北京第 1 次印刷
开本:880 毫米×1230 毫米 1/32 印张:11.75
字数:300 千字 印数:0,001—3,000 册

ISBN 978-7-01-007343-9 定价:28.00 元

邮购地址 100706 北京朝阳门内大街 166 号
人民东方图书销售中心 电话 (010)65250042 65289539